数据资产视角下
数字经济内部传导机制与模式研究

李永红　李　瑞
　　　　　　　　著
宋金锁　樊　婧

科学出版社

北　京

内 容 简 介

随着数字化的兴起,"互联网+流量驱动""大数据+数据驱动""AI+算法驱动""5G+效率驱动"等一批数字技术飞速发展,在数字经济发展过程中发挥了不可替代的正向作用。推进数字产业化与产业数字化需要对数据资源进行深度挖掘和合理利用,本书立足于大数据的资产维度,结合我国数据资产利用发展现状,对我国数字经济的内部传导机制和模式进行系统研究,提出三种具体路径和两种模式,从数据资产的确认、计量、流动等环节揭示其对数字经济发展的促进作用。

本书既可作为管理专业的教学用书,又可作为数字经济方面有关研究人员的参考用书。

图书在版编目(CIP)数据

数据资产视角下数字经济内部传导机制与模式研究/李永红等著. —北京:科学出版社,2024.6
ISBN 978-7-03-070242-5

Ⅰ.①数… Ⅱ.①李… Ⅲ.①信息经济-研究-中国 Ⅳ.①F492

中国版本图书馆 CIP 数据核字(2021)第 217469 号

责任编辑:任锋娟 周春梅 / 责任校对:王万红
责任印制:吕春珉 / 封面设计:东方人华平面设计部

科学出版社出版
北京东黄城根北街 16 号
邮政编码:100717
http://www.sciencep.com

北京九州迅驰传媒文化有限公司印刷
科学出版社发行 各地新华书店经销
*
2024 年 6 月第 一 版 开本:B5(720×1000)
2024 年 6 月第一次印刷 印张:12
字数:241 000

定价:120.00 元
(如有印装质量问题,我社负责调换)
销售部电话 010-62136230 编辑部电话 010-62135763-2015(BF02)

前　言

数字经济是指将数字化资源作为社会生产经营活动所需的要素，利用通信技术使互联网平台与社会生产中的各领域相联结，产生一种以信息化和数字化为标志特征的新式业务。从全球数字经济发展格局来看，中国处在世界前列，特别是在以互联网、大数据、云计算等为主要内容的服务业数字经济方面，中国在世界上具有优势，甚至超越了欧美国家，其主要原因是中国拥有庞大的互联网用户数量，并由此带动了互联网消费。

随着互联网行业进入 DT（digital technology，数字技术）时代（数据时代），大数据成为推动互联网及移动互联网发展的主要力量。大数据的价值体现离不开流通环节，尤其是国内基础数据流通领域的产能巨大。中华人民共和国工业和信息化部（以下简称"工信部"）发布的《2019 年中国电子信息制造业综合发展指数报告》显示，2018 年我国电子信息制造业增加值增速高出工业 6.9%，其主营业务收入占工业比例超过 12%，较上年提升 1.1%，出口总额达 8 000 亿美元，同比增长 10%，增速比上年提升 9%。大数据交易行业已经进入初步发展阶段。2015 年 4 月，我国第一个大数据交易中心在贵阳成立，此后多个城市相继成立大数据交易中心。数据资产如何流动，如何鞭策数字经济的成长，如何进一步扩张我国经济上升的可用范围，是我国急需解决的难题。国内对于数字经济的探讨并不少见，但大多着眼于数字经济本身，从模式和路径角度研究数字经济的发展，从大数据及数据资产角度进行数字经济内部传导机制的研究较少。因此，本书基于大数据的资产维度，对我国数字经济的内部传导机制和模式进行系统研究。数字化的应用正从商业领域转向民用领域，逐渐成为我们生活的一部分，也成为文化和生活的一种新方式。2021 年 11 月，工信部发布《"十四五"大数据产业发展规划》，进一步确定数据是国家基础性战略资源，是 21 世纪的"钻石矿"。全球新一代信息产业处于加速变革期，大数据技术和应用处于创新突破期，国内市场需求处于爆发期，因此我国大数据产业面临重要的发展机遇。我国应全面推进大数据发展，加快建设数据强国，提速进入数字社会。

2020 年 7 月，中国信息通信研究院发布的《中国数字经济发展白皮书（2020年）》，印证了我国数字经济正在进入快速发展新阶段。以计算机、网络、通信等为主的信息技术革命不仅推动了数字经济的发展，还推动了信息化产业的快速发展，从而推进了大数据时代的进步，使以大数据为主要经营方向的企业层出不穷。在大数据环境下，企业产生的数据资产成为现代企业不可或缺的资产组成部分。

数字经济以数字化资源为生产要素，以互联网为载体，通过信息技术与其他领域的结合，形成以数字化、信息化为特点的新型业态。用户产生的数据在数字经济中被赋予要素的概念，形成数据资产。在数字经济内部，数据分析能力和数据量、数据质量因素促进了数字经济整体价值的提升，它们虽然不会改变数字经济的本质，但能通过降低交易成本、增加网络外部性能等路径改变一个企业的运营模式，进而改变整个数字经济内部传导机制与模式。

本书力求在以下几个方面进行一些具有理论创新价值和实践价值的有益探讨。

1）数据资产和数字经济相关概念界定。

2）数字经济发展现状及我国数字经济发展存在的问题。

3）数据资产对数字经济的影响分析。

4）数据资产视角下数字经济内部传导机制研究。

5）数据资产视角下数字经济内部传导模式研究。

6）数据资产视角下数字经济的测度分析。

7）陕西数字经济典型应用分析。

8）数据资产视角下促进我国数字经济发展的对策与建议。

本书共 8 章，由西安邮电大学经济与管理学院李永红教授拟订全书的框架结构，并负责撰写第 3～6 章和第 8 章。西安邮电大学经济与管理学院教师李瑞、宋金锁、樊婧分别负责撰写第 1 章、第 2 章和第 7 章，并参与理论基础、现状研究、体系构建等相关内容的研讨与修改，提出了许多宝贵建议。在本书撰写过程中，研究生周茹、杨曦、蔡嘉敏、谢皓月、刘畅等参与了资料检索、内容研讨、校对、修改等环节，每人均超过 3 万字。

在此，感谢西安邮电大学科技处的大力支持，感谢美林数据技术股份有限公司、贵阳大数据交易所、西安部分高校科研人员及相关互联网企业从业人员和数字经济专家在本书撰写过程中给予的支持和帮助。作者在撰写本书的过程中参考了大量的文献，在此向相关学者表示诚挚的谢意。

由于作者水平有限，书中难免存在一些不足之处，恳请广大读者批评指正。

目　　录

第1章　数据资产和数字经济相关概念界定

1.1　数据资产的相关概念界定

1.1.1　数据资产的定义

随着大数据时代的到来，有关"数据是石油""数据是货币""数据是资产"的观点不断涌现。数据资产是企业信息的组成部分，在 ISO/IEC 27001：2013 标准中，资产被定义为任何对组织有价值的事物。数据资产是企业信息的重要组成部分，包括文件资料类和电子资料类等多种形式。文件资料类包括合同、公告、工作单、文档、传真、财务相关文件、董事会决议记录、部门产生的常用数据和各种外部文件等。电子资料类包括制度文件、公司章程、管理方法、技术方案及报告、用户手册、数据库数据、会议记录、配置文件、系统拓扑图、系统环境表、统计报表、开发过程中的源代码等。有观点认为，数据资产本质上是一种可以使企业获得流入利润的数据，其所有权归所属企业，由企业对其进行抓取、润色、运输、存档及实际应用。如果需要评估数据资产在企业和社会中的具体内涵价值与应用的有效程度，则必须构建可被企业掌握的量化指标，从多个维度对数据进行评价和估值，然后根据这个最终反馈对工作中的相关部分进行改进整合，提高企业在数据运营管理方面的整体水平。本书认为数据资产的定义包含以下几个方面。

1）数据资产能为企业和团队带来现金流或者与现金流等价值的固定资产等收益，其本身是一种潜在收益，渗透并作用于企业的日常运营中。

2）数据资产可以是有实物形态的或者可以真实反映实物形态的，如刊物、便签记录、图表、记载文件、相片等，也可以是电子虚拟程序类的，如程序、数据库系统、电子文档及表格、影音产品等。

3）数据资产作为一种资源，可以通过企业自产、外购或者多方通力打造等方式来产生。

4）在数据资产的作用下，当利润流入企业时，利润形态可能是钱币，也可能是别的形态。但在经济市场的发展过程中，涉及数据资产的项目日益增多，且金额逐渐增大，数据资产在经济中的话语权不容小觑，因此利用钱币来衡量数据交易必不可少。在未来的会计准则中会明确将数据作为一项资产列入企业的财务状况表中。

因此，用钱币价值来衡量数据资产，与无形资产的检定准则类似。大多数依托高新技术的企业，其投入期与成果期都相当久远，因此这些企业会通过摊销递延资产的办法来避税、降税。

1.1.2 数据资产的应用

数据资产最珍贵的地方在于永恒、循环地创造利润，这就是其隐藏的社会必要劳动价值。数据资产可以被融合使用在各项工作中，因此，在剖析数据各部分价值时，不能忽略其在工作中的使用频率及方式范围。

1）在信息化与工业、产业化高度结合的今天，数据资产将颠覆以往数据在行业中的处境。数据资产化后，那些专门进行信息处理的公司或机构会在没有任何附加程序的情况下实现资金的流通，或者重新组成一个专门进行核点计算的特殊组织，通过该组织，数据流向利润集成站。以后数据资产会逐渐渗透到社会的各行各业，逐步变成企业的一种筹划和指导资本。企业对于数据的理解、把控、收集、投入使用、拥有程度都会变成与其他企业进行竞争的最基本、最重要的能力。数据资产化会波及信息及其相关产业，也会对这些产业的结构进行调整。如果一个企业手握前沿的数据资产及分析技术，则其无疑会是行业的佼佼者。在根据数据划分出来的领域中，随着科技的不断发展，数据由谁拥有、投入使用后所得盈利如何分配都会日益明朗。

2）数据资产化对于解决数据本身的归属问题有一定的限制和干扰作用，体现在以下几方面。①数据的归属权需要明确。从法律上来看，这种归属权被划分到财产所有权范畴。数据只有经过资产化，才能满足作为财产的条件。只有数据成为财产，法律才能对其衍生的一系列权利施行保护。②数据归属权明晰的先决条件就是数据资产化。在现今的法律体系中，一切都是以财产的权利为基础的。为数据披上资产的外衣，既能让民众更好地理解和接纳它，又能简化其交易和核算程序。

1.1.3 数据资产的价值评估

数据是产业存续的先决条件之一，但这和所有数据被赋予资产的特征并不能画等号。也就是说，有的数据与资产有着本质的区别。根据《企业会计准则——基本准则》中的有关条款，只有被企业拥有或者控制的、预期会给企业带来经济利益并能被可靠地计量的数据才能被确认为资产。这样看来，数据能否可以确认为资产的关键因素是其能否被精准估值。如果能，该如何对其进行估值？影响新型无形资产——数据估值的因素很复杂，直到今天还未就此达成一致看法。对数据资产进行价值评估比较困难且程序烦琐，因为它在价值的构成上与普通的无形资产有本质的区别，也就是它被制造的过程（即数据收集、保存、处置整理的过程）具有 3 个特性：①成本构造的不清晰性；②经济效果与收益的不稳定性；③价值转换与流程的风险性。因此，一部分学者认为，数据资产的价值评估应当考虑市场参与者通过最佳使用资产或将其出售给最佳使用该项资产的其他市场参与者创造经济利益的能力，其中还包含市场的使用者需要通过资产真实物体的特性、法律明令禁止的条文、资产与财务相关的特点等决定资产定价。

与数据资产的价值构成相关的元素及各种元素之间的横、纵向关系并没有一个明确的共同认可的观点。在我国，一部分学者认为，数据资产的成本及其现实使用是影响其估值的关键点，因此，未来可从成本与实际使用两个方面来构建数据资产估价剖析框架。成本是一个动态指标，并且其很多影响因子具有不稳定的特性。数据收集、保存、处置整理等相关系统的人工费用、材料费用、间接费用、营运费用等业务操作费和技术运维费构成了成本。数据资产与物理资产最本质的区别在于，其构成因素等同于无形资产的构成因素。

数据资产的估值方法与无形资产相同。查阅相关研究文献发现，无论是国内还是国外，关于无形资产计量最基本的估价方法有以下 3 种。

1）收益现值法（present earning value method）。收益现值法又称收益还原法，该法是根据既定的折现率在数据的保质期内，先把数据资产价值等同于估值日现值的总价值，再进行运算的一种方法。收益现值法的基本计算公式可以表示为

$$PV = \sum_{i=0}^{n} \frac{R_i}{(1+r)^i}$$

式中，PV 为数据资产的现值；i 为有效使用年限；R_i 为每年的预期净收益流入；r 为收益折现率。数据资产实际上是一种拥有经营属性的资产，其不经过中间程序产生收入和利益。数据剖析、挖掘、使用和开创都可以实现数据资产的价值。此类预期收益在企业漫长的存续和不断循环经营中，会永不停歇地制造更多的收益。在众多的无形资产估价方法中，收益现值法更高一筹。如今，在我国和国外对于与无形资产（包括商标权、特许权、专利权、著作权等）相关的估值都采用收益现值法。收益现值法可以毫无差异并真实地彰显数据资产本金化后的价格，因此交易的两方都容易接纳这种方法。

2）市场价值法。市场价值法是以市场为基础，在剖析可以对数据资产价值造成干扰的因子（如数目、终止日期等）时，通过对比被估值资产和已经出售资产的相同点及区别进行后续处理。这种方法适用于种类多、经常发生交易、需要数目大的数据资产。然而，因为数据资产还处在"小荷才露尖尖角"的发展成长期，在我国和国外参与市场活动的时间都不长，数目较少，并且数据个性度、差异度比较强，所以以往能作为有效参考的文献等比较少，难以构建数据资产估值根基，

得出的结果也不一定精确。如果市场活动的环境拥有完整的机制、成熟的体系，则市场价值法将得到广泛应用。

3）重置成本法。重置成本法是在现实条件下重新购置或建造一个全新状态的评估对象所需的全部成本，减去评估对象的实体性陈旧贬值、功能性陈旧贬值和经济性陈旧贬值后的差额，以其作为评估对象现实价值的一种评估方法。重置成本法操作难度大，其实用性也不被市场活动参与者所承认，因此它作为一种估值方法和数据资产不相契合。

1.2 数字经济的相关概念界定

1.2.1 数字经济的定义与构成

数字经济是当代经济社会发展过程中的重要目标。有学者对数字经济概念做出解释：数字经济是指计算机技术和通信技术在互联网中的融合，其引发的信息与技术交流促进了电子商务与大量组织的变革。很明显，这种观点强调信息、计算机、通信技术的融合是数字经济发展的驱动力。正是这种融合引发了广泛的社会变革，创造了新的经济模式。英国研究理事会（Research Council UK，RCUK）的观点是：经由人与科技及整个工作的流程制造出社会经济效益的经济形式是数字经济。其中，联络基础设置和网络为人与企业的互通信息、合作、联系、交流提供了一种类似场地的平台。澳大利亚发布的《澳大利亚数字经济：未来的方向》提出，"数字经济是通过互联网、移动电话和传感器网络等信息和通信技术，实现经济和社会的全球性网络化"。尽管不同机构对数字经济的定义不完全相同，但本质上是相通的。一般而言，可以理解为数字经济是农业、工业经济更进一步的发展，其中最有意义、最紧要的部分是数字化知识与数字化信息。互联网作为其主要的传输平台，其内核的推动力量是技术的不断改革和创新。经过数字经济与现实经济的高度融合，持续在传统产业中加入现代智能化、数字科技化要素，可以增强生产水准，使经济的发展速度显著提升。也使政府治理模式出现新的经济形态。

数字经济有很多意义，应该从不同的维度来理解它。

1）数字经济像一块硬币，可以分为正反两面。硬币的正面是数字经济的基础部分，即数字产业化，它包括信息通信业、软件服务业、信息制造业在内的一系列信息产业。硬币的反面是产业数字化，是指无论是企业、公司、个人还是组织，只要使用了数字经济，并且使用者本身得到收入和利益，就是数字经济的融合部分, 其中包含影响传统产业的生产工作。在数目和效率方面, 数字经济的重要组成部分是新融入的生产工作。数字经济的构成如图 1-1 所示。

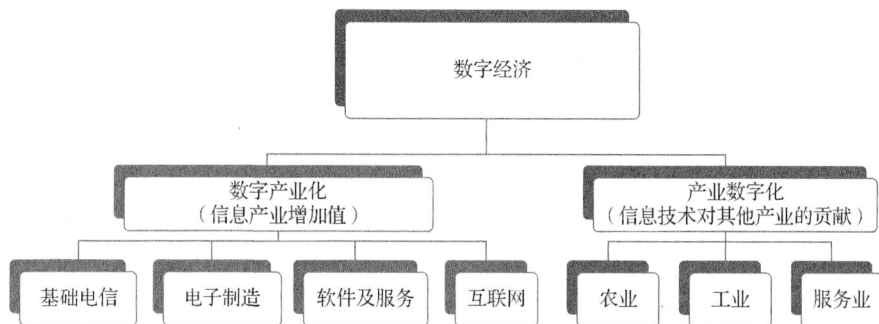

图 1-1 数字经济的构成

① 基础电信。随着数字经济的演进和用户消费习惯的变化, 电信运营商的业务范围正在逐渐延伸到传统核心业务以外的新兴领域。除了继续在语音、短信和数据业务方面提供服务外, 电信运营商还尝试拓展新的技术方向和商业模式, 以扩大其产品多样性和竞争力。当今国民经济中, 信息通信业被认为是最具成长性的基础性产业。近年来, 我国在移动支付交易量、信息消费交易额、电商运营方面都彰显出蓬勃向上的发展势头。数字经济是一支发展上升空间可观的潜力股。2019 年, 我国通信业深入贯彻落实党中央、国务院的决策部署, 坚持创新发展理念, 积极践行网络强国战略, 有序推进 5G 建设, 不断提升新型信息基础设施能力, 有力支撑社会的数字化转型。工信部发布的《2019 年通信业统计公报》数据显示, 行业整体保持稳定增长趋势。随着国家不断推进通信数字化转型及 5G 商用建设, 2019 年我国电信业务收入达到 1.31 万亿元, 同比增长 0.8%。基础电信业发展特点如图 1-2 所示。

图 1-2 基础电信业发展特点

② 电子制造。随着数字经济的发展，信息已然成为数字经济时代的新特征。知识间的距离逐渐缩短，产品的更新换代愈加频繁，客户的需求不断变化，对企业的敏捷性提出了更高的要求。对于高科技的电子产业而言，信息技术的发展进一步激化了市场竞争，如果无法迅速捕捉客户需求、及时推出新产品、进行敏捷制造，则会失去市场份额或引起产品贬值。

③ 软件及服务。随着数字经济的发展，以云计算、大数据、移动互联网、人工智能、物联网等为代表的新一代信息技术的涌现，促使软件产业的发展发生了深刻变化，催生了众多新的服务模式，使软件服务化成为发展趋势。

④ 互联网。互联网是20世纪人类最伟大的发明之一，是数字经济中最具活力的元素。受益于人口红利和制度优势，我国互联网的发展取得了巨大成就，成为数字经济中的最大亮点。腾讯研究院2017年公布的全球互联网公司市值排名显示，中国和美国囊括了世界市值最高的15家互联网公司。其中，深圳市腾讯计算机系统有限公司（以下简称"腾讯"）、阿里巴巴集团控股有限公司（以下简称"阿里巴巴"）、百度集团（以下简称"百度"）3家位居前10，京东、网易、携程3家位居前15。

⑤ 农业。数字经济引领农业现代化。数字农业、智慧农业等农业发展新模式是数字经济在农业领域的实现与应用。众所周知，我国是农业大国，农业是我国的基础产业。随着社会的发展，人们由农耕时代逐渐进入工业时代，由远古时期最简单的使用物质到发明一些自动化工具来减轻人力负担。随着信息与时代的融合，在技术的推动下，人们在农业生产中增加了对信息的利用，经过人类对智能技术的运用，大幅减少了人类的脑力劳动工作量，延伸了人类的大脑功能。信息技术及一系列高科技与农业活动的结合，为农业添加了数字化因素，使传统农业变得鲜活生动起来。

⑥ 工业。在数字经济时代，网络和信息技术是一种工具，是能够提高一切领域工作效率的强有力工具。对于工业领域，提高工作效率是其核心力量。在德国提出"工业4.0"以前的制造业发展是基于标准化的大生产，过去的工业化进程就是标准化的过程。未来的工业化进程更多是走向定制化、个性化的过程，将制造业与市场需求更加紧密地结合在一起。《中国制造2025》提出了九大战略任务和重点，包括提高国家制造业创新能力、推进信息化与工业化深度融合、强化工业基础能力、加强质量品牌建设、全面推行绿色制造、大力推动重点领域突破发展、深入推进制造业结构调整、积极发展服务型制造和生产性服务业、提高制造业国际化发展水平。

⑦ 服务业。在服务业领域，数字经济的影响与作用已经得到较好体现，电子商务、互联网金融、网络教育、远程医疗、在线娱乐等已经使人们的生产、生活发生了改变。数字经济可以助推服务业转型升级，加快数字技术与服务业的融合

发展。应积极培育数字化、网络化的现代服务产业新业态；积极推动软件开发、信息系统集成、集成电路设计等发展，着力增强面向物联网、移动互联网等的信息技术服务能力；着力打造知名品牌，推动服务外包专业化、规模化、品牌化发展；大力发展智慧旅游，提升重点旅游景区的数字化、智能化水平；大力发展智慧大健康服务，充分利用大数据、物联网、云计算等信息技术，支持保健养生产业、运动休闲产业、健康管理服务产业等新业态的发展。

2）数字经济在信息产业原本的领域再扩张。21 世纪以来，数字经济以高速发展的势态使信息产业鲜活新颖、快速成长，火速挤进战略新经济一线。我们应该对数字技术有足够的认识。数字经济涵盖范围很广，为多方面所通用。它在生产层面是一种不可或缺的要素，可以带动行业和产业其他因素通力合作，使生产效率显著提升。数字经济与实际使用相结合的新关系使经济原本的模样被颠覆，使社会经济形态大换血，因此如果只把数字经济视为信息产业，则大错特错。

3）数字经济是技术经济的先驱者模板。数字经济的互补性、广泛性、外溢性、基础性等特点，会推动社会经济车轮式越级新发展，使社会经济达到不可思议的效率，带动关键投入、管理方式、国家政策、基础设施、主要产业等变革。例如，在互联网时代背景下，通信产业和电信技术的关系如胶似漆，因此引发了互联网企业、移动通话设备终端、电信运营商三方的激烈竞争，使办公不再局限于固定场地，使移动办公的触手伸进生活的方方面面。这对人类的生活是一个很大的冲击。

4）数字经济也是社会经济形态的一种。要全面理解认识数字经济，需要有宽阔的眼界、顾全大局的眼光，需要站在社会经济的潮头远望，把数字经济对于社会的广泛、深远且全面的影响尽收眼底。

5）数字经济是继信息经济及数字信息化之后更高层次的新发展。其中，数字化知识和信息驱动经济及非数字化知识和信息驱动经济是它的组成部分。在发展中，虚拟生产要素的数字化是不可逆的历史趋势。数字经济不仅是信息经济的子集，还是未来发展的方向。信息化是数字经济发展的重要手段。除了信息化外，数字经济还包括基于信息化的经济和社会形式，这是信息化发展的结果。

1.2.2　数字经济的发展特征

1. 数据变成一种关键的新型生产要素

在经济和社会发展的历史长河中，只要经济发生变革，就会催化新生产要素的生长，并且将该要素当成赖以生存的摇篮。在农耕时期，土地和劳动力成为经济的摇篮；在工业机器时期，技术和资本成为经济的温床；在数字经济时代，数据是孕育经济生命的母体。数字经济将自己融入经济社会的各方面，促使互联网与物联网飞速成长。势头强劲的数据资源已经是社会众多战略资源中的基础部分，其中暗藏着无限潜能。数据经过网络平台传输，再经过提取精华形成信息，然后使用信息合成知识应用于企业，从而驱动企业决策、革新服务交易项目、创新治理社会的方法途径，使社会实现增值。经济变革如图 1-3 所示。

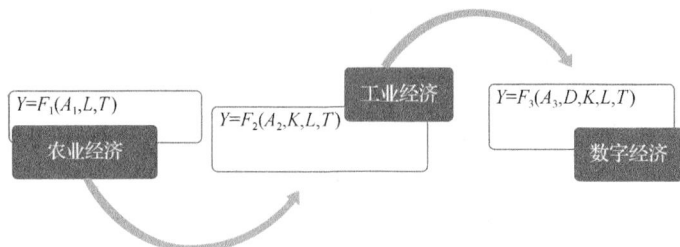

Y 为经济产出；F 为生产函数；A 为技术进步；L 为劳动力；T 为土地；K 为资本；D 为数据要素。

图 1-3   经济变革

2. 数字技术是创新能力的坚实后盾

随着数字技术的不断创新，人们的认知视野和成长空间不断拓展。人类经济社会的发展过程并不是一帆风顺的，有些突发事件在社会变革新阶段起到决定性作用。例如，人类社会跨级式的前进就是因为通用技术的改进和革新。如今，数字技术扮演了过去通用技术的角色，但又和通用技术不同，数字技术打破了传统的线性桎梏，其增长势头迅猛，呈指数级增长。数字技术能力在摩尔定律（Moore's law）的作用下越演变越好。网络用户及其联网载体设备价值的变化一直沿循着梅特卡夫定律（Metcalfe's law）。数字经济呈现指数级增长，其成长已达到一个新高度。近几年，大数据、智能化、移动化、云计算、物联网等技术的发展为数字经济的高速发展铺平了道路。

3. 数字经济先导性、基础性作用瞩目

在历史发展进程中，总有一些产业勇立潮头。作为科技变革与进步的灯塔路标，它们在第一时间兴起，并且在这个过程中多方位创新发展，飞速将外溢效应最大化，带动其他产业发展。

在信息时代初期，信息产业不断拓宽自己的领地，如今已经成为可以在国民经济中独当一面的战略产业。中国信息通信研究院发布的《中国数字经济发展白皮书（2017 年）》指出，全球信息产业增加值在 1978 年占 GDP（gross domestic product，国内生产总值）的 1.5%，2000 年比 1978 年上升了 1.9 个百分点，2006 年比 2000 年上升了 0.9 个百分点。从 20 世纪 70 年代到 21 世纪初，美国信息产业增加值占 GDP 的比重翻了一番，同时，日本、韩国、欧盟的这一比重也显著增长。进入 21 世纪，信息产业的增加值在 GDP 中的占比基本平稳，与 GDP 同步发

展。OECD（Organization for Economic Co-operation and Development，经济合作与发展组织）国家信息产业增长基本维持在 3%~6%。信息产业在相关领域中发挥了巨大作用，导向效果明显。就专利方面来说，信息产业占比为 39%，金砖国家信息产业在 GDP 中的占比更高，达到了 55%。

4. 数字经济的发展离不开产业推动

在经济总量的比例分配中，先导产业所拥有的份额逐渐减少，如果把经济发展比作列车，则通用技术与产业一体化已经成为这辆时代列车的总指挥。《中国数字经济发展白皮书（2017 年）》指出，在第一次工业革命时期，英国的纺织等先导性产业在经济总量中的占比超过 40%；在第二次工业革命时期，美国的化工等先导性产业在经济总量中的占比降低到 20% 左右；在数字经济时代，主要国家信息产业作为代表在经济总量中的占比稳定在 6% 左右。在其他产业中，数字经济也发挥了举足轻重的作用。进入 21 世纪，数字经济与其他产业的融合日益加速，发展前景可观。数字经济与传统经济并不是对立的关系。数字经济潜移默化地从消费渗入生产，从线上转到线下，使分享经济、O2O（online to offline，线上到线下）等新模式应运而生，使资源得到了充分利用。

5. 生态化、平台化成为产业组织的明显特点

在数字经济时代，资源离不开系统协调和良好配置，平台成为承载这些具体活动的基本组织，同时也是价值创造及把零散的价值聚集起来的核心。互联网平台上火速涌现了一批新的主体。交通、工业、商贸等产业再细分的垂直平台发展势头强劲。《中国数字经济发展白皮书（2017 年）》指出，在 1995~2015 年这 20 年中，平台企业的市值疯长 150 多倍，从 167 亿元直接飙升到 2.56 万亿元。传统制造企业也迅速转型，开拓了平台发展的新路子。以三一重工为例，这是一个传统老牌建筑机械企业，但是在当今时代背景下，它也加入了互联网行列，引入了 23 万台科技设备，实时采集了 5 000 多个运行参数，在与客户对接的过程中，可以进行大数据精准预测、分析、运营和创新。

因为平台的介入，所以企业的组织关系由早期的线性竞争转变为生态共赢。在工业经济时期，传统的企业是创造价值的主力军，其业务流程分为上下游，即从上游供应商处购买需要的原材料，经过企业自行加工，向下游（消费者）出售，这是线性竞争的典型价值创造形态。企业经营的原始目标是在市场中拥有一席之地并形成寡头垄断市场，在上下游的衔接中得到更多利润。但是在平台环境下，企业淡化了竞争这一主题，而是把产品和供应商联系起来，并在其中发挥作用，从而推动双方的合作和良性竞争，实现双赢，共同应对千变万化的外部环境。

6. 线上线下一体化成为产业发展的新目标

在数字经济时代，网络经济与实体经济的界限感越来越弱，数字化、网络化的转型几乎涉及所有传统行业。一方面，互联网行业的话语权掌握者积极地扩充、搭建线下新"王国"，提升企业战略结构改造速度，使企业大批量地向实体经济过渡。另一方面，传统行业相对于信息产业来说也在双向努力，其从线下到线上的进程更加迅速，这为信息产业的发展注入了新鲜血液。制造业巨头也将公司再造与互联网结合起来，以建立平台生态系统的手段加快企业数字化网络转型，延长企业生命周期并寻求新的发展。例如，海尔公司作为敢为人先的典型代表，投入了数字技术，建设了互联网工程，改革再造企业全系统生产流程，使包括生产效率在内的各种效率都得到质的飞跃，产品开发周期只需要原来的 80%，交货周期缩短了 50%。

7. 数字经济以多元共治为核心治理方式

社会治理方式在数字经济时代也得到调整。多元共治方式逐渐取代由政府独立监管的方式，在治理体系中增加了企业、用户、消费者、平台等要素作为共治主体，使各要素充分发挥自己所长。多元共治方式已经是政府治理进行创新的新目标。平台作为数字经济时代平衡分配和使用资源的基础，对于自身已经发生或有可能发生的经济问题，有义不容辞的整治责任和义务，并相较于其他治理途径更具优势。

1.2.3　数字经济的三大定律

1. 梅特卡夫定律

梅特卡夫定律是一种网络技术发展规律，由乔治·吉尔德（George Gilder）于 1993 年提出，但以计算机网络先驱、3Com 公司的创始人罗伯特·梅特卡夫（Robert Metcalfe）的姓氏命名。梅特卡夫定律的内容是：网络价值以用户数量的平方的速度增长，网络价值等于网络节点数的平方，即 $V=n^2$（V 为网络的总价值，n 为用户数）。网络外部性是梅特卡夫定律的本质。梅特卡夫定律基于每个新上网的用户都因别人的联网而获得更多的信息交流机会，指出网络具有极强的外部性和正反馈性，即联网的用户越多，网络的价值越大，联网的需求也就越大。

2. 摩尔定律

摩尔定律是由英特尔（Intel）创始人之一戈登·摩尔（Gordon Moore）于 1965 年提出来的，其内容为：当价格不变时，集成电路上可容纳的晶体管的数量每隔 18～

24 个月便会增加 1 倍,其性能也将提升 1 倍。换言之,每 1 美元所能买到的计算机性能,将每隔 18～24 个月翻 1 倍。这一定律揭示了信息技术进步的速度。尽管这种趋势已经持续了超过半个世纪,但摩尔定律仍被认为是观测或推测,而不是一个物理或自然法。

3. 达维多定律

达维多定律(Davidow's law)是由曾担任英特尔公司高级行销主管和副总裁的威廉·H.达维多(William H.Davidow)提出并以其姓氏命名的。达维多认为,任何企业在本产业中都必须不断更新自己的产品。一家企业如果要在市场上占据主导地位,就必须第一个开发出新一代产品。

第 2 章　数字经济发展现状及我国数字经济发展存在的问题

2.1　国内外数字经济发展现状

2.1.1　国内数字经济发展状况

近年来，以互联网企业为代表的数字经济强势崛起，推动数字全球化转型。在 2016 年中共中央政治局第三十六次集体学习、2016 年网络安全和信息化工作座谈会、第三届世界互联网大会、G20（Group of 20，二十国集团）杭州峰会上，数字经济均被划入议讨重点项目。2017 年的政府工作报告第一次提到了数字经济，这说明在国家经济发展中数字经济占有一席之地。

2017 年，中国"互联网+"数字经济峰会在杭州举行，这更加彰显出数字经济是随着信息技术革命发展而产生的一种新的经济形态，日益成为社会转型升级的重要驱动力。G20 杭州峰会上通过的《二十国集团数字经济发展与合作倡议》指出，数字经济属于一种经济活动，它依托可以有效使用的信息通信技术，利用现代信息网络为载体，将实际应用中与数字化相关的信息与知识作为关键的生产要素，用以提高效率及推动经济结构优化。

见微知著，数字经济在我国已经处于快速发展阶段。中国信息通信研究院发布的《中国数字经济发展研究报告（2023 年）》提到，2022 年，我国数字经济规模达到 50.2 万亿元，同比名义增长 10.3%，已连续 11 年显著高于同期 GDP 名义增速，数字经济占 GDP 比重达到 41.5%，这一比重相当于第二产业占国民经济的比重。2018～2022 年数字经济总体规模如图 2-1 所示。

其实，无论是国家还是地方，数字经济都是必不可少的。从国家维度来看，我国作为 G20 杭州峰会的主席国家，第一次将"数字经济"作为议讨重点项目绘入 G20 创新增长的蓝图中。2020 年，"数字中国"的建设已经取得成效。在《"十三五"国家信息化规划》中提出初步释放数字红利的构想。数字经济在《政府工作报告》中的地位也不断提升，从 2017 年第一次提出"促进数字经济加快发展"

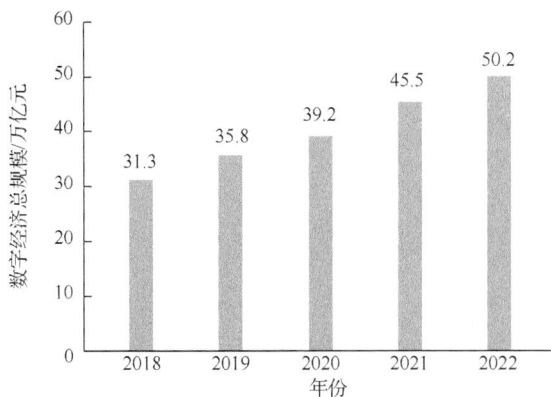

图 2-1　2018～2022 年数字经济总体规模

到 2022 年将"促进数字经济发展"单独成段加以介绍，再到 2023 年提出"大力发展数字经济"，《政府工作报告》对"数字经济"的表述不断强化，释放大力发展数字经济的积极政策信号。从地方维度来看，广东、浙江、江苏等多个省份陆续发布了关于发展数字经济的规划。广东省发布的《2024 年广东省数字经济工作要点》提出，深化数字人民币试点工作，并推动特色领域支付和应用场景创新，以实现数字人民币在重大活动、专业市场等特定领域的推广应用。《浙江省数字经济发展"十四五"规划》显示，该规划期限为 2021～2025 年，展望至 2035 年，旨在深入实施数字经济"一号工程"，不断激发高质量发展新动能，再创数字经济发展新优势。不难看出，在当今社会，数字经济转型的关键切入点在于数字经济。因此，要把数字技术实际使用和开创前进结合起来，大力投入工业互联网、智能制造的开发创造，开阔发展深度经济，促进产业数字化转型。

数字经济是继农业经济、工业经济之后的一种新的经济社会发展形态。如今，互联网、云计算、大数据等新一代信息技术创造出的新经济形态——数字经济，已成为产业转型升级的驱动力。我国数字经济的主体产业具体如下：一是资源型数字经济，主要包括数据采集、数据存储、数据分析挖掘、数据交换交易等领域，大致对应大数据核心业态；二是技术型数字经济，主要包括智能终端产品、软件开发、信息系统集成、网络通信服务、虚拟现实、可穿戴智能设备、人工智能等领域。《中国数字经济发展研究报告（2023 年）》显示，2022 年我国数字经济规模首次超过 50 万亿元，达 50.2 万亿元，增速高达 10.3%，占 GDP 的比重达到 41.5%。《全球数字经济白皮书（2023 年）》显示，我国数字经济规模位居世界第二，与美国 17.2 万亿美元的规模相比仍有差距，数字经济占 GDP 的比重低于英国、德国和美国，数字经济增速超过 10%。2022 年挪威和中国的数字经济增速如图 2-2 所示。

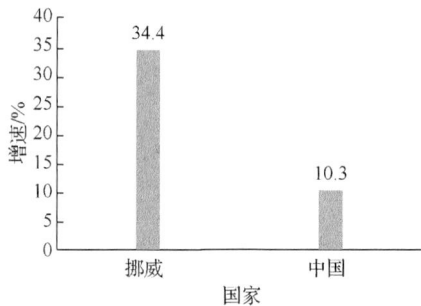

图 2-2　2022 年挪威和中国的数字经济增速

如今，我国经济进入新常态，经济稳定发展的有力支撑就是数字经济。我国战略发展的关键是数字经济产业创新和相关技术的发展。因此，我国政府出台了大量相关政策，积极把"互联网+"引入农业、工业、金融业、能源业、服务业、制造业、电商业、物流业、交通业等行业，使这些行业稳步进行数字化创新。

1）我国的数字产品出口份额不断增长。伴随着数字产品价格下滑、技术日趋完善、竞争市场日益扩大，我国和印度等国家大量承包了来自北美和欧盟地区的数字产品服务与制造业务，数字产品出口份额不断增长。

2）网络基础设施在中国日渐普及。中国互联网络信息中心（China Internet Network Information Center，CNNIC）发布的第 53 次《中国互联网络发展状况统计报告》中（以下简称为《报告》）指出，截至 2023 年 12 月，我国网民规模达10.92 亿人，互联网宽带接入端口数量达到 11.36 亿个，累计建成 5G 基站 337.7 万个，在线政务用户规模达 9.73 亿人，同比增长超 4 701 万人。

3）中国信息产业已经跻身世界前列。中国电信 2022 年发布的 2021 年年度业绩显示，2021 年中国电信实现营业收入 4 342 亿元，同比增长 11.3%。其中，服务收入为 4 028 亿元，同比增长 7.8%。归属于母公司股东的净利润达到 260 亿元，同比增长 24.4%。据此可知，近年来经济持续增长的关键推动力是数字经济。

4）我国关于科技方面的创新力明显提升。我国在高性能计算、芯片设计、移动通信等领域取得了重要进展，还在部分领域处于世界前列。2022 年 2 月10 日世界知识产权组织公布的数据显示，2021 年我国共有 13 家中国公司进入全球 PCT（Patent Cooperation Treaty，专利合作条约）国际专利申请人排行榜前 50位，其中排名第一的依旧是华为，其以 6 952 件国家专利申请量连续五年位居榜首。OPPO 和京东方分别以 2 208 件和 1 980 件分列总榜单第 6 位和第 7 位。此外，

VIVO、大疆、华星光电、腾讯、字节跳动等耳熟能详的国内企业在国际相关领域的地位也逐步提高。

我国正处于经济转型的关键时期，对经济转型势态的最基础判断奠定了数字经济发展的雄厚根基。数字经济在近年来飞速发展，成为一股新的推动力，促进我国经济的转型与升级。

1. 数字经济加速经济结构变革

飞速发展的数字经济对我国的经济结构产生了不容小觑的作用。国家统计局2024 年发布的报告显示，2023 年我国网上零售额达到 15.426 4 万亿元，占全社会消费品零售总额的 32.7%。根据国家统计局最近发布的报告，服务业占我国 GDP 的比重不断提高，在 2023 年达到 54.6%，在继续占据国民经济半数以上的同时，服务业的形态和内涵在互联网的助推下也发生了巨大变化。第 53 次《中国互联网络发展状况统计报告》显示，我国互联网应用持续发展，新型消费潜力迸发，数字经济持续发展，助推我国经济回升向好。截至 2023 年 12 月，在线旅行预订的用户规模达 5.09 亿人，较 2022 年 12 月增长 8 629 万人，增长率为 20.4%。网上购买过国货"潮品"的用户占比达 58.3%，购买过全新品类、品牌首发等商品的用户占比达 19.7%。由此可见，数字经济在我国经济结构调整的进程中发挥了重要作用；同时，它也是释放民众消费需求、升级社会消费结构的催化剂。我国需要以数字经济为引领进行产业转型和升级。如今，无人机、工业机器人、3D 打印等一系列关于人工智能的新技术与设备快速融入实践，影响领域越来越广。在全球产业链中，华为、百度、腾讯等高科技企业迅速发展，数字技术在企业的改变与革新中的作用越来越重要。

2. 数字经济促使产业结构的改变与革新

例如，腾讯 2020 年第一季度财务报表显示，微信及 Wechat（国际版的微信）的合并月活跃用户数达 12.025 亿人。该款社交软件作为数字经济的典型代表，经由服务化和技术化的新创造，对传统模式的电信服务业进行规划重组，对消费者的消费习惯和传统电信消费结构进行了改良。又如，近几年兴起的网约车模式打破了传统出租车垄断的地位，打破了传统行业结构，方便了用户。新技术对传统产业的冲击、对传统产业结构改革的推进，证明"旧的规则应用于新的经济"是行不通的。

3. 出现了一批在数字经济发展过程中敢为人先的企业

近年来，如果分析我国商业领域巨头的成分，就会发现来自数字经济领域的巨头数目日益增多。例如，滴滴出行的触角深入交通运输领域；腾讯的微信对民众的日常通信方式产生了显著影响；大疆的无人机，让无人机产业向前迈进了一大步；等等。这些在数字经济领域创新创业的企业，不仅挑战着传统的经济模式，还提供了更多新的就业机会。

2.1.2　国外数字经济发展状况

随着互联网的飞速发展，数字化依托信息化技术在传统行业中掀起一场不容忽视的变革，促使传统行业进行大刀阔斧的改革。数字通信技术的全面铺开使不同的行业可以通过数字化技术连接起来，从而构成一张巨大的产业商业网。2016年达沃斯论坛更是将数字时代推向顶峰，"如何利用数字经济的原则、战略和模式来改善公共服务""如何更好地应用系统性变革、战略性转变和新兴技术来改变消费的未来"等主题赚足了热度。瞬间"数字经济"成了火热的话题词之一，仅次于"智造"及"工业 4.0"。数字经济的提出与应用将会由内及外地波及人们的生产方式和生活习惯，同时也制造出更可观的经济效益，最终成为各国家的核心竞争力之一。

1. 美国数字经济发展状况

美国作为第一经济强国，更是把数字经济发展作为第一要务。我们可以从以下两个维度来剖析数字经济对美国经济产业结构变化的推动作用。第一，美国的互联网产业和互联网服务相关产业、产业群正在高速发展，并且形成了强劲鲜活的体系。数字经济除了对美国的制造工业、服务业有关技术的推陈出新起到了促进作用，还融入其本国宏观经济结构中，并且昭示了美国国家经济的未来走向和增长趋态。第二，美国是商业大国、产业巨头，因此互联网技术在其竞争力中位于核心地位，属于经济与生产的要素之一。总而言之，大数据及互联网正潜移默化地成为美国国家竞争力的中流砥柱。

在计算机技术日新月异的近 20 年，美国的商业经济结构受信息技术影响进行着两个方面的变革。第一，互联网及其相关技术产业对美国传统行业进行了天翻地覆的"洗牌"，在优胜劣汰的行业规则下，传统行业中侥幸存活者开始对自身的经营模式进行调整变革。在所有受冲击的行业中，邮电通信、新闻业、影音服务、出版业、零售业等首当其冲。E-mail 及电子信息传输对美国邮电通信的载体进行了重大创新——电报、纸质信件、传真在人们的通信中已不再处于主要地位。网络教育向历史悠久的教学体系和方法施压。移动阅读工具承载了电子信息，使印刷业、出版业、广告业和新闻业举步维艰。线上销售插手了美国的零售业，改变了消费者以往的购买习惯、消费方式和购买渠道。总而言之，美国的传统行业或多或少都遭受了信息产业的挑战。第二，与互联网有着千丝万缕联系的信息技术及服务正作用于美国的经济并成为其核心产业的一员。除了对传统行业的改革，互联网还创新发展出许多衍生产业和服务。网游、网络安全、手机软件研发、数字化信息服务等在风投之下百花齐放，促进其信息产业的开基立业和更新换代。20 世纪 90 年代以来，美国信息领域的物竞天择一直在持续。当下除了 IBM（International Business Machines Corporation，国际商业机器公司）、微软（Microsoft）、英特尔、苹果等为数不多的拥有 20 年以上历史的品牌，很大一部分品牌不超过 10 年。在这个适者生存的过程中，美国本国的经济与产业构造被信息这一新能源所改造。在当今时代，随着跟互联网有着紧密联系的大数据、云计算等技术与工作的深入契合，可以说互联网在美国经济中扮演的角色与水电、煤气等公共服务并无差异。

2. 德国数字经济发展状况

德国工业化的深化改革迫切需要数字产业的推动。数字经济的大力发展为德国制造注入新的活力。德国联邦经济和能源部会同 OECD 研究在 G20 框架内推动数字经济发展的具体倡议。2017 年 4 月 6～7 日，德国举行 G20 数字经济部长会议。这是二十国集团成立以来首次就数字化举行部长会议，反映出数字经济的重要意义在不断凸显。德国虽然在数字技术方面具有一定优势，但在数字基础设施、政务信息化等方面逊色于不少国家，德国联邦政府已经意识到需要加大对公共领域数字化的投入。德国依靠工业与生产技术立足于世界，因此如果想要真正按照计划来推进"工业 4.0"，则其互联网平台提供的设施服务需要达到高标准。"工业 4.0"在德国联邦政府的支持下，已经在德国工业中形成了一股新生力量。德国联邦政府清楚地知道，在此进程中，数字化的构建可以提供更多的就业机会，降低失业率，为本国的经济可持续发展提供强有力的保障。数字化加速了商业模式种类的多样化，如网络商店、远程维修。为满足未来经济不同场景下的计算模式和算力需求，需要加大以大数据中心、云计算、边缘计算中心、人工智能、物联中心、量子计算等为代表的新基建的投入力度。数字化可以帮助企业优化决策，提高资源配置，降本增效，提高企业管理效率。从长远来看，企业不再只是公式化地卖出自己的产品，而是可以通过移动互联网来为自己产品的未来运行保驾护航，使企业的经营方式更主动、更多样。以此为基础，企业可以在自己的产品中附加更多的增值项目。然而德国当前的互联网状态不能支撑将来数字化进程的庞大体系。"工业 4.0"的一条硬性标准就是各企业之间都要打通网络环节，并且强调互通网络的实时性。这一点对于德国来讲是一个棘手的问题，尤其是一些中小企业，它们并不具备构建属于自身数字产业格局的能力。预想的"工业 4.0"的展现方式是：货车送货的时间可以被准确计算；货物种类可以被精确展示并传达给所连接的机器，以便根据这些信息进行运算，得出一个恰当的时刻来做好工作准备。预想实现的第一步需要构建数字基础设施。在"工业 4.0"作为背景板的时代，毫无疑问，未来的信息技术发展将会更加迅猛。2018 年工业与服务业所需要的数字信息量是 2013 年的 2 倍，字节数目更是直逼每月 600 千万亿。然而，可以容纳这么多字节的网络，其构造费用无疑是骇人的，因此德国数字工业化优势与劣势并存，希望与窘境共生。

3. 英国数字经济发展状况

在英国经济发展中，数字经济已成为最重要的动力因素。据联合国商品贸易统计数据库统计，2015 年英国 GAV（gross value added，增加值）总值中，与数字经济项目有关的收入占了 7.4%，大约有 690 亿英镑；与其相关的工作岗位数量的增幅高出其他产业 3 倍多，且其中多数的工作者签订了长期稳定的全职工作合约。英国有 110 万 IT（internet technology，互联网技术）工作者，这些工作者服务于制造业、金融业、公共服务业等。2020 年，在数字经济领域，英国提供了 30 万个就业机会。资本市场对大数据与安全专员、IT 架构工程师等高技术职业人才的渴求居高不下。该领域的从业者中接受过高等教育并顺利拿到文凭的人约有 63%，因此数字经济领域同时也是英国文化程度最高的经济领域。

1）在信息通信服务和数字内容方面，英国处于领先地位。截至 2023 年，英国拥有超过 10 万家软件相关的公司级企业，以总值超 50 亿英镑的通信服务输出稳坐全球通信服务输出的重要位置，其在计算机方面的服务输出总值超 70 亿英镑，在信息服务方面同样处于国际前列，总值超 20 亿英镑。英国以软件开发、数据计算与数据分析、服务涉及、用户质感、无线技术、网络隐私密保等组成的通信工程在全球遥遥领先。英国文化产业生机勃勃、百花齐放，以书、影、视、音及教育为例，其 2021 年出口总额位居全球第二，其创意产业对经济产值的贡献更是达到 1 090 亿英镑。

2）英国电子政务的发展也很迅速，在全球电子政务发展的排名表中，英国位列第一，公众的积极参与使其民众参与度排名第六。2022 年 6 月，英国政府发布新版《英国数字战略》，该文件明确了英国未来发展数字经济的六大支柱，将科技创新作为驱动数字经济发展的关键动力。英国作为将数字化实施应用于政府服务的先驱者之一，利用自己已经积累的经验为世界输送了多样多数目的线上服务，其中部分已经在交流与买卖方面有一套完备正规的体系流程。另外，英国作为"开放政府合作伙伴"（Open Government Partnership，OGP）的发起国之一，也一直以该组织创立原则（即问责制、公众参与、透明化）来要求自身，并在此原则的约束下采取了数据公开的措施。截至 2015 年 9 月，在英国政府的数据公开网站上查询到其公开的约 400 个移动应用与 2.4 万个数据集。

3）英国的 ICT（information and communications technology，信息通信技术）基础设施构造的水准不断提高：其 ICT 服务的上游基本属于私有供应商，其应用价格十分低廉。

2.2　我国数字经济发展问题分析

尽管我国在数字经济的发展中不甘落后，取得了骄人的成绩，但还是横亘着一条艰险的鸿沟。因为国情不尽相同，国与国之间的语言、技术、经济发展水平等也不同，所以互联网和数字产业衍生品在世界范围内扩大分散的程度不同。法律是一个国家维持正常运转的规章制度。电信行业是一个新生产业，与其有关的法律法规、平台资源等因素影响着落后地区的数字经济发展。在部分文化知识处于下位圈的地区，以文化科教作为依托的数字经济与数字社会发展缓慢。这些年，世界经济发达国家与相对落后的发展中国家的数字经济差距逐渐拉开。以我国为例，发达的一线城市与边远小城的数字经济发展也存在差距。

2.2.1　协调发展水平亟待提升

1. 作为发展中国家的中国和发达国家之间存在着数字界限

数字经济的界限一方面是国与国社会形态之间的差异体现，另一方面是其经济时代不同的写照，这二者都明显地展现出一种中心边缘秩序（center-periphery order）。一方面，发展中国家各项发展都相对落后，资金、技术支持不完备，基础设施也较为陈旧，这些因素造成发展中国家迈向数字经济时代还需要一段时间。世界银行及 IWS（The World Wide Web Science Institute，万维网科学研究所）公布的数据显示，在 2021 年全球国家（地区）互联网普及率排名中，阿拉伯联合酋长国以 99.0% 的互联网普及率排名第一；其次为丹麦，普及率为 98.1%；第三为瑞典，普及率为 98.0%。中国香港地区以 92.0% 排名第 13；中国台湾省以 90.0% 排名第 19；中国以 65.2% 排名第 40（图 2-3）。

另一方面，先进的发达国家由于其最初的资本积累，在早期就已经处于市场寡头的有利地位，其不断地利用技术优势来为自己的数字帝国添砖加瓦，从而固化自己在市场中的核心角色，以优势繁衍优势，制造出更为广泛且数目巨多的市场隔阂。以互联网科技作为主营业务的企业将网上购物消费视作生存根本。在全球科技龙头企业中，只有少数企业是中国企业，其他企业均来自欧美国家。其中，苹果公司的市值在 20 世纪 90 年代只有 39 亿美元，到 2023 年年底已达 2.89 万亿美元，增加了 740 倍。由此看来，若不采取一定的行动，我国和发达国家在数字产业方面将会一直存在差距。

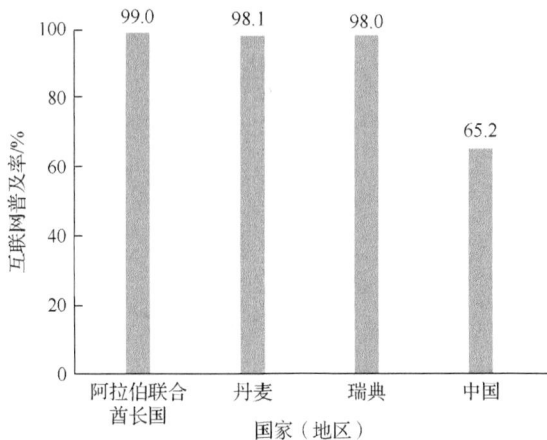

图 2-3　2021 年部分国家（地区）互联网普及率

2. 数字界限同样存在于我国各区域之间

在我国，因为年龄不同，所处地理位置不同，经济水平不同，生活水平也不同，因此人与人之间关于数字经济的活动水平存在明显差别。具体如下。

1）就社会经济发展水平的层面来说，在拥有高收入和高学历的人中，使用互联网的比例明显高于平均值，其数字经济参与度也较高。尽管在当今社会收入和学历较低的人正在逐步开始认识和使用网络，但是相比于生活富足的高学历人群，差异仍然存在，因此我国数字经济在不同地区的发展程度存在差异。

2）年轻人更青睐于电子产品，因此其网上冲浪和消费等数字经济行为比老年人多。互联网受众群中的年轻人有很大一部分是通过教育初识互联网的。第 52 次《中国互联网络发展状况统计报告》显示，截至 2023 年 6 月，我国网民规模达 10.79 亿人，较 2022 年 12 月增长 1 109 万人，互联网普及率达 76.4%。

3）所处地理位置也造成了数字经济发展的巨大差异。区位经纬对互联网的访问使用造成了强烈干扰。东部沿海地区互联网的普及程度比中西部地区高出一截，因地理环境而造成的"数字界限"十分显著。中国互联网络信息中心发布的第 52 次《中国互联网络发展状况统计报告》显示，截至 2022 年年底，互联网普及率在首都北京地区达到 89.7%；上海的互联网普及率为 89.8%；广东的互联网普及率为 76.7%；云南的互联网普及率排名虽较 2021 年有所提升但并不突出，位居第 30；贵州、云南与甘肃排名在倒数前三，互联网普及率分别是 67.9%、66.8%、64.7%（图 2-4）。

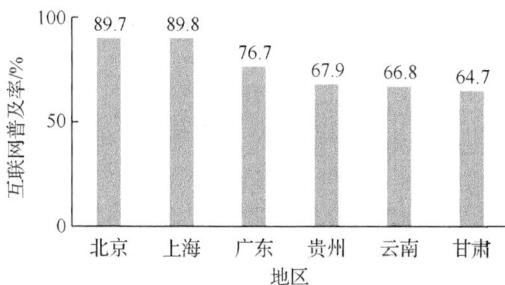

图 2-4　部分地区互联网普及率

对于互联网应用的空间范围，可以用一个指标进行详细说明，这个指标就是 IUQ（internet user quotient，互联网用户商）。该指标揭示了所在省份网络用户群与全国用户群的占比关系，其最终数值代表与国内范围平均值相关联的集中度。若大于 1，则说明集中度高；若小于 1，则说明集中度低。经过一系列调查计算发现，2015 年我国 IUQ 最终测算值小于 1 的省份有 17 个，这些省份均来自中西部，也就是说这些省份的网络普及率并没有达到全国平均及格线。北京以 1.52 的测值排名第一，紧随其后的是上海与广东，分别是 1.45、1.44，而排在倒数前三位的江西、贵州、云南，都在 0.7 左右。中国中部与西部极其不发达的网络资源严重阻碍了经济腾飞，因此破除中西部地区与东部地区之间的数字壁垒是我国亟须解决的问题。

4）我国城镇与乡村之间的数字界限依旧存在。第 53 次《中国互联网络发展状况统计报告》显示，截至 2023 年 12 月，我国网民规模达 10.92 亿人，较 2022 年 12 月新增网民 2 480 万人，互联网普及率达 77.5%；农村网民规模达 3.26 亿人，占网民整体的 29.8%，较 2022 年 12 月提升 4.6 个百分点；城镇网民规模达 7.66 亿人，占网民整体的 70.2%。城乡地区互联网普及率差异较 2020 年 3 月缩小 6.4 个百分点。城镇与乡村之间的"数字界限"说明城镇与乡村常住居民在信息收取和进步机会两个方面存在着不对称。

3. 转型壁垒

数字技术应用附着于实体经济之中，使市场竞争状态下的强弱相争状态得到扭转。市场中的企业面对更为广泛和纷杂的市场，采用传统的以价取胜或者以质取胜策略并不足以满足当今的要求。当今时代的市场更加看中销售生产的手段、渠道、方法。老旧产业的数字化续航能力不够，不具有灵活性，其转换成本十分高昂。行业标准不规范，阻碍了企业的信息化。另外，数字技术投入企业后，见效的时间较长，从投入到生产可为企业带来预期收益的过程长达 3～10 年。因此，我国数字经济转型的壁垒较高，是在发展中需要突破的瓶颈。

4. 发展失衡

数字经济发展遵循由下到上的逆浸透模式，即"三二一"模式，数字经济在第三产业中的前进脚步较为快速，接下来依次是第二产业、第一产业，且其在 3 个产业之间的浸透程度极不均衡。中国信息通信研究院计算得出，2022 年，我国第一产业、第二产业、第三产业数字经济占行业增加值的比重不断增长。其中，第三、二、一产业数字经济渗透率分别为 44.7%、24.0% 和 10.5%，同比分别提升 1.6、1.2 和 0.4 个百分点（图 2-5）。数字经济在各产业之间应用程度不一的缺点十分显著。

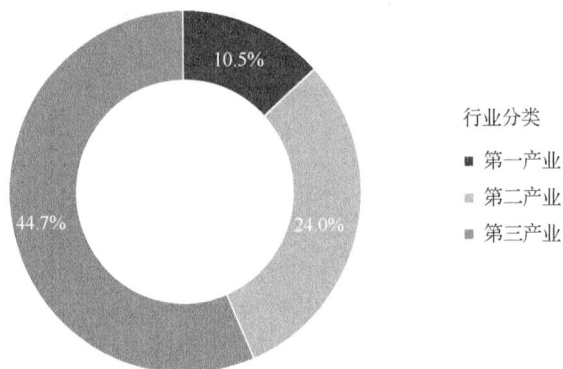

图 2-5　2022 年我国三大产业数字经济市场渗透率情况

在 2016 年，数字经济总量在广东、江苏、浙江都突破了 20 000 亿元。这 3 个省份的数字经济总量是我国所有省份数字经济总和的 1/3，并且这 3 个省份在发展范畴、所占比重、增长速度领域内趋于领先。但是包括云南、新疆、宁夏在内的 10 个省份的数字经济总和低于 3 500 亿元，并且这些省份的数字经济总和仅占全国的 33.3% 左右（图 2-6）。

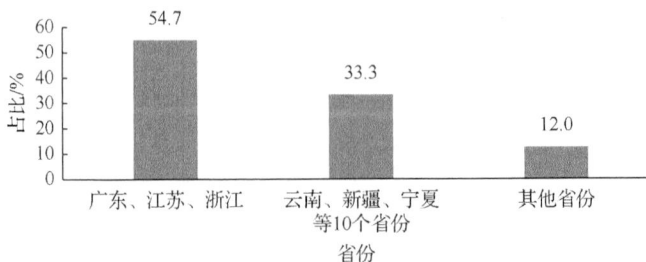

图 2-6　10 个省份数字经济总量占全国数字经济总量比重

这种不平等性也存在于消费与生产中，在数字经济的背景下，更多资本源源不断地汇入生产和服务领域中。2023 年的统计数据显示，在线政务服务市场的收入持续增长，政府投入大量资金开发在线平台，以提供更多、更优质的政务服务。教育部推出的在线教育相关项目和计划，也得到了国家的资金支持。

但是与其他数字经济发展较快的发达国家相比，我国对于数字经济生产过程中应用技术发展的相关资源投入还是比较匮乏的，在产品创新、产品设计和产品制造等生产过程中的核心节点的改革创新上，与发达国家相比存在差距。我国数字经济领域中的很多产品和技术往往是对国外技术的模仿或改进，缺乏足够的原创性。在一些核心技术领域，如高端芯片、操作系统等，我国仍依赖进口或外部技术，限制了产品创新的空间和自主性。我国的数字经济创新体系尚未完全成熟，缺乏完善的创新链条，从基础研究到应用开发的转化效率不高，影响了产品的创新速度和效果。

5. 平台治理

数字经济在新生业态多样化、市场主要参与者数目可观的环境下，实现不断发展的关键是对相异主体的权责与义务进行合理的定义。在数字经济中成为主流的是基于平台的模式，其与以往的商业模式不一样，一旦出现问题，通常就由第三方平台承担后果。担责的不明确性在政府、平台、用户之间凸显。在数字经济的生态系统中，其分散化、跨行业融合等特征使以往的监督系统面临挑战。现在，我国的跨界共同管制存在不足，尤其是不同行业、地区对相同的业务形态的管理准则不一致，规范标准也大相径庭，使相关企业的运营资金投入增多。例如，基于平台的企业因为管理方式和税收规则等原因，被当地要求设立本土据点，并且平台需要向当地监督管理部门备案在发生业务过程中的运营数据库。基于平台的企业在此过程中发现数据的导入口和判定标准存在差异。

关于平台的治理，究其根源是管理的思维模式问题。国与国之间的国情不一致，因此不同国家进行平台治理的初心和理念也不一样。例如，美国与欧洲一些国家对于电商平台责任的定义有很明显的不同。在美国，人们更喜欢应用作为新生技术下的新型生活方式的互联网平台，如果遭遇售卖假货，则不苛求平台包揽额外责任。在欧洲各国，在相似事件的司法裁决中会偏向品牌商，如果上下游企业有售假买假行为，则会对平台进行相应的处罚。

2.2.2　市场发展秩序仍须规范

1. 在市场环境下，制度规范没有跟上市场的发展

随着数字产业和实体经济的进一步耦合，市场的作用方式变得越来越丰富，其难度也随之增加，线上的不足和线下的缺陷形成交织。展现出来的问题是，线下一旦与线上进行联系，其原本存在的部分问题会以迅猛的势头被繁殖扩增，并且在线

上高速铺开蔓延。互联网上违反法律的行为有很强的干扰性，并且可能在线上快速扩散，如电信诈骗、传销、违法募集资金等。展现出来的问题还包括经营非正规化，如以比销售成本更低的价格出售产品，模仿刚成立公司的经营模式等。

2. 政府治理水平和治理能力与现状不匹配

现有的监管框架是分散的和局部的。数字经济的发展具有突出的跨部门和跨区域特征，因此传统的监管已不再适合各领域的渗透融合发展。发展新主体已经变为不同的企业平台，但什么责任应该由平台承担、应承担多少责任，缺乏明确的规定，因此急需厘清政府和企业治理的权利和责任。治理对象的数量巨大，违规的类型多种多样，并且业务模式快速迭代，因此基于预先批准的治理方法和依赖人力资源集中检查的治理方法难以满足数字经济发展的需求，迫切需要对治理方法进行优化和创新。数字经济发展与现有法律的滞后性之间的矛盾越来越突出。部门业务领域存在立法空白，给行业发展带来很大不确定性，法律法规建设相对滞后。

2.2.3　政府治理能力亟待提升

1. 政府监管体系不能适应行业创新发展需要

条块分割的垂直管理体制与数字经济跨界融合发展态势不适应。各部门条块分割的监管体制造成政出多门、部门之间协调不够。新业态如何界定，线上和线下管理部门如何划分职责和实现协同，都是新的监管难题。单边监管理念不适应数字经济多元化发展需要。平台、社群等将在规则的制定、行为的监管中发挥越来越重要的作用。如何利用和引导社会力量参与治理是我们必须面对的课题。以事前准入管理为主的政府监管方式难以适应数字经济开放化发展的需要，依靠人力等传统监管手段难以应对数字经济参与主体海量化、问题隐蔽化等挑战。

2. 市场准入监管与数字经济发展不相适应

现有的政策法规与数字经济发展的需求之间的矛盾愈发突出。数字经济相关准入制度缺失，数字经济相关准入门槛要求过高，导致一些从事互联网新业务的企业无法进入。例如，在交通出行领域，应将对传统出租车的资质要求延伸到对网约车的管理中等。法律法规冲突问题不断显现。例如，根据《中华人民共和国证券法》《中华人民共和国公司法》《中华人民共和国刑法》相关条款，股权众筹面临公开发行证券风险与非法集资罪风险等。

3. 政务服务数字化水平和服务效率偏低

"网上办事"大多只能实现浏览办事流程、公文表格下载，无法进行网上审批申报、"全流程"在线办理,条块分割、业务协同难、数据共享难等问题仍然突出,群众跑腿、服务资源碎片化现象仍然存在。信息资源开发利用和公共数据开放共享水平不高,政府信息资源开发利用滞后于经济和产业发展要求。

2.2.4　电子商务环境下数字经济中的安全隐患

1. 信息共享的泛滥

电子商务平台是一个谋利的网站,一旦出现新的商机,就会将自己的利益放在第一位。尽管平台声明不会随意泄露或出售消费者的个人信息,但是平台可以与自己的合作伙伴共享信息,而声明的有效解释权属于平台。对于第三方共享者,平台不清楚其对信息的使用目的及使用方式。

2. 互联网环境的复杂性

良好的网络环境要求网页上没有垃圾邮件广告,没有色情信息,也不得非法散布谣言以制造恐慌。当前,我国的网络环境比较复杂,为了获得额外的收入,网站在网页放置不同种类的广告,如果用户不小心点击这些广告,则计算机可能感染病毒并导致数据丢失。用户在钓鱼网站上填写购买商品的信息可能会导致个人隐私被泄露和资金被盗。互联网上的各种信息使人们上瘾,尤其是自律能力弱的青少年。许多网络犯罪集团利用年轻人较弱的防范意识和薄弱的法律意识诱骗其上当。

3. 随机获取个人信息

完整的电子商务活动包括注册、购买、订单填写、购买结算和接收评估。在这些链接中,消费者的个人信息存在被泄露的风险。

注册时,要求消费者同意注册协议。协议明确指出,如果消费者不同意该协议的相关内容,则注册将被终止。为了成功购买喜欢的商品,消费者即使对条约的内容不满意,也会接受该协议的条款,这时网站将能够获取消费者的个人信息,包括消费者的姓名和联系信息等。在购买过程中,消费者会浏览或标记自己喜欢的商品,网站可以通过收集和分析这些浏览记录来得出消费者的购买需求。当消费者购买满意的商品时,需要填写送货地址,网站将获得消费者准确的地址信息。在购买结算过程中,当涉及资金问题时,网站将获得消费者绑定的银行卡信息。在接受评估时,商家将一定金额返还给消费者,以吸引消费者发表图片和好评。在发表图片过程中,消费者可能会公开自己的照片,这些照片会直接泄露消费者的信息。在这一系列操作中,网站从未表现出积极收集消费者个人信息的意图,只是在后台利用存储和分析信息的专业工具收集消费者信息。

2.3　我国数字经济发展机遇分析

2.3.1　信息基础设施建设基本完成

　　未来几年，我国数字经济发展的基础设施有望进一步完善。目前，我国高速发展的信息基础设施已基本建成。根据中国信息通信研究院发布的《中国宽带发展白皮书（2023 年）》，截至 2023 年 9 月底，我国已建成开通光纤到户（fibre to the home，FTTH）端口 10.8 亿个，光纤网络基本通达全国现有行政村。千兆光网覆盖范围持续拓展，现网具备千兆网络服务能力的 10G PON 端口数达 2 184.8 万个，在已部署的 PON 端口数量中占比超过 60%，成为固定光纤网络的主流接入方式。千兆及以上速率固定宽带用户加速发展，用户规模已超过 1.4 亿户，在固定宽带用户中的占比达 23%。光纤到房间等新业务从试点部署迈向规模化发展，用户规模已超过 800 万户。

　　新一代信息基础设施是打造经济"双引擎"、实现创新驱动发展的关键载体。首先，新一代信息基础设施可为各领域的技术快速应用、组织变革及商业模式创新提供载体和手段，加快传统产业提质增效升级。新一代信息基础设施加速渗透制造业，带动柔性制造、网络制造、绿色制造、服务型制造等新型生产方式发展，引领制造业向"数字化、网络化、智能化"转型升级；与服务业深度融合，促进服务业规模化和网络化发展，不断壮大现代服务业；与农业广泛结合，推进农业生产向精准化、智能化、高效化的现代农业发展。其次，新一代信息基础设施的广泛应用将加快培育新的经济增长点。新一代信息基础设施构筑的新型平台，使移动互联、万物互联、云计算、大数据、人工智能等新技术与其他产业不断融合，不断创造 O2O、分享经济等新模式，不断催生电子商务、数据服务等新业态，带动智能终端、智能硬件等新产品发展，为经济发展注入新的驱动力量。最后，基于新一代信息基础设施，跨领域、协同化、网络化的国家创新平台正在兴起，重构全球创新网络。新一代信息基础设施不但是各领域融合创新的平台，而且是各领域融合创新的引导者和催化剂；不但引领和激发技术创新浪潮，而且能够引领和激发模式创新浪潮。创新主体互动、创新资源组织和创新成果转化方式更加网络化、全球化和快捷化，形成更开放、更灵活、更快速、更贴近用户的创新发展模式，开启以融合创新、系统创新、大众创新、微创新为突出特征的创新时代。

　　目前，我国已建成较高水平的信息基础设施。具体如下：一是网络规模和用户规模全球第一。2015 年至今，工信部联合财政部组织开展了 9 批电信普遍服务试点，共支持超过 13 万个行政村的光纤宽带建设和 7.9 万个农村 4G、5G 基站建设，其中约 1/3 的任务部署在偏远农村，显著缩小了城乡"数字鸿沟"。二是网络支撑能力持续提升。自"宽带中国"战略实施以来，我国持续加大光纤网络建设投资力度，完成了从铜缆接入为主向光纤入户为主的全面替换。三是网络接入速率不断提高。全国 5G 网络下行和上行均值接入速率分别为 340.56Mbit/s 和 81.14Mbit/s。截至 2023 年 9 月底，我国已建成开通 5G 基站 318.9 万个，覆盖所有地级市城区、县城城区，并进一步向乡镇、行政村等延伸覆盖。重点区域 5G 网络连续覆盖有序推进，建成 5G 室内分布系统超 101.1 万个，机场、高铁车站 5G 覆盖达标率达到 100%，地铁、三甲医院、重点商务楼宇达标率均超过 80%。5G 用户加快发展，用户规模已达到 7.4 亿户，5G 用户人口普及率达到 52.2%，5G 流量占移动数据流量比重达到 50%，5G 已成为移动通信的主力承载网络。

以上海市为例，截至 2020 年，上海固定宽带光纤覆盖全市 99% 的家庭，平均下载速率和用户渗透率均排名全国第一。据中国信息通信研究院数据统计，2020 年第二季度上海家庭固定宽带千兆用户数为 36.7 万户，渗透率为 4.02%，居全国第一；接入速率为 200Mbit/s，在全球范围内仅次于新加坡和中国香港地区，居世界第一阵营。

2024 年 2 月，上海市通信管理局公布的数据显示，随着近年来"宽带中国""网络强国"战略的推进，上海宽带通信基础网络供给能力不断加强，超大城市的通信基础设施布局仍需不断完善。2023 年，上海建成 5G 基站 1.9 万个，累计建成 9.2 万个，5G 基站密度和占比均居全国第一，并发布全国首个基于交换中心的算力调度交易平台，累计归拢通算、超算、智算资源超 8 000P。截至 2023 年年底，上海 503 个重点场所的 5G 信号覆盖率达到 96.8%，位居直辖市第一。其中，机场、火车站、地铁站点等基本实现 5G 信号 100% 覆盖，全市 1 568 个行政村实现 5G 和千兆光网全覆盖。2024 年 1 月，上海印发的《上海市推进 IPv6 技术演进"智网上海"行动计划（2024—2025）》提出，到 2024 年年底，每百个重点场所拥有的网络切片接入站点数量超过 55 个；新增用户开通企业专线 40% 以上采用 "IPv6+"创新技术；算力灵活调度的网络传输过程 SRv6 使用占比超过 85%；宽带接入用户体验监测评估能力覆盖占比超过 30%；支持智能无损网络的"IPv6+"数据中心数量超过 15 个。

由此可见，新一代信息基础设施的基本建成，为我国数字经济发展提供了新的机遇。

2.3.2　数字经济发展拥有后发性优势

2017 年是国家实施大数据战略、推进数字经济的关键年。从实施国家大数据战略到做大做强数字经济，中国的发展路径越来越清晰，以大数据为突破口、以数字经济为主要方向的发展新空间正在被拓展。由于发达国家在数字经济方面的先导作用，作为发展中国家的中国拥有了诸多后发性优势。

1. 增加边际收益的后发优势

从数字经济的特征表现可以知道，在知识创新阶段，知识应用的范围越广，涉及的客户越多，创造的价值就越大。在知识的普及和模仿阶段，由于及时性问题，发达国家的知识边际回报有所下降，但在发展中国家可以保持较高的边际回报。对于发展中国家来说，这些知识仍然是较新且较有价值的。信息技术目前处于普及和模仿阶段。信息技术传播到发展中国家符合发达国家的最高利益，这可以大大提高发展中国家的信息化速度。我国作为发展中国家，可以享受到这一红利。

2. 工业化的后发优势

在进入信息化发展阶段前，西方国家经历了漫长的工业化进程。当前，制造业生产转移到发展中国家已经成为许多发达国家升级其产业结构并集中精力发展数字经济中领先产业的一项重大战略举措。对于我国而言，这将带来 3 个方面的好处：第一，可以充分利用发达国家的工业化成就，包括技术成就和体制成就，从而大大缩短我国工业化进程，加快经济发展；第二，可以将工业化与信息化相结合，以信息化和高科技促进工业化发展，彻底改造传统产业，重塑自身的比较优势和竞争优势；第三，可以大规模利用信息技术降低全社会的生产成本和交易成本，加快市场关系的培育，逐步形成强大的物流、资金流和信息流，促进市场经济的繁荣。

3. 后发性的知识和能力优势

我国大力推动教育和科学技术的发展，增加了知识要素的赋能，特别是提高了获得知识、转让知识和使用知识的能力。这形成了我国的二级网络比较优势，使我国在国际劳动分工中占有相对有利的地位，推动了数字经济的飞跃发展。我国每年都会在上海、沈阳、杭州、苏州、北京等地举办中国国际大数据挖掘大赛、Sino Open Data Apps 中国开放数据创新应用大赛、中关村大数据日主题峰会、阿里云天池余震捕捉 AI 创新大赛等；在国家大数据综合试验区举办"数聚华夏，创享未来"系列主题论坛，发布《中国数字经济发展白皮书》，举办数字经济"十大"巡礼活动等系列活动。

国家对大数据产业区域发展进行整体规划布局，共计批复了 8 个国家大数据综合试验区。东部、中部、西部、东北"四大板块"分别从数据要素流通、数据资源统筹、区域协同发展等方面，全面推进国家试验向纵深发展。

2.3.3　弥合数字鸿沟新机遇

党的十九大报告指出，我国社会主要矛盾发生了重大变化，已转化为人民日益增长的美好生活需要和不平衡不充分的发展之间的矛盾。针对新时期的这一矛盾，我国通过建立现代化经济体系来解决以下问题：一是在实体经济、技术创新、现代金融、人文协调发展的基础上，加快工业体系建设，建立现代经济体系的新产业结构；二是加强现代基础设施网络建设，这需要现代水利、铁路、公路、水路、航空、管道、电网、信息、通信、物流和其他设施的支持；三是大力发展新型实体经济，特别是先进制造业，深化数字经济与实体经济的融合。

"建设现代化经济体系"是十九大报告首次提出的新发展理念。十九大报告指出，我国经济已经从快速增长阶段转变为高质量发展阶段，正处于转变发展方式、优化经济结构、转变增长动力的关键时期。建立现代化经济体系是跨境的迫切要求，也是我国发展的战略目标。"现代化经济体系"应该有坚持质量第一、效益优先的特征。当前，数字经济作为一种新的经济形式，成为推动经济发展的质量变化、效率变化和动力变化的重要动力。这是新一轮全球工业竞争的制高点，也是促进振兴实体经济、加快产业转型升级的新途径。2016 年《G20 数字经济发展与合作倡议》对"数字经济"的定义是：数字经济是指将数字知识和信息作为主要生产要素，将现代信息网络作为重要载体，有效利用一系列经济活动提高效率和优化经济结构。互联网、云计算、大数据、物联网、金融技术和其他新的数字技术被用于信息收集、存储、分析和共享的过程中，从而改变了社会互动的方式。数字、网络和智能信息与通信技术使现代经济活动更加灵活、敏捷和智能。

当前，"一带一路"共建国家都在奋力发展。正在发生的数字经济变革是不容错过的发展机遇。欧美发达国家先后制定了各自的国家数字化战略，为数字经济发展提供了许多可供借鉴的经验。一些国际组织如 OECD、世界经济论坛（World Economic Forum，WEF）高度重视数字经济议程，每年都会出台相关的全球发展报告。面对现实，"一带一路"共建国家在数字经济发展方面面临多重挑战，其中最大的挑战可以归结为如何创造一种有利于数字创新的创业环境，从而弥合与发达国家之间的鸿沟。

我国政府已着手加大数字化预算比例，加强对数字化及各类相关的基础设施的投资，鼓励信息通信行业的竞争，扩大可利用数据源，以创造出一种有利于数字创新的创业环境，从而为弥合数字鸿沟带来新机遇。在"一带一路"倡议的框架下，政府致力于共建平台，与亚洲基础设施投资银行等区域性机构合作，对外开放，鼓励国外投资和国内中小型数字科技企业的发展，积极融入全球产业链。着眼于数字基础设施建设和数字化商业应用，实施各项政策，为弥合数字鸿沟带来新机遇。

同时，国家鼓励传统企业对数字技术商业化进行投资，尤其是在传统产业的数字化改造方面，目的是迅速带动商业模式创新、跨界融合，实现数字经济的发展。在该政策的推动下，数字经济取得了快速发展。企业借鉴、吸收国外成熟的数字化商业模式，并在此基础上开展本土化创新。以应用带动技术的新模式，为弥合数字鸿沟带来新机遇，这也是后发地区实现数字经济赶超的重要路径。

国家早已认识到人才的重要性，更认识到数字人才是一个国家竞争力的源泉。通过加强数字化教育，提升全民数字化素养，是当前国家迫切的任务。为了跟上时代的脚步，国家已着手将数字化教育融入中小学教育中，让学生有机会较早地接触计算机、互联网，以应对未来社会的挑战。针对成人，政府鼓励数字培训机构的发展，鼓励企业开展数字化人才在职培训。政府出台相关政策鼓励数字化教育，就是为了迎接数字时代的挑战，为推进数字经济创新发展提供人才储备，为实现共赢互利提供新的机遇。

2.3.4　与实体经济联系紧密

党的十九大报告强调要加快发展先进制造业，推动互联网、大数据、人工智能和实体经济深度融合，在中高端消费、创新引领、绿色低碳、共享经济、现代供应链、人力资本服务等领域培育新增长点、形成新动能。数字经济是现代经济体系的引擎。在该体系中，数字技术得到了广泛的应用，从而迅速推动了整个经济环境的转型和升级。当前，迅速发展的信息和通信技术、网络技术、大数据、人工智能等在先进制造业、现代供应链、现代金融服务和高端消费市场中具有极高的渗透和驱动功能。

党的十九大报告指出，建设现代经济体系，必须把经济发展的着力点放在实体经济上。中国是一个泱泱大国，决不能走"脱离现实走向虚拟"的道路。实体经济的发展是国民经济的根本，这对于实现我国的持续经济增长、改善人民生活、提供就业机会和增强国际竞争力至关重要。振兴实体经济是中共十九大提出的深化供给侧结构性改革的重要组成部分，因此必须长期坚持下去。

党的二十大报告强调，"加快发展数字经济，促进数字经济和实体经济深度融合，打造具有国际竞争力的数字产业集群"。习近平总书记强调，促进数字技术和实体经济深度融合，赋能传统产业转型升级，催生新产业新业态新模式，不断做强做优做大我国数字经济[①]。促进数字经济和实体经济深度融合，要充分发挥数字

---

① 杨虎涛，2023. 数实融合助力经济高质量发展[EB/OL].（2023-11-09）[2024-04-22]. http://theory.people.com.cn/n1/2023/1109/c40531-40114375.html?ivk_sa=1024320u.

技术、数据要素和数字平台的赋能作用，为实体经济部门带来产出增加和效率提升。当前，新一轮科技革命和产业变革正在重构全球创新版图、重塑全球经济结构，数字技术、数字经济作为世界科技革命和产业变革的先机，日益融入经济社会发展各领域全过程，全球经济数字化转型已是大势所趋。

我国经济正迈进内涵式发展的新常态。在新常态下，要促进实体经济的跨越式发展，必须正确处理实体经济与虚拟经济之间的关系。特别是有必要强调数字时代的技术创新与实体经济的结合，促进数字经济与实体经济的深度融合，并应用互联网、云计算、大数据、物联网和金融技术等，将数字技术的所有创新资源充分整合到实体经济中。数字经济已成为实体经济内涵发展的驱动力。在数字经济和实体经济之间，已经形成了"你在我心中，我在你心中，你不能没有我，我不能没有你"的数字生态发展模型。我国的经济发展进入了新常态，必须有新的势头，在互联网方面可以做很多事情。要努力促进互联网与实体经济的深度融合，利用信息流带动技术、资金、人才和物资的流动，促进资源配置的优化，促进全要素生产率的提高，促进创新发展，转变经济发展方式，调整经济结构。

制造业是实体经济的"本钱"。互联网与制造业的融合不仅带来技术创新方面的正向整合，还能重塑或重构商业模式，在制造业掀起数字化革命。数字经济继承了"互联网+"的概念，并且已经达到了更高的水平。"互联网+"强调连接，数字经济强调连接后的产出和收益。在未来，新旧动能转换的主要战场是制造业，城市数字经济的未来发展方向之一是进一步促进"互联网+"与制造业的融合。在我国，部分带头企业在这方面已走在了时代最前端。在挑选产品时，消费者已从传统的关注产品本身转向更为关注产品所连接的服务。没有内容和服务，设备就是苍白的，而这些内容和服务都源于大数据的支持。2019 年，三一重工集团搭建了一个"工业互联网平台"，与云计算结合，把分布在全球的 30 万台设备接入平台，实时采集近 1 万个运行参数，远程管理庞大设备群的运行状况，不仅实现了故障维修 2 小时内到现场、24 小时内完成，还实现了精准的大数据分析、预测和运营等支持服务。这些带头企业的经验表明，使用数字技术转变生产、管理和销售流程，降低成本，注重质量，并降低中小企业吸收新技术的门槛，是中国制造业发展的新路径。

由此可见，数字经济代表了一种新的经济形式，即充分发挥数字经济在生产要素分配中的优化和整合作用，将数字经济发展中的创新融入实体经济的各领域，并增强实体经济的创新能力和动力，以数字经济为驱动力和创新工具，形成更广泛的经济发展新形式。我们应顺应经济全球化和信息化深度融合的新型工业大趋势，将数字经济与实体经济深度融合，使我国经济走上良性发展的轨道，顺应"网络强国"和"制造强国"的"双强"目标的潮流。

第3章　数据资产对数字经济的影响分析

数据资产对数字经济的影响因素有很多。按照不同的标准划分影响因素，会产生不同的结果。2008年，上海财经大学的葛铁祥教授将数字经济的影响因素分为信息与通信行业基础设施、网络交易、企业与市场结构、个人及从业人员和价格5种。这是为了对数字经济进行合理测算所选取的划分方法，有利于量化各因素。但是这种划分方法过于微观，随着数字经济的发展，其所涵盖的行业越来越多，这种微观的划分方法难以覆盖所有的影响因素。2017年，杭州电子科技大学的张雪玲教授建立数字经济评价体系，从通信基础设施、ICT初级应用、ICT高级应用、企业数字化发展、信息和通信技术产业发展5个方面，研究数字经济的量化问题，将影响因素指标进一步分类，概括程度更高，并将基础设施和技术分开进行量化。人工智能领域的专家吴恩达在分析数据价值的过程中，提出数据的价值由数据量和数据分析能力两个方面共同决定。这是对数据资产对数字经济影响因素的高度概括，但两种影响因素还有进一步细分的空间。

笔者经过研究分析认为，数字经济的实质是以数字知识和信息为主要生产要素，以数字技术创新为核心动力，以现代信息网络为重要载体，促进数字技术与实体经济深度融合的不断发展，提升传统产业的数字化和智能化，加快重建经济发展的新经济形式和政府治理模式。数字化的知识和信息以数据为载体，以数据分析能力为助推器，驱动了数字经济的腾飞。在过去的20年间，随着社会的数字化，越来越多的活动转移到数字领域，加上IT、产业物联网的发展，许多行业和工作开始累积越来越多的数据。这些数据经过汇总和处理形成大数据，获得数据的资产属性。单一的数据无法产生规模效应，只有通过数据量的积累，才能产生数据的质变，因此，数据量和数据质量是影响数据价值的重要因素。数据的积累经过了很长的时间，但直到近年大数据和数字经济的概念才被提出，这是由于数据分析的发展速度与数据的积累速度并不配套。随着算法的提升，人们逐渐实现从小型神经网络到中型神经网络再到大型神经网络的分析，使数据的价值创造能力越来越强，这直接驱动了数字经济的发展。在这条路径上持续发展需要两样东西：一个是大量高质量的数据，另一个是大型的神经网络。GPU（graphics processing unit，图形处理器）和高性能计算机的发展，促进了数据可拓展性的发展，有利于构建神经网络。数据的价值创造影响分析如图3-1所示。

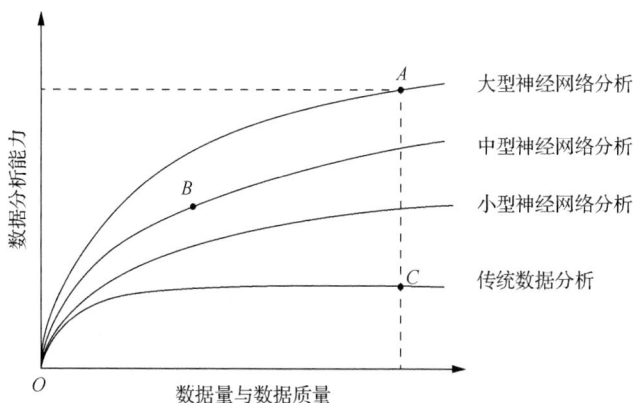

图 3-1　数据的价值创造影响分析

从图 3-1 可以看出，在数据量与数据质量相同的情况下，神经网络分析下的数据价值创造（A 点）远高于传统数据分析下的数据价值创造（C 点）。但数据价值创造并不是由数据分析能力单一要素决定的，它还受到数据量和数据质量的制约。数据分析能力的提高与数据量、数据质量的提高是相辅相成的，因此 A 点的价值创造高于 B 点。这种数据的价值创造直接影响数字经济的发展，有价值的数据在数字经济内部流通，其价值增量远远高于数据在传统经济中的流通。因此，数据分析能力和数据量、数据质量是影响数字经济的重要因素。其他的子因素都可以归结为这两类。笔者结合前人对数字经济评价体系的假设，认为影响数据分析能力的因素主要包括软件开发、信息基础设施、技能水平和消费者需求；而影响数据量与数据质量的因素主要包括数据的外部性、垄断性、相关性和覆盖程度。在此基础上，采用层次分析法（analytic hierarchy process，AHP），通过专家打分制确定各因素权重，进行数据资产对数字经济影响的实证分析。

3.1　数据资产对数字经济的影响因素

3.1.1　数据分析能力

1. 信息基础设施建设

数字技术作为一种通用技术，可以成为重要的生产要素，广泛应用于经济和社会的各领域，以促进全要素生产率的提高，为经济增长开辟新的空间。数字技术的深度整合和应用将全面改变经济前景，塑造全新的经济形式，因此，数字经济不应只被视为信息产业。信息产业只是数字经济发展的一部分而非全部，但同时信息产业的确起到了促进数字经济发展的作用。在每次技术变革和工业革命中，总有一些基础行业和主导行业，它们率先崛起、积极创新、快速发展并具有显著溢出效应，从而引领和驱动其他行业的创新与发展。信息产业是推动数字经济时代发展的基础主导产业。信息产业在早期发展迅速，在现在其发展逐渐稳定，已成为支持国民经济发展的战略部门。信息产业积极创新，具有很强的领导作用。数字技术是技术密集型产业，其基本特征是动态创新，因此强大的创新能力是数字技术竞争力的根本保证。受此驱动，信息产业已成为研发投入的重要领域。近年来，世界主要国家对信息产业的研发投资已占其总投资的 20%，韩国、以色列和芬兰等国家对信息产业的研发投资占总投资的比重甚至超过 40%。信息产业方面的大量研发投资也带来了可观的创新产出。以世界平均水平为例，信息产业中的专利比例 2015 年就达到 39%，而在金砖国家中，尤其是中国，信息产业中的专利比例在 2015 年高达 55%。可见，对于信息产业对数字经济发展的影响，每个国家都很重视。信息产业已成为现今国家经济发展不可或缺的一部分。

历史上每次工业革命都伴随着基础设施的变革。现有的商业基础设施已经无法支撑数字化商业的运营。将来支撑各种数字化商业实践的是由物理基础设施和数字基础设施共同组成的下一代基础设施。由网络和 IT 设备构成的物理基础设施实现了人与人、人与物及物与物之间的物理连接，组成了全连接的数字世界的坚实基础，使数字化成为可能。数字基础设施赋予了物理基础设施中流动的比特（比特是表示信息量的最小单位，是二进制数字中的位）新的意义，通过数字化将社会生产和商业运作从对物理实体的依赖中解脱出来，从而使社会生产和商业运作更加便捷、灵活和高效（如移动支付，社交网络）；通过对数字信息的重新组织与处理，挖掘其中新的机会与价值（如大数据分析）。简而言之，数字基础设施是连接物理基础设施与数字经济世界的纽带，是全连接的数字世界中商业创新、交互与交付的引擎。

2. 软件应用开发

数字经济的组成包括两个主要部分：第一个是数字产业化，即信息产业，是数字经济的基本部分，具体行业形态包括电子信息制造行业、信息通信行业、软件服务等；第二个是产业的数字化，即使用部门带来的产出和效率的增加，也被称为数字经济的整合，包括数字化应用带来的产量和生产效率的增加，其新产出是数字经济的重要组成部分。

20 世纪 70~80 年代，大规模集成电路和微处理器的发明及软件领域的革命带来的成就加速了数字技术的普及，使数字技术与其他经济部门的互动发展不断加速。随着互联网的广泛使用及数字技术和网络技术的互相结合，数字经济的特征发生了新的变化，全球网络连接生成的大量数据超出了以前分散终端的处理能力，使云计算、大数据等大型数字技术迅速发展。软件领域的技术作为一种数据资产，对数字经济有很大的影响。软件领域属于数字经济的基础部分，即信息产业，在发展过程中凭借其更新换代及更高的科技感、使用率等获取经济收益。马化腾提出，自从"互联网+"的概念被提出后，腾讯一直在打造"互联网+"生态。腾讯的定位是做连接器，相当于底层水电工的角色。具体来说，在云计算、大数据、物联网方面，腾讯会提供一些支持，让传统企业或者生态中的友商使用。对于实体经济和网络虚拟经济，在外界看来一直是两个对立的概念，同时也引发了很多实体产业和互联网产业的"交锋"。实际上，纯互联网行业和线下产业结合后，实体经济和网络虚拟经济的结合越来越分不开，这两者是高度融合的，而不是对立或者颠覆的关系。终端其实非常重要，从计算机到手机的广泛应用，让人们的生活发生了翻天覆地的变化。未来终端和人机交互的变化是很重要的因素。同时，云端、大数据、AI 的影响也很重要。尤其是 AI，其未来在医疗、司法、无人驾驶等领域会取得非常好的效果。软件领域的不断发展、创新、进步会对数字经济的发展产生有利影响，并且使人们的生活更便利。

3. 消费者需求

需求与供给变革是全局的，这种变革在数字经济中表现得尤为突出。随着互联网的发展，消费者的需求能够第一时间传递到企业，因此传统经济模式会从"以供给为导向"逐渐转变为"以需求为导向"。企业传统商业模式、组织架构难以满足消费者需求，企业需要以消费者为导向、以需求为核心重新规划组织形式，转变经营策略。这为数据分析提供了基本的需求。

此外，社会在数字经济时代的进步不会停止，并将继续高速向前发展。科技的发展和网民的增加促使企业和消费者采取一致或不一致的步骤来瞄准社会发展，两者之间的关系也发生了微妙的变化。信息在消费者的决策过程（注意力、兴趣、欲望、回想和购买行为）中起着非常重要的作用，特别是产品信息及其他人的消费体验和使用体验。过去，消费者获取这些信息的渠道是大众媒体的广告宣传或推销员的服务，但这些渠道中信息的质量难以得到保证。消费者为了能够买到好东西，选择听取专家的建议。因此，人们通常有意识或无意识地将亲戚和朋友设置为各种类型的"特级高参"。但是，由于市场上有太多类型的产品，消费者不一定总能找到合适的人进行咨询，因此，许多消费者只能盲目地用钱一次又一次地购买教训。在当今的数字经济中，在跨时空和信息量不受限制的情况下，一方面，企业可以将所有产品信息放在互联网上，供消费者随时查询；另一方面，企业可以将消费者聚集在一起，让消费者不再孤单。

网络集中了单个消费者的力量，并增加了每个消费者在购买决策中的议价能力。随着互联网使用人口的增加，这种新兴力量的影响力将越来越大。对于企业而言，面对这种新兴力量，它们只能保持谨慎和仔细，对于市场上的产品必须严格保证其质量，如果不这样做，则产品将很快被淘汰。变化的市场对商家有了更高的要求，给了消费者更大的权利空间。消费者可以利用手中的权利推动商家优胜劣汰，这也对企业的数据分析能力提出了更高的要求。

4. 技能水平

在数字经济时代，无法被技术所取代的人才和技能的重要性愈发凸显，但是劳动力市场上高素质人才的结构性短缺已成为制约许多中国企业发展的核心瓶颈。数字经济对各种行业组织的数字化转型的刺激加剧了企业之间的人才争夺战，特别是突出了对高水平、稀缺的数字人才和跨境人才的强烈需求。在数字经济时代，90后和95后的新一代已成为工作场所的主力军，该群体独特的个性特征、就业文化和价值观也挑战了企业传统的人才管理模式。数字技术深入改变了诸多传统行业的商业逻辑，带来大量新兴领域的就业需求。能够在垂直行业内深度应用数字化技术、理解互联网+运作方式的跨界人才不仅需要具有数字思维和能力，还需要熟悉行业的业务模型和流程。例如，银行业的数字化转型已经产生了对数字内容、用户体验设计、社交媒体管理、移动界面和数字支付方面的大量跨境人才需求。在升级智能制造方面，企业需要引入工业数据科学家这一关键岗位人员——既需要具备编程能力，又需要对制造流程和企业的IT系统有深入理解，并不断追踪业界关于应用工业数据的最新方法体系。在数字技术的驱动下，线上线下零售渠道的融合使企业对理解全渠道运作模式的零售人才更加青睐。

2022年国家统计局统计数据显示，全国就业人员有7.34亿，全国技能人才总量超过2亿人，高技能人才超过6 000万人，但专业技术人才占人才总量的比重依旧较低。以数字化人才为例，IT管理/项目协调、软件/互联网开发/系统集成、硬件开发等数字技术职业处于薪资排名的前列，反映了数字技术人才短缺的现状。国家统计局发布的《中华人民共和国2022年国民经济和社会发展统计公报》显示：截至2022年年末，全国就业人员为73 351万人，其中城镇就业人员为45 931万人，占全国就业人员的62.6%；全年城镇新增就业人员1 206万人，比上年少增63万人；全国农民工总量为29 562万人，比上年增加311万人，增长1.1%；2022年，我国16～59岁劳动年龄人口继续减少，就业人口总量持续下降，但劳动年龄人口总量仍近9亿人，劳动力资源仍然丰富。然而，在总量下降的情况下，每年占新劳动力一半的大学毕业生的技能和质量水平不容乐观。就关键应用程序的前瞻性和实践性培训而言，当前的高等教育体系与企业的需求仍然存在一定差距。因此，可以预见的是高素质人才的短缺将在短期内持续存在。

3.1.2　数据量与数据质量

1. 数据覆盖程度

数据覆盖程度能够衡量大数据的范围，可以被看作是大数据的广度。一般来说，数据覆盖程度越高，数据的规模就越大，数据反映的信息就越多，数据的应用范围就越广，数据资产的潜在收益就越高。例如，如果只获得消费者在医疗行业的行为数据，则该数据能够应用于保险行业，但在电商行业，该数据的应用价值就略显不足。如果能获得消费者在各领域的行为数据，则形成的大数据能够反映更多的消费者偏好。对于数字经济来说，数据资产是最基本的生产要素。数据驱动型创新在向科技研发、经济社会等各领域扩展，是数字经济创新的关键形式和重要方向。同时，不同行业间数据相互融合、相互利用的可能性越来越大。

2. 数据外部性

外部性不是一个新概念，经济学家在这一领域进行了数百年的研究。他们发现，普通人为了自己的利益而采取的"自私行为"也可能使其他人或整个社会受益，而受益人不必为此付出代价。对于数据资产而言，数据的作用可能超出其原始收集者的想象力，也可能超出其原始信息系统设计的目的，即同一组数据可以在不同维度上产生不同的价值和效用。如果我们能继续下去，发现并开辟新的使用维度，就将放大数据的能量和价值。开放数据不会给数据所有者增加额外的成本，但是二次开发可以形成巨大的经济价值，并将极大地激发创新潜力。麦肯锡全球研究院（Mckensey Global Institute，MGI）预测，到 2025 年智慧工厂带来的经济影响价值将达到每年 1.2 万亿~3.7 万亿美元。尽管出于对隐私泄露的担忧，大多数营利组织（包括宣传开放性的互联网公司）对真正意义上的数据开放持谨慎态度，但政府等旨在推广社会福利的机构除外。数据外部性是先有数据，再将数据应用于不同的场景和目的，因此数据的可信度更高。例如，传统的银行要给一家企业贷款，必须针对这项贷款申请去访谈调查、收集数据，而被调查的企业在提出贷款申请之前已经有所准备，它们可能采取相应的措施迎合、模糊银行的调查。也就是说，这个过程是"先有目的、后有数据"，可能因为既定的目的而使数据在收集的过程中遭遇扭曲，但如果数据已具有外部性的特征，则这部分数据的价值相比于美化过的数据更具价值。

3. 数据相关性

数据相关性是指数据之间存在一定关系。在大数据时代，与数据相关的分析因其能够快速有效地发现事物之间的内部关系而受到广泛关注，并且被有效地应用于推荐系统、业务分析、公共管理和信息技术领域。随着大数据价值的增长，数据作为企业的资产被重新定义，非结构化数据处理的需求日益增加，同时碎片化数据的整理和标准化也受到企业的重视。企业在未来国家大数据的框架下，也可以作为数据开放的窗口。未来会将数据细分成产生某个垂直价值体系的几个部分，并强调数据的敏捷应用。不是所有的互联网数据都是大数据。所有数据都有价值，之所以叫大数据是因为我们对数据范围的定义和使用方式提升了，重新定义了数据的应用价值。一篇 Word 文档、一页 html 页面、一段语音通话记录、一份离职报告都属于数据。需要采取新技术将这些数据进行结构化处理，转换成能够量化分析的"标准化数据"，而数据之间的相关性越高，标准化的数据之间产生的协同效应越强。数据的相关性与数据应用的领域息息相关。例如，男性消费者的消费数据在男性快销领域就比在女性快销领域的相关性更高，所产生的价值也更高。相关性并不是因果性。对于要求快速反应的事件（如股票预测和流感趋势），人们更迫切地想知道接下来要怎么做，而并非要找到因果关系。弄清二者为什么相关，可以留待学者们慢慢研究。只要发现两个现象之间存在显著相关性，就可以创造出巨大的经济效益或者社会效益。在大多数情况下，一旦完成大数据的相关性分析并不再对"是什么"感到满意，就将继续在更深层次上研究因果关系，并找出其背后的原因。

4. 数据垄断性

数据的垄断性是指重要数据被控制在少数个人或者企业手中。当这种情况发生时，相关数据更容易聚合在一起，其所产生的"化学反应"使数据资产更易增值。数据的垄断性往往会产生两种效应。一种是马太效应，即强者更强而弱者更弱的现象。马太效应意味着大数据企业的数据规模越来越大，然后该行业的大部分收入、利润、技术和人才资源都被集中起来，形成了行业寡头。大数据企业数据规模的扩大可以吸引资本投资或获得巨额利润，使企业有更多的资金来进一步增强自身实力并增加对人才、技术和服务的投资。领先的企业就像一个黑洞，吸收了行业中的大多数优质资源，使身在其后的长尾企业变得越来越弱，而自己却越来越强大。另一种是飞轮效应，即企业的初始启动非常艰难、费力，只有持续不断地努力推动，才能有一点点的效果。飞轮开始旋转很慢，但会越转越快。当飞轮快速旋转时，只需要一点推力，就会产生巨大的效果。对于大数据而言，初始的数据积累是缓慢的，但是当数据规模和数据质量达到一定的高度时，形成的规模效应会使大数据企业的发展越来越快，使数据资产的价值提升速度越来越快。

3.2 数据资产测度分析

3.2.1 数据资产的价值体现

对于数据资产的价值体现，可以借鉴信息生命周期理论。霍顿（Horton）认为，信息是一种资源，并且具有生命周期，其生命周期的组成是一系列逻辑上相关联的步骤。同时，他将信息生命周期分为两种：一种是从信息的效用出发，另一种是基于信息交流和信息载体。ISO/TC 171 文件管理应用技术委员会通过的405 号决议指出，信息生命周期包括信息的产生、获得、标识、保存、检索、分发、呈现、转移、交换、保护与最后处置或销毁。索传军等指出，信息的生命周期是信息运动的客观规律，包含生产、发布、加工、利用和归档或销毁等不同步骤。马费成和赖茂生从管理的视角出发，认为信息生命周期就是将各种信息的共同点进行整合，不过分注重每个信息的特性。

根据上述对信息生命周期的分析可以发现，信息生命周期基本包含信息获取、信息标识、信息保存、信息交换、信息处置等多个阶段。只有当产品被消费时，其才能体现出价值，因此信息的价值体现在信息交换环节。数据资产是信息的载体。将原始数据加工整合后形成的数字信息是企业所拥有的数据资产，因此数据资产的生命周期可以包括生成、分类、保存、传播、处置。数据资产的价值也只有在数据被消费时才能体现，即数据传播环节。一般来说，数据资产的价值体现有两种途径：一是能够被企业自身所利用，以提高产品的性能；二是向市场传播，为其他企业提供相应的信息（图 3-2）。

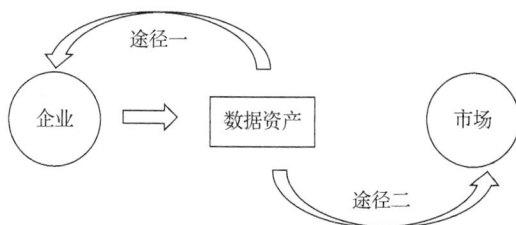

图 3-2 数据资产价值体现途径

3.2.2 数据资产价值评估存在的问题

我国互联网在短时间内快速发展，因此尚不存在权威的评估标准。国外学者对此的研究也有限。对于互联网企业而言，在对数据资产开展评估的过程中，使用不同的评估方法对结果有着重要的影响，且在每种方法中使用不同的假设会使计算结果产生较大的差异。另外，现行关于数据资产评估的法律与行业标准尚不完善，没有统一的评估标准，若在价值评估过程中选取不同的计算参数，则其结果更是千差万别。不仅如此，目前也没有数据资产评估人员训练体系，这导致在进行数据资产价值评估的过程中，人员的知识水平、专业能力等都会使评估结果产生难以预知的差异。如何建立一套完整的价值评估体系，是现在评估互联网企业数据资产价值面临的最紧迫的问题。

根据数据资产的特性，其价值的最终体现方式为对资产使用者产生提升作用，与无形资产类似。对于不同的企业而言，数据资产能够带来的价值会有所差异。同一项数据资产，对于不同企业创造的实际价值也不同，因此在评估的过程中不仅要考虑数据资产本身能够为企业创造的价值，还要考虑数据资产本身为市场中其他企业带来的潜在价值。然而数据资产交易市场作为一种新型市场，尚无法形成对一项数据资产公允价格的确立标准，这为数据资产价值的确定带来了困难，而这种困难又限制了数据资产交易市场的发展。因此研究数据资产的价值评估方法可以从内、外两个方向促进数据资产评估的发展。

与此同时，评估对象的划分与评估假设的选取也对数据资产评估的结果有着十分重要的影响。但是现阶段尚没有形成被广泛认可的标准，这导致使用不同定义与假设的评估对一项数据资产价值会产生不同认识，也降低了不同数据资产评估结果的可比性。为了解决这一问题，需要对具体的数据资产价值评估方法进行研究，形成可供参考的评估流程与模式，以提高评估结果的可靠性，并促进行业的发展。

3.2.3　数据资产价值评估方法

对于数据资产而言，其没有实物形态，并且具有非货币性，与无形资产类似。目前，无形资产的评估方法比较成熟，其中最传统的资产评估方法有 3 种：收益法、市场法、成本法。因此，数据资产价值评估方法也包括收益法、市场法、成本法。随着相关领域研究的不断进步，并且借由这 3 种评估方法的评估方向，延伸出了众多新型的评估方法，如贴现现金流量法、基于博弈论的博弈法。因此，应从实际出发，研究这几种方法在数据资产价值评估中的应用条件与局限性。

1. 收益法

收益法是指先预测出某项资产在未来一定期限内所能够获得的预计收益，并选取一个合适的折现率将收益期限内的每期收益折算成现值，然后用处理后的预期总收益来代表评估对象价值的一种资产评估方式。收益法的理论依据是，当一位理智的投资人在获取一项资产时，他所愿意为这项资产支付的货币或者其他等价资产的价值必定会低于这项资产在未来预期为其带来的收益的现值。收益法是 3 种方法中比较容易被数据资产交易双方接受的一种方法。使用收益法进行数据资产价值评估需要具备以下条件：首先，必须能够预测出数据资产未来的预计收益；其次，数据资产收益期限内的风险可以衡量；再次，需要了解投资者预期的综合收益率，并以此确定折现率；最后，需要对数据资产能够产生收入的年限做出合理的估计。

数据资产的收益主要体现在两个方面，包括企业自用的数据资产，以及非自用的数据资产。对于企业自用的数据资产，收益法的具体评估思路是根据企业提供的数据资产的历史收益与各种技术指标，结合企业从数据资产中开发出的业务的前后业绩预测，综合业内其他数据资产资料，总体分析数据资产产生的收益；对于企业非自用的数据资产，评估的方法则直接得多，只要评估人员根据相关材料确定这项数据资产的预计收益期限，就可以得出整个资产生命周期内的各期收益，并得出总现值。因为缺少对企业应用数据资产前后的历史数据，所以收益法的研究对象为企业在数据交易中心上提供的非自用的数据资产。对于预计收益期限的确定，可以综合分析被评估数据资产的自身性质、新技术的发展与应用速度、相似数据资产带来的竞争作用，结合业内对于数据有效期限的认定，在技术与经济两重因素下认定合理的预计收益期限。对于缺少可比性的数据资产，也可以直接使用业内对数据寿命的认定作为预计收益期限。

使用收益法对数据资产进行价值评估的另一项关键参数是折现率。折现率的选取方式有很多种，有产业收益法、风险报酬法、资金成本法等。不同方式的选择一方面受到企业性质与经营策略的影响，另一方面受到数据资产评估委托方的特殊需求的影响。

收益法是一种对未来进行预测的评估方式，其评估结果包含一定的不准确性。预测周期越长，这种不确定性就越大。根据生命周期理论，数据资产在成长期的收益稳定增长，在成熟期的收益达到稳定。如何确定数据资产生命周期的阶段，也是进行数据资产收益分析的重要内容。本书中收益法所研究的企业，均为成立时间相对比较长且上市的互联网企业，其各自拥有的数据资产都已经达到成熟期，能够获得相对稳定的收益。

2. 市场法

市场法是根据市场交易中相同的或者相似的数据资产在历史交易中的成交价格，通过比较分析评估数据资产的方法。市场法的核心是替代原则。目前我国数据资产交易中心比较少，规模也比较小，因此很难在市场中寻找到十分接近甚至相同的数据资产作为使用市场法进行数据资产价值评估的基准。这对使用市场法进行互联网企业数据资产的价格估计产生了比较大的影响。为了获得合理的评估结果，资产评估人员需要在公平的交易市场中寻找接近的其他数据资产，根据影响数据资产价值的各变量的作用程度与相互关系，比较不同数据资产的市场价值，在此基础上对数据资产的价格进行调整与修正，以此得到目标数据资产的价格。使用市场法需要具备两个条件：一是存在活跃且比较成熟的交易市场；二是交易市场中的其他数据资产与评估对象有一定的可比性。

使用市场法进行数据资产价值评估的一个要点在于被评估数据资产的可比性。因为数据资产一般情况下缺少完全相似的同类资产进行直接类比，所以数据资产的可比性主要是指数据与对比资产之间各项关键指标是否可以量化，通过量化后的各项指标分析被对比数据资产之间的价值差异。这些指标包括数据规模、数据准确程度、数据完整性、数据采集范围、数据安全性、数据隐私保护程度、数据覆盖程度、数据留存率、数据内容相关性、数据重置成本、数据更新比、数据垄断性和数据产权属性。

数据覆盖程度与数据的价值直接相关，数据的规模越大，其所包含的价值越大，能够为企业带来的潜在市场也越大，相应的收益也越高。数据留存率表示数据资产内容在时间尺度下的保值水平，数据超出时效期或者数据所记录用户的流逝，都会影响数据的价值。数据内容相关性表示数据资产对于同一个数据记录对象的各方面相关数据的记录程度。数据的价值产生于对关联数据的分析与利用，数据的内容与业务目标的相关性越高，数据资产能够创造价值的概率就越大。数据产权属性表示企业对数据资产所拥有的权利性质。对于相同的数据资产，拥有绝对所有权的企业所占有的价值要高于只拥有共同所有权或者使用权的企业所占有的价值。数据重置成本也是影响数据资产市场价值的重要因素。重建一项同样的数据资产的难度直接影响着数据资产在市场中的竞争力，因此也影响着数据资产的市场价值。

3. 成本法

成本法是客观性非常明确的一种方法，尤其是当被评估数据资产缺乏历史交易数据时，该方法可以避免人为因素的影响及一些主观因素的影响。使用成本法计算数据资产价值的最重要因素就是数据资产的重置成本。重置成本有两种形式：一种是使用原有方法与路径计算出的复原重置成本，另一种是使用现有的知识与先进技术建立与原有数据资产同样的资产的更新重置成本。虽然复原重置成本更能体现企业当初构建此项数据资产所消耗的成本，但是考虑到企业的经营目的，使用更新重置成本法能够更贴近企业数据资产价值评估的需求。

重置成本主要分为研发投入、维护成本与交易费用。研发投入是开发数据资产过程中所消耗的劳动与物资，包括开发阶段所有费用的支出。同其他资产一样，数据资产的研发成本分为直接的研发成本与间接的研发成本。直接的研发成本是指当产生研发费用时，直接进入会计账目中数据资产名下的费用，而间接的研发成本则是指那些没有直接与数据资产关联的费用。数据资产的直接研发成本包括数据资产开发过程中消耗的各种材料的成本、参与开发过程的工作人员的薪酬及各项福利支出、开发过程中使用的专用设备的折旧费用、研发过程中有关技术或工具的使用费用、工作人员的培训费用及其他费用。间接的研发成本包括组织数据资产项目所产生的管理费用、数据资产准备环节所产生的各种财务费用。维护成本一方面包括再一次扩充数据资产容量所需要的费用，主要是人力成本及设备扩充成本；另一方面包括为了保持现有数据资产价值所进行的安全性维护与备份成本。交易费用是指在数据资产各项内容的交易过程中发生的成本支出，包括技术咨询费用、交易人员管理费用及资产交易产生的其他手续费用。

成本与价值是同一项资产的不同表现形式，使用成本法计算价值时往往忽视目标企业的整体盈利能力。使用成本法评估数据资产价值时可能会比全部资产使用未来收益折现计算的价值略低，导致目标价值被低估。不仅如此，使用成本法评估数据资产可能面临的困难包括以下几个方面。①数据资产拥有方的历史成本记录不全。在数据资产构建初期，互联网企业也可能处于发展的初期，在这个时期，企业对于各类数据的记录可能存在疏漏，导致无法准确衡量与数据资产有关的各项历史成本。②数据资产开发过程中人力资源成本的准确衡量有难度。如果部分人员只有部分工作时间参与开发，则精准确定每名参与人员的参与水平是非常复杂的工作。数据资产的建立与维护需要相关专业技术人员的付出，但是在企业的实际经营过程中，相关专业技术人员的工作内容不一定全部由数据资产的开发与积累组成。从人力资源成本中抽离出数据资产所占用的部分，需要通过一定的分析才能完成。③价值损失程度的计量有难度。虽然数据资产没有实物形态，不会发生本身内容的损失，但是数据资产的内核是信息，而信息具备一定的时效性。随着时间的变化，数据资产的价值也会逐渐降低，这种情形被称为数据资产的功能性折旧。

数据资产的建立属于开创性的生产，具有独一性与难以重复性。属性相似的数据资产在各自的生产过程中，可能产生的成本会有比较大的差异。这是因为不同数据资产的构成过程中包含着如失败研发费用或其他沉没成本等各类隐性成本。对于不同数据资产而言，其相应的隐性成本是有差别的。不过在实际的评估过程中，一般会忽略其中的隐性成本，以保证成本法实施过程的可行性。

4. 贴现现金流量法

贴现现金流量法实际上是对收益法的一个补充，是利用资产为企业带来的现金流量和计算这些现金流量现值的折现率，算出这部分现金流量的现值的一种方法。这种方法是目前数据资产评估中较为科学的评估方法，它充分考虑了货币的时间价值，把时间因素从数据资产评估中扣除。不仅如此，它还充分利用了企业未来创造现金流的能力对其价值的影响。贴现现金流量法从现金流量出发，其核心在于自由现金流。数据资产呈现出无形、不确定性等特点，因此属于数据资产所带来的自由现金流无法被具体从企业自由现金流中划分出来。企业的自由现金流不一定全部是数据资产产生的，因此贴现现金流量法有一定程度的局限性。同时，运用此种方法需要具有一定的权衡把握能力，还会受到预测人员主观态度与专业水平的影响。因此，准确预测未来现金流量的难度增加了贴现现金流量法的不准确性。

5. 博弈法

博弈是指根据对手的计策和谋略转变自己的计策与谋略，从而达到取胜的目的。在数据资产的价值评估中也可利用博弈法对数据资产的价值进行评估。收益法是通过数据资产交易中的需求方来定价的，市场法是由数据资产交易中的交易市场来定价的，成本法是由数据资产交易的供给方来定价的。博弈法是由数据资产交易的双方来定价的，使双方通过讨价还价的方法尽可能地增加自己的利润，同时降低自身风险。博弈法分静态博弈法和动态博弈法，这里主要指动态博弈法。数据资产交易的参与者的行动具有先后顺序，行动的后者可以根据行动的前者的决策进行选择。同时交易双方所获的信息不对称，在交易过程中往往根据自身所获得的信息进行重复的决策。因此，使用博弈法进行数据资产价值评估是一种非完备信息下的动态博弈。

在现实应用中，通过博弈法来对数据资产进行数据资产价值评估具有一定的局限性。首先，在对每项数据资产进行评估时需要一定数量的交易参与者进行一系列程序的决策，耗费时间较长，评估效率较低。其次，对数据资产交易的参与者的选定也需要进行一定的评估，须选择较有经验的、具有中立性的参与者进行评估，否则评估结果不具有参考性。

综上所述，博弈法在数据资产价值评估中具有一定的参考价值，但在实际运用中具有较大的实现难度。

3.2.4　数据资产价值评估方法选择

1. 数据资产价值评估方法的选定原则

考虑到数据资产的特性及资产评估理论，结合一般评估中能够掌握的相关信息与外部条件，在选定数据资产价值评估方法时需要满足以下原则。

1）数据资产价值评估的方法要适应被评估对象的特征，要考虑到不同性质、不同使用目的的数据资产对于评估的需求是有差异的。因此在选择评估方法时必须将数据资产的获取途径或者使用方法作为第一要素。

2）数据资产价值评估方法的选取需要综合考虑评估背景的微观因素与宏观因素。微观因素是指数据资产价值评估预期要实现的目的，也就是因何种原因而进行评估，不同目的下的评估方法会由于最终目标的影响，在评估中建立不同的假设，而这些假设是对评估方法的进一步细化。宏观因素是指包括银行利率、国际汇率、通胀系数等在内的金融或市场指标。这些指标的稳定性与可靠性对评估方法的选择影响重大，在不同经济时期或者不同的市场波动周期下，选择使用不同方法来获得更为可靠和精准的评估结果。不同的微观因素或者宏观因素会对相应的资产评估方法的结果产生影响，为了在保证评估方法有足够可行性的前提下，满足对评估结果的品质要求，必须综合考虑这些因素的影响。

3）数据资产价值评估方法的选取也受到评估过程中要使用的相关信息材料及关键技术指标的影响。不同的方法对于评估对象各类指标有着不同的要求，只有在相应的必备材料完善的情况下，才能够使用某种评估方法准确地评估数据资产的价值。然而，在实际应用中，经常会出现数据不全的情况，尤其是对于数据资产而言，其相应的参数有可能缺失，或者缺少与其相对的具有可比性的其他数据资产。因此在数据资产价值评估实务中，如何使用合理的方法对相应指标进行估值与补充，是十分关键的工作。

综上所述，为了使数据资产价值评估的目标、微观因素、宏观因素、技术指标与最终的评估结果在理论上相适应，在选择评估方法及评估过程中的各种技术指标时，需要根据相应的理论与原理慎重选择，尽量避免因评估人员思想上的差异而带来的评估误差。特别是在对同一数据资产使用不同方法进行价值评估的过程中，一定要确保评估方法使用的理论假设、背景需求、技术参数具有可比性，确保后期对利用各种方法计算出的数据进行互相校验，并保证数据的可靠性。

2. 数据资产特性与评估假设及指标的关系

依照数据资产价值评估的指导性原则，评估方法与具体评估参数的选择与确定都应该与数据资产本身的性质相适应。这些数据资产的特性与评估过程中相应的假设及指标的关系主要表现在以下几个方面。

1）数据资产是无法以实物形态存在的，它依附于数据储存设备，但是并不依赖某个特定的储存设备，它可以轻易地被复制与转移。因此，如何划分数据资产的所有权与使用权是一项非常困难的工作。由于数据资产的这种特性，在考虑数据资产产权的过程中，不能只研究储存着数据资产的设备本身，还应该将产权界定的范围扩大到这项数据资产所附加的各种内容与价值上。为了明确界定数据资产产权，需要分析数据资产的产生过程、获取途径、数据类型、内容范围，以此来衡量数据资产的内在身份与外在表象。应根据评估的目标是只包括数据资产本身还是覆盖相应的各种权益来界定数据资产的产权。产权的不同形式，如所有权、独家使用权，以及多方共享的使用权等，也会对评估方式产生一定的影响。由于不同产权类型所受到的数据资产拥有者的保护程度不同，部分关键参数的获取可能会受到限制，如何在不损害企业经济利益的情况下合理得到需要的信息，是评估人员选择评估方式时需要考量的问题。例如，从所有权的角度出发，为了评估数据资产的价值，可以选用成本法，因为企业对自身建立的数据资产拥有完全的所有权，而其各项成本也比较容易确定。对于由多项数据资产结合而成的新数据资产而言，新产生部分数据资产价值衡量方法的应用将变得十分困难，当多项内容相关的数据资产结合时，有可能因内容的重合而产生价值的消逝，也有可能因组合效应而产生新的价值，这使合并后的数据资产的价值与原有价值之间有很大的差异，因此若通过原数据资产的获取成本来计量现有数据资产的价值，则会与数据资产的原始价值产生较大的偏差。相应地，组合后的数据资产的各项技术指标也发生了变化，对于这种新产生的数据资产，在市场中是否存在可以进行合理比较分析的参考数据资产是一个未知数，这极大地降低了通过市场分析数据资产价值的可行性。因此，对于这种新产生的组合型数据资产，通过其预期收益评价其价值是一种相对可行的方法，这也符合企业对不同数据资产进行组合的目的。

2）每次数据资产价值评估都有相应的用途，这些评估结果的用途有出售、出租、抵押、使用权许可、法律诉讼、出具会计报表、税务调整及作为资本出资别的企业。在不同用途中，各方对数据资产价值评估的需求不尽相同。以数据资产的出售为例，作为数据资产的购买方，其目的是通过数据资产与企业现有数据相结合，进一步提高企业经营效率，因此购买方更加关注数据资产将来能够为企业所创造的收益，而并不注重售卖方为了获取此项数据资产消耗了多少成本。但对于售卖方而言，从成本的角度和从收益的角度评估数据资产的价值均有其合理性。对于互联网企业而言，存在以数据为基础、驱动业务发展的发展模式，因此数据资产对企业的经营有着重要的影响。针对部分互联网企业，数据资产有可能成为企业的一项重要战略性资产，这也就创造了数据资产的拥有者使用数据资产出资建立企业的可能性。

当数据资产的拥有者将其以资产的形式入股企业时，为了衡量其数据资产具体的价值、在企业股份中所占的具体份额，必须评估数据资产价值。对于企业的其他出资人，他们最关心这项数据资产能够为企业带来潜在收益的能力，同时也会考虑此项数据资产在市场上的价值，以保证企业的资产规模。在使用权的许可方面，企业通过授权的方式允许被授权方使用本企业的数据来创造收入。授权过程中最为重要的就是通过什么样的方法划定一个能够为企业带来较大收益的授权费用。在这一过程中，数据资产的价值一方面体现在授权时的收益，另一方面体现在划定授权费用时所考虑的市场因素，也就是在使用权许可的过程中，选择与收益或者市场相关的方法。

对于出具会计报表用途，因为现行的资产目录通常无法准确地反映企业，尤其是上市企业的价值，所以为了更好地反映上市公司的价值与经营水平，应正确评估资产规模。上市公司的数据相对公开，并且其公司整体的价值在市场上有所反映，因此可以从市场的角度分析作为互联网企业主要资产的数据资产的价值。

数据资产价值本身具有波动性，加上没有直接的方法核算，只能通过间接的方法评估其价值，因此在评估过程中不可避免地需要一些假设。不同评估方法的假设内容有差异，应考虑数据资产评价时所处的政策背景、经济与市场环境，技术条件等，对数据资产的相关指标做出合理的假设。这些假设对于评估方法的选择和最终评估结果有非常大的影响，因此在具体的评估过程中，在合理的范围内根据相应假设选择合适的评估方法与技术指标是准确衡量数据资产价值的先决条件。

成本法是利用成本来进行估值，可能不能准确地反映数据资产的价值。数据资产是没有实物形态的，数据具有时效性的特点，因此数据资产的价值会随着时间的流逝而逐渐降低。成本法并不适用于数据资产价值评估。同时互联网企业的部分数据资产通常是企业日常运营数据的副产物，如何从中提取出建设数据资产所消耗的成本具有一定的难度。对于互联网企业而言，数据资产自企业运作之初就开始逐渐成形，因此并不能准确地得到数据资产本身所带来的自由现金流，这使贴现现金流量法的应用受到限制。博弈法对独立性要求较高，花费时间较长，对于现阶段的互联网企业数据资产而言并不适用。

数据资产价值评估方法最适用的是收益法与市场法。收益法是通过预计数据资产带来的收益来估计其自身的价值，这种方法在实际中比较容易操作，并且此方法是现在对数据资产估值最易被接受的一种方法。虽然目前使用数据资产直接取得收益的情况比较少，但是根据数据交易中心提供的交易数据，能够了解部分企业数据资产的收益，因此收益法适用于目前的互联网企业数据资产价值评估。市场法是一种基于相同或相似数据资产的最近或先前交易价格，通过比较分析来评估数据资产的方法。这种方法可以将数据资产的价值视为市场的公允价值，能够比较准确地反映数据资产的价值。根据数据资产价值的影响因素，可以利用市场法对不同属性的数据资产的价值进行对比，并准确地反映数据资产的价值。

3.2.5　数据资产价值模型构建

尽管市场法可以评估数据资产价值，但是由于数据资产本身的特性和价值影响因素的复杂性，使用市场法评估数据资产价值具有一定的缺陷，从而会影响数据资产的价值。为了改进市场法，引入层次分析法来量化数据资产价值影响因素对数据资产价值的影响，并判断不同影响因素之间的关系，同时采用灰色关联分析法解决可比数据资产难以选择的问题。因此，有必要首先通过层次分析法计算影响数据资产价值的因素的权重，使用灰色关联分析法对影响数据资产价值的因素进行量化，计算数据资产之间的相关系数；然后结合对影响数据资产价值的因素的权重计算，确定相关度，选择关联度较高的数据资产作为可比数据资产；最后，在市场法的基础上，利用相关度确定可比数据资产的权重，构建数据资产价值评估模型。

1. 使用层次分析法确定权重

根据数据资产价值影响因素的分类，可以采用层次分析法建立相关模型，以获得数据资产价值影响因素的权重（图3-3）。

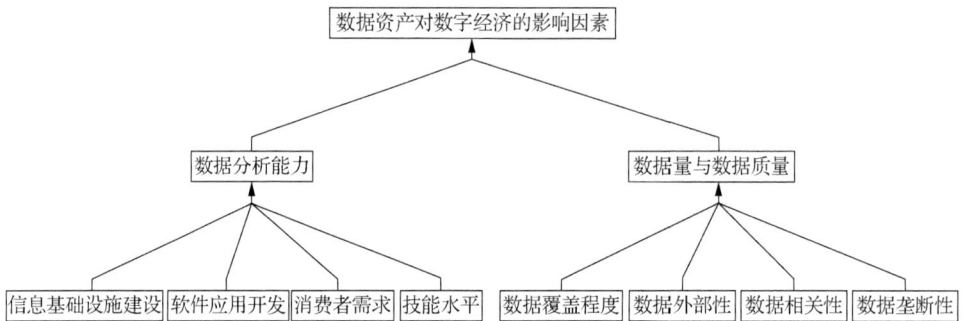

图 3-3 层次分析法模型

上述 8 个指标对数据资产价值的重要程度是存在差异的，其差异可以通过判断矩阵进行量化。假设有 a 个研究数据资产的专家对数据资产价值影响因素的重要性进行标度评价，并且每个专家的重要程度相等，搭建每两个层次之间的比较判断矩阵 A 如下：

$$A = \begin{bmatrix} a_{11} & \cdots & a_{1j} \\ \vdots & & \vdots \\ a_{i1} & \cdots & a_{ij} \end{bmatrix}$$

比较判断矩阵表示本层的所有因素对于上一层的某个因素的具体影响程度，并采用相对尺度。如果参与对比的因素共有 n 个，则 $A = (a_{ij})_{n \cdot n}$ 为成对比较矩阵。依照两个因素相互比较的原则构建判断矩阵，其具备如下特点：$a_{ij} > 0$；$a_{ij} = 1$；$a_{ij} = \dfrac{1}{a_{ji}}$；$a_{ij}$ 有 9 种取值，分别为 1/9、1/7、1/5、1/3、1、3/1、5/1、7/1、9/1，分别表示第 i 要素对第 j 要素的重要性（由低到高）（表3-1）。

表 3-1　标度取值含义表

标度	因素比含义
1	两个因素同等重要
3	本因素相比于另外一个因素稍微重要
5	本因素相比于另外一个因素明显重要
7	本因素相比于另外一个因素非常重要
9	本因素相比于另外一个因素极其重要
2，4，6，8	本因素重要性等级位于以上两个等级之间

在得到判断矩阵后，应对每个成对比较矩阵计算最大特征根和对应的特征向量，并对每个层次的因素进行排序和检验其一致性。

其中，一致性检验的过程如下：

1）求出指标 CI。CI 表示一个成对比较矩阵 A（$n>1$）的不一致水平。

$$CI = \frac{\lambda \max(A) - n}{n - 1}$$

2）计算指标 RI。RI 为随机一致性指标，作为检验成对比较矩阵 A 一致性的标准。影响 RI 的唯一因素是矩阵阶数 n，即每个矩阵阶数对应不同的 RI（表 3-2）。

表 3-2　平均随机一致性指标

项目	数值								
n	1	2	3	4	5	6	7	8	9
RI	0	0	0.58	0.9	1.12	1.24	1.32	1.41	1.45

3）求解出 CR。看成对比较矩阵 A 的随机一致性所占比率是多少。

$$CR = \frac{CI}{RI}$$

当 CR<1 时，即成对比较矩阵达到可以接受的一致性水平时，计算每项因素对数据资产价值影响的权重 w_j。

2. 利用灰色关联分析法确定可比数据资产价值

基于市场法，可比数据资产与被评估数据资产之间应具有一致性，即高度相关。因此可以利用灰色关联分析法，从数据资产价值影响因素入手，找出可比数据资产。

1）假设参考数列为 X_0，比较数列为 X_i，其中 $i=1,2,3,\cdots,n$。参考数列为

$$X_0 = \{X_0(1), X_0(2), X_0(3), \cdots, X_0(n)\}$$

　　数据资产价值影响因素作为相应指标难以被量化，因此，可以组织相关数据资产评估专家，通过专家打分法按照百分制将被评估数据资产及与被评估数据资产交易日相近的数据资产的指标量化，并通过均值化的方式对数据资产进行无量纲化处理。

　　2）对于 X_0 而言，其拥有若干个比较数列。可以用以下公式来求出在第 j 个因素时，参考曲线与比较曲线之间的关联系数。

$$\xi_i(j) = \frac{\Delta(\min) + \rho\Delta(\max)}{\Delta_{0i}(j) + \rho\Delta(\max)}$$

式中，j 为数据资产价值影响因素，即 j=1, 2, 3,···, 9；$\Delta(\min)$ 为两级最小差；$\Delta(\max)$ 为两级最大差；ρ 为分辨系数，一般在 0~1，通常取 0.5；$\Delta_{0i}(j)$ 为各比较数列 X_i 上的每个因素与参考数列 X_0 上的绝对差值。

　　3）将各因素的关联系数进行整合，形成一个值 r_i 来表示参考数列与比较数列之间的关联程度。然而，各影响因素对于价值的影响大小不一致，不能利用平均数来计算，因此需要纳入上述层次分析法算出的各因素对价值影响的权重 w_j。

$$r_i = \frac{\sum_{j=1}^{m} w_j \xi_i(j)}{\sum_{j=1}^{m} w_j}$$

　　4）计算所有比较数列与参考数列之间的关联度 r_i，并进行相应排序。

　　3. 数据资产价值评估模型的确定

　　在资产评估实务中，市场法一般需要参考 3 个以上的参照物，因此，项目组选取关联度最高的 5 个可比数据资产对市场法模型进行修正，缩小因数据资产价值影响因素带来的差异。

　　每个可比数据资产与被评估数据资产的关联度不同，导致可比数据资产在市场法评估时的权重有所不同。因此，可以利用关联度 r_i 计算每个可比数据资产的权重 k_i（i = 1, 2, 3, 4, 5）。

$$k_i = \frac{r_i}{r_1 + r_2 + \cdots + r_i}$$

　　基于上述分析，根据市场法的原理，构建以下数据资产价值评估模型。

　　　　被评估的数据资产价值 $= V_1 \cdot k_1 + V_2 \cdot k_2 + V_3 \cdot k_3 + V_4 \cdot k_4 + V_5 \cdot k_5$

式中，$V_1 \sim V_5$ 为选取的 5 个可比数据资产的价值；$k_1 \sim k_5$ 为利用关联度确定的 5 个可比数据资产的权重。

3.3 数据资产对数字经济影响的实证分析

3.3.1 层次分析法的基本原理

20 世纪 70 年代初期，美国运筹学教授萨蒂（Saaty）发表了多准则决策理论——层次分析法。层次分析法的逻辑是按照总体目标、每个层次的子目标、评估标准和特定投资计划的顺序逐步构建不同层次的模型，然后使用求解特征向量方法，利用可以计算的判断矩阵将每个级别的每个元素的优先级提高到上一个级别的元素优先级，最后采用加权和的方法将每个替代计划的最终权重递归合并到总体目标中，得出的结果中最终权重最大的是最佳计划。

层次分析法适用于具有层次和交错评估指标的决策问题。它的用途是构造一个判断矩阵并找到其最大特征值。在归一化之后，其对应的特征向量 W 是某个级别的索引相对于上一个级别的某个相关索引的相对重要性权重。在数据资产对数字经济影响因素的具体研究过程中，为了计算各因素对数字经济的影响程度，先计算出各因素所占权重，最终确定每个因素对数字经济的影响比重，应采用层次分析法。

层次分析法操作的过程可以分为 4 个步骤。

1）建立层次结构模型。在对实际问题进行深入分析的基础上，根据不同的属性将相关因素从上到下分解为几个层次。同一层次的因素从属于上层的因素或者对上层的因素有影响，同时主导下一层的因素。水平因素可能会受到潜在因素的影响。模型最上层是目标层，通常只有一个因素，最下层是方案或目标层，中间可以有一层或几层，通常是标准层或指示层。当标准太多（超过 9 条）时，应进一步分解子标准层。

2）在每个层次上建立一个比较矩阵和判断矩阵。从层次结构模型的第二层开始，对于同一层中属于（或影响）上层因素的因素，使用成对比较方法和比较量表来构建成对比较矩阵，直到最低层。

3）根据各层的判断矩阵，可以计算出被比较因素的相对值，并可以进行一致性测试。对于每个成对的比较矩阵，计算最大特征根和相应的特征向量，并使用一致性指标、随机一致性指标和一致性比率进行一致性测试。如果测试通过，则特征向量（归一化后）就是权重向量；如果测试失败，则需要重建成对比较矩阵。

4）计算总因素组合的权重，并检查整体一致性。计算最低层到目标层的组合权重向量，并根据公式检查组合的一致性。如果测试通过，则可以根据组合权重向量表示的结果做出决定；反之，则有必要重新考虑模型或重建具有较大一致性比率的模型，进行成对比较。

3.3.2　运用层次分析法评价影响因素

下面进行数据资产对数字经济的影响因素层次判断矩阵 B_{ij} 权重的确定及一致性检验。针对影响数字经济的因素，通过前期研究，分析、设定判断矩阵由数据分析能力、数据量与数据质量构成，其中 B_1 为数据分析能力，B_2 为数据量与数据质量（表 3-3）。

表 3-3　数据分析能力、数据量与数据质量判断矩阵

	B_1	B_2
B_1	1	2
B_2	1/2	1

使用 yaahp 层次分析处理软件来计算上述矩阵满足一致性的要求，且计算得出对应的权重向量为（0.666 7, 0.333 3）（图 3-4 和图 3-5）。

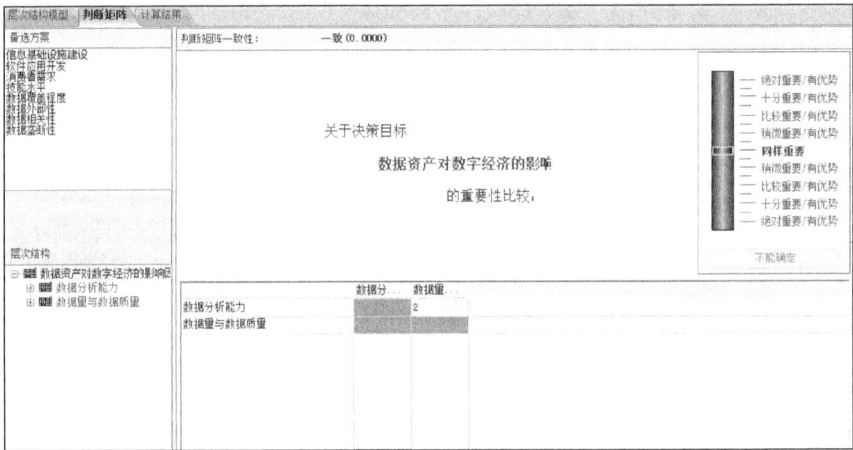

图 3-4　数据分析能力、数据量与数据质量一致性检验

图 3-5　数据分析能力、数据量与数据质量的权重

衡量数据分析能力，划分出信息基础设施建设（X_1）、软件应用开发（X_2）、消费者需求（X_3）、技能水平（X_4）4 个指标，判断矩阵权重的标度赋值（表 3-4）。

表 3-4　数据分析能力判断矩阵

	X_1	X_2	X_3	X_4
X_1	1	1/3	3	1/3
X_2	3	1	4	2
X_3	1/3	1/4	1	1/4
X_4	3	1/2	4	1

使用 yaahp 层次分析处理软件计算上述矩阵满足一致性的要求，且计算得出对应的权重向量为（0.154 5, 0.450 0, 0.077 2, 0.318 2）（图 3-6 和图 3-7）。

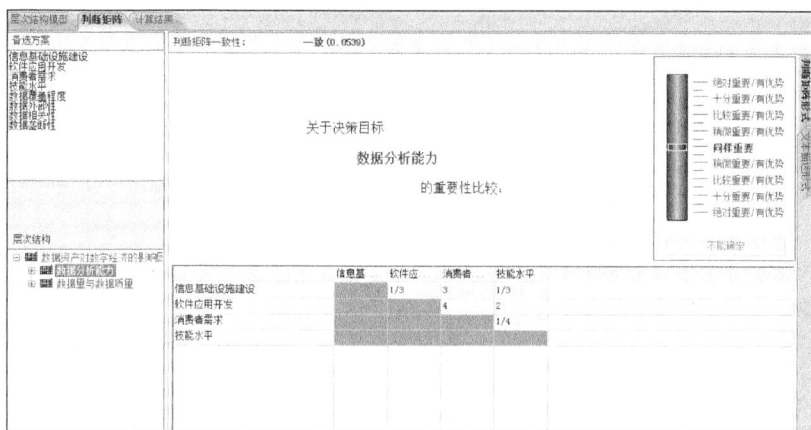

图 3-6　数据分析能力各指标一致性检验

图 3-7　数据分析能力各指标权重

由数据覆盖程度（X_5）、数据外部性（X_6）、数据相关性（X_7）、数据垄断性（X_8）构成数据量与数据质量的指标（表 3-5）。

表 3-5　数据量与数据质量判断矩阵

	X_5	X_6	X_7	X_8
X_5	1	1/2	3	4
X_6	2	1	4	5
X_7	1/3	1/4	1	3
X_8	1/4	1/5	1/3	1

使用 yaahp 层次分析处理软件计算上述矩阵满足一致性的要求，且计算得出对应的权重向量为（0.304 1, 0.488 7, 0.137 4, 0.069 8）（图 3-8 和图 3-9）。

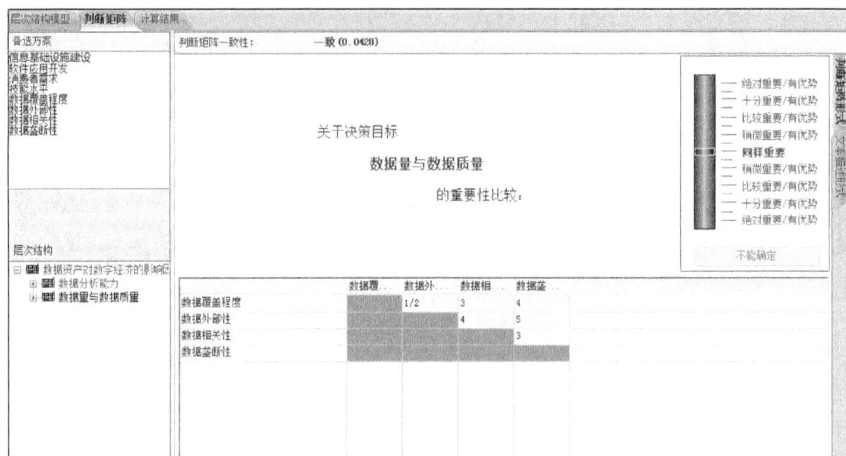

图 3-8　数据量与数据质量各指标一致性检验

图 3-9　数据量与数据质量各指标权重

通过 yaahp 层次分析处理软件运算，可以得出数据资产影响数字经济因素方案层各指标对应的权重（图 3-10）。

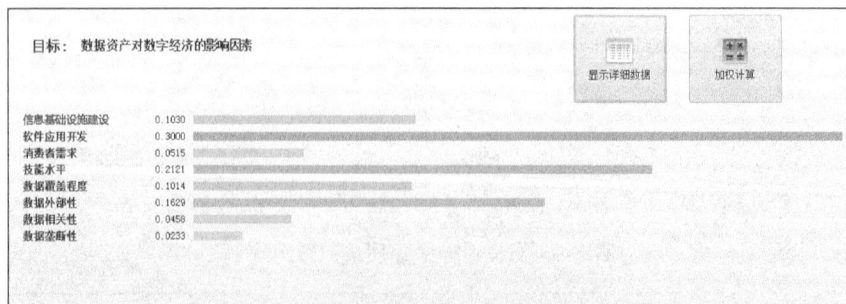

图 3-10　影响因素方案层权重

从数据分析能力、数据量与数据质量的权重数（0.666 7, 0.333 3）之比可以看出，影响数字经济的主要因素是数据分析能力（B_1），而衡量数据分析能力的最重要因素是软件应用开发（X_2）。

通过影响因素的方案层可以看出，数据分析能力对数字经济的影响所占比重更大。数据资产只有经过深度挖掘和合理化利用，才能产生更高的价值，而数据分析能力就是深度挖掘与合理化利用数据资产的能力。无论是在信息基础设施建设方面，还是在软件应用开发方面，消费者需求的分析及技术人员的技能水平都促使企业数据分析能力进一步提升。只有提升数据分析能力，才能够提高数据资产的价值，使数字经济更好地发展。相较于数据分析能力，数据量与数据质量则是挖掘数据资产的结果，只有得到大量的数据并拥有高质量的数据，才能进一步促进数字经济的发展。由此可见，数据分析能力是数字经济发展的基础，只有提高数据分析能力，才能获取更多的数据量与更高的数据质量，最终促进数字经济的发展。

从影响因素的方案层可以对 8 个影响因素的影响所占权重进行由高到低的排序，具体如下：软件应用开发、技能水平、数据外部性、信息基础设施建设、数据覆盖程度、消费者需求、数据相关性、数据垄断性。软件应用开发是一个漫长的过程，是一个国家科技进步的过程。我国在一步步朝着互联网大国迈进，一步步提高软件开发的能力与技术水平，为我国数字经济发展打下坚实的基础。技能水平是随着软件应用开发应运而生的，当软件技术达到一定的层次时，自然会有与之相匹配的人才出现并操作这些软件，为挖掘更有价值的数据、发展数字经济打造良好的平台，因此这两部分几乎占据了整个数字经济发展影响因素一半多的权重。由此可见，软件应用开发与技能水平为数字经济的发展打下坚实的基础，其余的因素也在各层面对数字经济发展有着不同程度的影响。例如，对于数据的覆盖程度，数据覆盖面越广，得到的数据量越多；数据覆盖的层面越深，得到的数据质量越高，促使数字经济快速发展。

综上所述，数据资产对数字经济发展的影响是强有力的。数据分析能力为数字经济发展奠定基础，更多的数据量与更高的数据质量促使数字经济有着更加平稳与高质量的发展过程。

第4章 数据资产视角下数字经济内部传导机制研究

数据资产视角下数字经济内部传导机制研究，就是在数据资产视角下，研究数字经济内部的运作机理和驱动作用，既考虑数据资产在数字经济中的驱动作用，又考虑数据资产对其他产业的影响，从而为数据资产视角下数字经济内部传导模式提供理论支撑。在数字经济内部，不同产业、企业和部门之间，以数据资产为载体进行信息的流通，促进了整体价值的提升，其虽不会改变数字经济的本质，但能通过降低实体经济成本、提升生产效率、促进供需精准匹配，使现存经济活动费用更低，并激发新业态、新模式，使传统经济条件下不可能发生的经济活动变为可能，进而改变整个数字经济内部传导机制，推动经济向形态更高级、分工更精准、结构更合理、空间更广阔的阶段演进，促进经济形态加速重构。

数据资产是数据价值创造的基础，数据价值创造是数据资产增值的途径。数据价值创造主要由数据分析能力、数据量和数据质量两部分共同推进。其中，数据价值创造的过程分为3个步骤：一是内外部的数据采集处理，积累形成企业数据资产；二是基于数据的分析和洞察，获取未知的经验；三是将大数据分析用于推动业务改进和创新。数字经济的发展离不开数据资产运营和"互联网+"等有效手段。大数据时代下的数据资产运营，早已成为挖掘、推动数字经济发展新能源的重要通道。通过数据资产运营，可以实现数字经济下传统产业的融合创新，不仅对既有经济模式形成颠覆重塑，促进产业结构优化升级，还将催生一系列大数据新业态和新模式，推动社会步入数字经济时代。

4.1 数字经济内部运作机理

数字经济通过缩减交易的中间商层次为需求端和供给端带来结构优化，催生新的经济或经济组织模式，从而促进经济增长。总的来说，降低运营成本对经济运行基本机制的影响可以概括如下：在数字经济背景下，数据可以被看作资产，资产的流动和协调力量可有效降低经济社会的交易费用，从而改善供给需求能力，产生很多被交易成本约束的新型组织形态和协同关系，进而促使新经济模式的产生。数据资产视角下数字经济运作机理如图 4-1 所示。

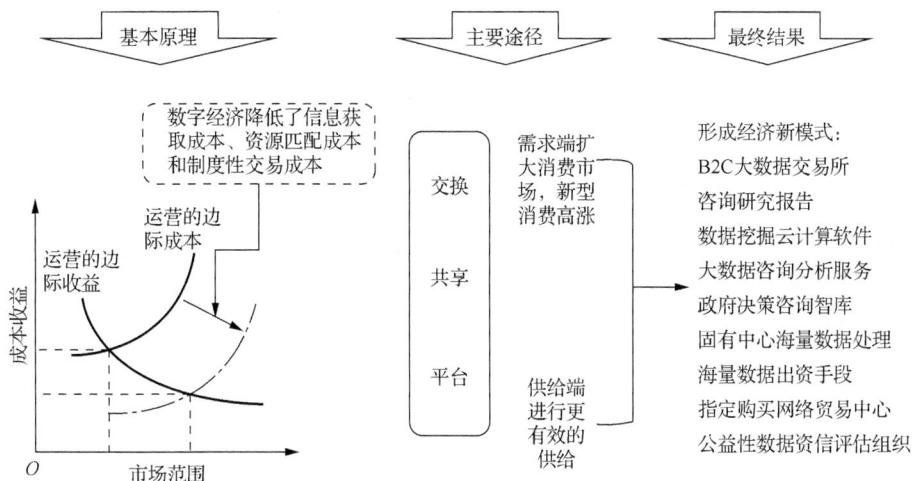

图 4-1　数据资产视角下数字经济运作机理

　　数据资产视角下数字经济运作的基本原理如下：在一般情况下，随着市场范围的扩大，运营的边际收益呈现递减趋势，运营的边际成本与之相反，而由于数字经济降低了信息获取成本、资源匹配成本和制度性交易成本，所以随着市场范围的扩大，运营的边际成本虽依旧呈现上升态势，但比之前整体向右平移，即数字经济带来边际成本整体的缩减。图 4-1 中虚线即代表在数字经济作用下，运营边际成本的移动趋势。数字经济运作的主要途径是：以交换共享平台为依托，在需求端扩大消费市场，使新型消费高涨；在供给端则进行更有效的供给。二者共同作用的结果为衍生出一种经济新模式，这种新模式包括 B2C（business-to-consumer，企业对消费者）大数据交易所、咨询研究报告、大数据投资工具等。

4.1.1　降低运营成本

1. 大幅降低信息获取成本

　　数字经济改变传统获取信息的手段和方式，大幅降低经济主体获取相关信息的费用。数字技术的应用和新模式、新业态的出现，不断推动各领域的金字塔层级结构向扁平化方向发展，逐渐打破组织内的层级结构、组织壁垒，以及组织内外部边界，形成平台化、社会化的新型组织，改变和重塑传统的企业结构。互联网的发展，使处于网络端点的生产者与消费者可直接联系，这就降低了传统中间商层次存在的必要性，从而提高治理水平，显著降低运营成本，提高经济效益。

采用现代的数据挖掘工具和手段，将海量数据转换为信息，降低了信息的获取和处理时间，缩减了数字经济的组织结构，使生产者和消费者的联系更加紧密。由于两者之间可以直接联系，所以信息获取成本大幅度降低，从而促进了经济效益的提升，降低了信息的不对称性，使企业的市场交易和履约成本有所下降，产生了很多被交易成本约束的新型组织形态和协同关系，使需求、供给、市场端的经济结构得到了新的发展，进而促进了新经济模式的产生，为供给侧提供新动力。获取数据成本低廉、获取和处理数据时间短的大数据环境开创了解决问题的新局面，大数据技术提供了新的发展通道，为企业提供服务，从而使企业节约成本、创造更大的价值。中间商层次与信息获取成本的关系如图 4-2 所示。

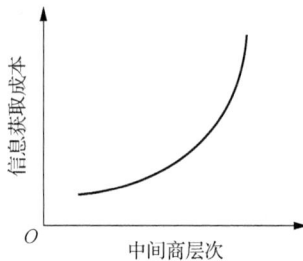

图 4-2　中间商层次与信息获取成本的关系

数字经济的产生，导致了新业态的出现，从而使组织内部形成平台化、社会化，内外部边界淡化。减少中间商层次，可以大幅度缩减信息获取成本。

目前没有研究表明在信息获取成本与中间商层次二者中有明确直接的表达式。但是经济实质可以表明，中间商层次增加会同向导致信息获取成本呈现增加的趋势，且随着中间商层次叠加次数的增加，信息获取双方的边界硬化壁垒出现，信息获取成本呈指数级上升，增速同时加快。

2. 资源配对花费减少

数字经济在发展过程中把网络虚拟和真实活动结合贯通起来，大大降低了所需费用，如减少了资源的摄取、签约和监管应用的金额；还处理了主体与主体之间的信息不平衡问题，可以将市场中经济活动发出的信号高速、有针对性地传输给供给侧，将产品信息高能、高速和简便地转运到需求侧，以此在互联网上使供给侧和需求侧精密配合。

数字经济通过这种线上的方式，可以使创新需要花费的交易费用大幅减少。同时，二级市场在发展过程中的异军突起和飞跃进步，促进了创新资源在企业边界内外的流动与交换。在创新范围内的专业化分配和耦合因信息化技术的应用而变得更高效。创新活动依赖企业不同组织部门的配合，渗入企业各层级，在企业内部形成有针对性的组织网络。线上形式使传统企业的工作分配变得更加细致。不同服务商提供的差异性服务使不同细分范畴中的企业数量快速增长。

随着数字经济的发展，交易成本大幅降低，因此专业化的分工越来越精细和深入，对于创新资源的产权耦合也在持续重建。以网络为先决基础的开放式创新重点强调资源方面的摄取、应用、重构，而不再是资源的占有与操纵。

由于数字经济组织趋于扁平化，处于网络端点的生产者和消费者可直接联系，这就使得产品可以直达用户，而平台可以提供市场渠道，通过销售产品和提供研发服务来满足用户需求。同时，利用共享的方式，可以解决资源闲置和短缺的问题，提高机构的运营效率，为用户提供整体解决方案，最终达到降低用户研发成本的目的。

3. 有效降低制度性交易成本

制度性交易成本是指企业在运转过程中执行政府制定的一系列规章制度所付出的成本，是属于企业自身经营成本以外的、受制于政府制度性安排的外部成本。从目前我国的实际情况看，企业在这方面的负担还是比较重的，降低制度性交易成本还有比较大的空间。降低制度性交易成本的关键是明确非必要交易成本，它是交易制度与交易行为的不适应性所发生的成本，是企业自身努力无法下降的成本。

企业在社会市场中生存，势必要遵守政府颁布的各项政策与法律，而遵守这些政策与法律需要一笔投入。数字经济在降低这笔投入方面起到了载体和路径的作用。许多国家积极建设电子政府、数字政府，大幅提高了行政效率，实现了治理方式的变革。政府作为规模最大、信息最多、权力最大的公共机构，积极向公众开放公共数据，这对实现数据驱动的社会治理模式非常重要。数据开放和共享在一定程度上破解了"制度黑箱"的问题，逐步消除了政府和公共之间的信息差、文化差、能力差，驱动政府改变各部门各自为政、信息封锁、职能交叉重叠的传统状态，构建无缝隙、一体化的跨部门业务协同体系。政府的部分权力将被转移至企业和非政府组织手中，由政府、企业、公众多元主体共同参与公共事务管理决策，实现社会治理由封闭式管理向开放式治理、单向管理向协同治理的转变。

4.1.2　改善供给需求能力

数字经济以完善交易的征采、达成、实施过程为起始，然后激发出新型经济或组织形式，进一步填充需求侧和供给侧的结构，进而使经济水平在发展过程中不断提升，也使经济转型不断完善。搜索信息需要花费的费用因不断发展的现代信息技术而显著减少，因此有许多新型的经济模式被创造衍生出来。这些新型的经济模式可以在需求侧和供给侧两个方面对经济体系框架进行改进，在经济的发展过程中注入新的驱动力。

　　就需求侧而言，消费者可以获取比以往更广泛的利益，从而提高经济整体功效。消费者的数量增长则导致了比以往更为宽泛的网络外部性。就供给侧而言，从技术领域来看，企业通过利用发达技术的溢出效应来提高生产效率；从成本领域来看，企业通过生产比以往要多的产品去分担固定成本，从而降低产品在单位数量下的固定成本；从价格领域来看，企业通过产品更新的方式提升产品标价，从而向广告等利益获得的第三方企业收取额度更高的费用；从利润领域来看，因为市场中的新增效应比可替代效应要多，所以可以提高总利润，进而使生产酬劳日益上涨。数字经济的供给需求关系如图 4-3 所示。

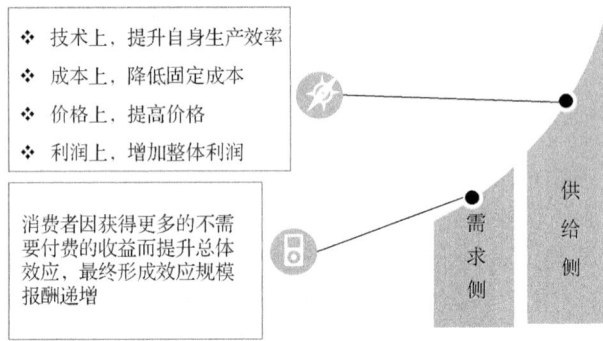

❖ 技术上，提升自身生产效率
❖ 成本上，降低固定成本
❖ 价格上，提高价格
❖ 利润上，增加整体利润

消费者因获得更多的不需要付费的收益而提升总体效应，最终形成效应规模报酬递增

供给侧

需求侧

图 4-3　数字经济的供给需求关系

1. 数字经济使供给能力变得更为实用

　　1）激发生产活力，促进传统产业提高生产效率。第一，信息技术创新创业的最新收获完全契合了传统的行业，为传统行业注入了新的生命力，从而使技术与协调都更进一步，使企业内部可以控制的资源加快了洗牌的速度，可以做到符合自定义的个性预订，可以进行灵活柔性的生产，工作和协同合作能力得到提高，从而使工作制造效率得到质的飞跃。第二，产业与产业间的隔阂逐渐被信息技术淡化，传统单一的产业结构被推倒重来。因为每个产业都不可能与其他产业的供给需求相分离，所以网络技术的发展助推了当代新型产业的产生。

　　2）资源配比急需改进，以消除因供给过多而闲置的问题。第一，信息技术交易买卖的载体平台具有信息化、透明化、预测化、导向化和标准化的特点，其出现直接击碎盲从制造的市场氛围，消除市价信息不一致和供需信息不对称等问题，在事情发生以前进行有针对性的预测防范，在事情发生时进行合理的导向，在事情结束后依据严谨的标准进行监督管理。第二，把传统产业的传统企业本身具有的制造活动数据，通过现代网络技术进行排列组合并投入应用，使企业主营业务活动的生产制造得到有针对性的指导，以期将资源最大化地投入使用。

3）企业的界限被提升至线上，在供给方面所花费的费用有所削减。第一，互联网平台为扶持老旧行业企业，创造出消费者聚集、多元交流沟通的平台，采用各种渠道汇总消费者关于产品的想法与需要，并且一步步对以前固有的生产环节进行改革，实现"定制"与"批量化"互相融合促进。第二，利用信息技术工具为企业搜集汇总消费者的市场需求、行为活动及行业情况等数据，依托大数据技术进行模型构建和全面分析，指明所面向市场的定位，从而帮助决策者在运营销售的决策方面进行改进。

4）在研究开发方面鼓励推陈出新，从而提升初生产业的科研创新能力。新生的信息技术快速冒尖。数据存储由低端向高端发展，其航向被大数据彻底颠覆。高性能的运算发展模式被云计算不断变革。这一系列技术促进了初生产业对应能力的提高。技术创新加速了各种新业态的诞生。

2. 数字经济使总体需求被合理拓展

1）信息技术不仅扩大了传统市场的需求，还更深入地占领了一部分长尾市场。以此为前提，企业只有进行相应改革，才能为市场中的客户提供更细致、更具有针对性、更便捷的服务。以金融业为例，由于互联网金融服务的普及，在市场中所占份额较少的小客户群的投资理财需求得到重视，这种需求就是"长尾需求"。

2）信息技术催生了更多的市场需求，还引发了企业应用技术的整改。信息技术使得头脑风暴加剧，绿色生态、人工智能、智慧城市等新技术在发展过程中，带动了一批人的社会需求。企业不能只着眼于产品或者应用，还需要更加重视服务，使人们可以享受便捷自助式服务。

3）信息技术跟创新联系，使需求更上一个台阶。一是利用互联网技术优势，推动"互联网+"深度融合，加快 AI、云计算、大数据技术产业化进程，让互联网的触手直接伸向生产环节。二是彻底激发老旧企业的潜在能力，迅速重整市场中过往存在的规则与思维。

4.1.3　形成新经济模式

大数据产业的发展有力地促进了上下游产业的发展。经济发展的范畴边界不断延伸。大数据产业的特色之处就在于投入低但附属价值高，如环保、生态和谐等。全面推行"互联网+"决策、促进我国制造企业发展是重要的战略步骤。新经济模式的特征如图 4-4 所示。

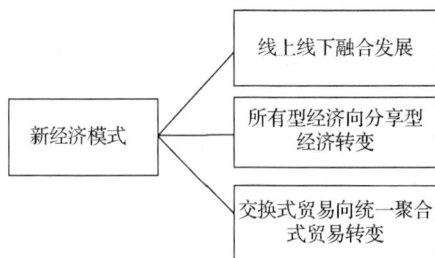

图 4-4　新经济模式的特征

现阶段，大数据产业变现存在以下几种模式。

1. B2C 大数据交易所

无论是我国还是外国，都有公司在进行大数据交易工作。我国试图构建一种新的数据交易所，以期这种交易所的行为模式可以符合国家的要求。2014 年 2 月 20 日，中关村大数据交易产业联盟在北京成立，这是我国第一个针对数字资产交易的产业组织。也是在这一天，中关村数海大数据交易平台上线。两个月后，广东省数字广东研究院、腾讯通过贵阳大数据交易所与中金数据系统有限公司、京东云平台达成一次交易。这标志着贵阳大数据交易所开始运行营业并完成第一批数据交易。

2015 年 5 月 26 日，贵阳大数据交易所在 2015 贵阳国际大数据产业博览会暨全球大数据时代贵阳峰会上发布了《大数据交易所 702 公约》与《2015 年中国大数据交易白皮书》。这两个文件明确了大数据交易所的交易目的、性质、信息隐私保密原则等，为大数据交易的发展指明了方向。

2. 咨询研究报告

我国咨询研究报告一般使用从国家统计局等官方渠道得来的数据。学术经验丰富的研究员根据这些数据来进行深挖和剖析，从而利用定量研究方法得出数据所处行业的特征及定性结论，其一般形式为"市场调研分析及发展咨询报告"，如"××××年中国××行业市场调研分析及发展咨询报告"，××行业可以是电信设备，也可以是通话载体行业，更可以是广电网络。将这些报告广泛地公开销售，就是大数据交易的一种形式——O2O。每个行业都拥有属于本行业的咨询研究报告，其他企业只要做足功课，就可以利用其进行运营营销或将其作为创新成绩的参照。这对我国市场的供给链条改革十分有效，避免了产能供过于求的状况，对市场的平稳运行有维系作用。

3. 数据挖掘云计算软件

中小企业的数据分析能得到相当便宜的运算资源要归功于云计算的诞生。云计算的核心要件就是 SaaS（software as a service，软件即服务），这个要件中包含了第三方的软件，可以进行数据清洗与挖掘。业内专业人士指出，大数据实际是广量的数据集合，通过第三方分析挖掘，从中获取有用的信息和洞见，其想要实现利润就要依靠分析软件进行数据摊开化。我国大数据企业在云端构建了分析软件，其中提供了多种模型、算法，具有统计、分析、挖掘数据、商务智能的功能。客户群需要做的只是将想要得出结果的数据输入软件，经过该平台一系列自动化操作，就可以得到处理统计、自动制图等结果。系统就像一个指挥员，将输入的数据进行统一调度并将公私化数据详细分类，只有数据拥有人才能使用私有部分。这些软件与各行各业的数据分析都十分匹配，容易操作，风格简约，即使是没有专业功底的人也可使用，而专业人士更可以自定义建模研发。

4. 大数据咨询分析服务

一个企业越发展壮大，其内部数据就越多，但是只有大型的互联网公司有条件构建属于企业自己的数据分析部门，因此很多专业的大数据咨询公司应运而生，专门为没有自己数据分析组织的公司提供市场营销策划、大数据建模与分析、商业转型等管理层面的咨询工作。背靠大数据，这类公司的建议更能令人信服，因此传统咨询公司也在朝着这个方向迈进。

5. 政府决策咨询智库

《中共中央关于全面深化改革若干重大问题的决定》指出，咨询制度在建立的基础上要加强建设，不断完善，打造拥有中国烙印的新型智库。这是中共中央第一次在文件中明确指出"智库"这一概念。智库的核心要素是大数据，如果没有大数据，则智库后续的一切剖面都得不到进展。在信息众多的环境中，智囊团需要通过海量数据处理来提高整顿、组合信息的本领。据考察，若把事项信息化、格式化、固定化，则无论事项有多烦琐，都能够根据前面发生的事项从中找到规律。因此，海量数据的处理会使国家机构的决策效益与决策成本之间的比值及决策的合理性越来越高。

6. 固有中心海量数据处理

因为不同领域都认同了海量数据的价值，所以除小型公司外的公司纷纷建造、开拓固有中心去处理海量的数据，通过数据去指导公司内的决议、筹划管理、监管现金流通、开拓市场等，使公司内的效益不断提高。在数据处理 1.0 时期，处理的根基是数据货仓。在数据处理 2.0 时期,企业主要根据 Hadoop 集群和 NoSQL 数据库(非关系型数据库)来处理数据。在数据处理 3.0 时期,企业可以通过全新的快速处理方式和机器学习技术,更迅速地得到处理结果。越来越多的公司策略机构引入王牌处理人员,带领不同范畴、不同科目、学习体系多样、售卖阅历充足的人把不同类别的数据打乱处理。

7. 海量数据出资手段

在 2002 年,行为经济学家卡尼曼(Kahneman)、实验经济学家史密斯(Smith)获得了诺贝尔经济学奖。此后,主流经济学才慢慢地接纳了行为经济学,而行为金融理论把心理学科,主要是行为科学理论纳入金融领域。在真实场景里,网络企业将客户数据与网上交流场所、网络日记、时效性强的信息、文章、网络冲浪人员的心理、出资举动和股票市场的发展与存在趋势相结合,以此来探索基于网络举动的数据,着重查看热门信息和市场心理,不断调整出资方式,开拓海量数据出资手段,如海量数据类型的基金等。利用出资手段可以把海量数据变为理财产品。

8. 指定购买网络贸易中心

如今,在我国以互联网为媒介的商业行为已形成 B2C、C2C(customer to customer,消费者对消费者)、B2B(business to business,企业对企业)等方式,然而现在还缺少相关的网络贸易中心。例如,生产衣服的公司想要开辟一个地区的市场,想获取该地区客户的数据,而医院或者专门的体检部门有这些数据。公司可以根据拿到的数据生产出更有针对性、更节省投入成本、更符合消费需求的衣服。如果创建海量数据指定采购中心,买方能够购买所需数据,卖方可以出售数据,再结合交易平台,就会产生"数据分析结论"的货物。此类货物节省物流过程、绿色环保、交易便捷,有着巨大的需求量和供给量。买卖双方在此类中心交易时可以确保底层数据的安全性,因为海量数据指定采购中心所买卖的是经过过滤再构建得来的结果而并非根基数据。供需双方都要在采购中心录入真实姓名,由采购中心进行核验;还要创办信誉文档体系,与我国的信誉体系相结合。

9. 公益性数据资信评估组织

《中华人民共和国刑法》第二百五十三条之一规定,违反国家有关规定,向他人出售或者提供公民个人信息,情节严重的,窃取或者以其他方法非法获取公民个人信息的,处有期徒刑或者拘役,并处或者单处罚金;单位犯罪的,对单位判处罚金,并对其直接负责的主管人员和其他直接责任人员,依照以上规定处罚。但是公民的个人数据仍然可能被贩卖,如考试媒介组织、房产媒介平台、欺骗用户的虚假平台、论坛平台出售公民个人数据，由此而产生的利用电话进行欺骗、滋扰、贩卖的现象，不但使运营商的用户通信频繁程度升高，而且扰乱了社会信誉系统，使公民的心理安稳度降低。尽管数据买卖的是过滤后买卖平台允许的数据，但是买卖平台的工作人员对所有大数据的监管是无能为力的。过滤数据是过滤掉的格式不正确的数据，大体分为 3 个部分，包括有缺陷的数据、错误的数据、冗余的数据。必须构建公益性数据资信评估组织，把数据资信归入企业和个人的资信体系，并且加入全国资信体系中，防止违法买卖转化为正常买卖。

4.2　数据资产在数字经济中的驱动作用

以计算机、网络、通信为代表的现代信息技术革命催生了数字经济。在新环境下，大数据正广泛应用于现代经济活动中，提高了经济效率，促进了经济结构加速转变，成为全球经济复苏的重要驱动力。大数据如同一股湍流，正在向各个行业和业务职能领域渗透，成为诸多现代经济活动顺利开展不可或缺的一部分。对于中国来说，数字经济既是中国经济提质增效的新变量，也是中国经济转型增长的新蓝海。2023 年 8 月，国家统计局发布了 2022 年中国经济发展新动能指数。其中，我国电子商务交易额为 43.8 万亿元，网民为 10.67 亿人，互联网普及率达到 75.6%，数字经济占 GDP 的比重超过四成。这些激发人们想象力的数字背后，直接体现出中国数字经济带来的效应。作为数字经济的核心生产要素——数据，其价值激活与应用将极大影响数字经济的发展。因此，培育经济增长新动能的新引擎，促使网络外部性叠加，促使社会经济精细化分工可以实现数字经济下传统产业的融合创新，不仅能对既有经济模式形成颠覆重塑，促进产业结构优化升级，还将催生一系列大数据新业态和新模式，推动社会步入数字经济时代。

4.2.1　培育经济增长新动能的新引擎

1. "互联网+" 是促进行业模式变化完善的新引擎

在技术变革和行业革命的挑战中，网络在不同范畴的合作交融发展中有光明的未来和无尽的潜在力量，势必会成为发展的主流。2015 年的《政府工作报告》第一次表明要制订 "互联网+" 行动计划。将其真正作为国家战略后，网络慢慢地脱离了单一行业的范围，在整个经济社会发展过程中变成了全新动力。各地方政府和部门不断地发布行动方针，促进经济社会中的不同范畴和基于网络的新技术、新形式、新看法深层次交融合作，由此萌生出一批新业态、新形式。网络将对所有经济社会的模式变化和升级产生更大的感染力。网络现在是我国科技创新、服务创新、产业创新范畴中最生动的，是我国数字经济发展过程中的新引擎。基于网络的经济浪潮有利于我国在生产力、创新、消费拉动型经济方面转变模式。

从概念上来看，网络的一个重要作用是降低了市场信息中的不平衡性；从实践的角度上来看，网络为实体经济创建了广袤的环境，并且网络与实体经济相结合，产生了多种多样的商业形式和市场生态。传统行业意识到网络有着超强的能力，"互联网+"的重要主题就是促进传统公司的合作交融创新和运营模式转变。网络在我国激起了汹涌澎湃的"互联网+"浪潮，并且不断地渗入传统行业中。《2021 年中国家居产业链研究及标杆企业案例分析报告》统计数据显示，2019 年我国智能家居市场规模为 1 530 亿元，同比增长 26.4%；2020 年中国智能家居市场规模为 1 705 亿元，同比增长 11.4%；截至 2021 年，中国智能家居市场规模增长至 1 923 亿元。

网络世界容纳、汇集了许多工业资源，构成了一个无极限的工业云平台。企业不仅可以执行共同配合生产，打破机器与机器、车间与车间、工厂与工厂间的信息滞碍，还可以使用其他企业共享的智能软件资源，以往的聚集型、园区型、大规模的制造业加工方式被扭转，逐渐趋于分散化。基于网络的分布式配合制造形式和制造组织的分散化，推动企业内部管理从垂直管理向横向管理、从边界管理向无边管理转化，进而实现简洁、高效率、迅捷的变革。

当前不同地区的经济发展趋势不同，主要原因是新旧引擎的变化。中国要立足于本国国情，寻觅具有中国特色的去产能道路，恰当地消除产能过剩的冲突，并且把控好政府与市场的边界。政府应该通过市场舍弃落后产能，以此来消除"市场失灵"类过剩矛盾，对传统行业与大数据、物联网、工业设计等进行深层次的交融合作，并且与《中国制造 2025》和"互联网+"等战略协作，巩固制造业分散化联合发展，通过生产组织模式的改造让传统行业产生新的增长动力。

2. 用大数据应用增强信息经济发展新动能

大数据是信息时代的产物，也是信息通信产业的重要资源。数据作为一种资源，有着重要的价值。数据获得了越来越多来自资源内在价值方面的共鸣，因此与其相关的交易需求量持续飙升。2015 年，国务院印发了《促进大数据发展行动纲要》，其中明确指出"引导培育大数据交易市场，开展面向应用的数据交易市场试点，探索开展大数据衍生产品交易"。同时，由于社交软件的普及、物联网技术的快速发展，数据采集技术渠道也得到拓展；移动互联网的深度普及为大数据应用提供了丰富的数据资源。大数据产业的发展将助推经济社会融合发展，更好地完善和利用大数据，将加深其对世界经济发展的影响，进一步使经济社会中的不同行业合作交融。对服务应用的创新，为社会发展创造了新引擎。

　　大数据产业的兴盛，也会促进信息通信行业的转型和完善。信息通信行业将大数据作为起始和根基，改变以往的服务方式，向线上等更全面、更智能的服务方式拓展。通信运营商本身就拥有庞大的数据资源，因此大数据毫无疑问地将成为通信运营商在业务革新方面和跨行业协同方面的新动力。通信运营商对已存在的数据资源进行加深和磨炼，使产品的创新能力全面提高，从客户的个性化需求等方面入手，将已有的数据优势完全变为市场优势。通信运营商可以利用本身的数据资源，慢慢地拥有使用大数据技术的能力，如在交通、金融等领域踊跃研究应用，并且创新处理问题的方案，为行业的服务开拓更广阔的空间，并催化数据价值转化，让大数据向更有利于行业的方向发展，更好地服务于大众的生活。

　　信息技术与经济社会的交汇融合引发了数据的迅猛增长。数据成为物理世界在网络空间的客观映射，如同工业时代的钢铁、石油，已经成为新的生产要素和战略资源。我国巨大的人口基数及经济规模，具有形成大规模数据的天然优势。中国互联网络信息中心发布的第 50 次《中国互联网络发展状况统计报告》显示，截至 2022 年 6 月，我国网民规模达到 10.51 亿，互联网普及率达到 74.4%。丰富的数据资源，构成了我国大数据应用的资源基础。

　　近年来，我国大数据应用发展取得积极进展，对经济社会的创新驱动作用明显增强，在政务、交通、能源、医疗等领域率先沉淀大量数据资源，推动我国成为数据量最大、类型最丰富的国家之一。数据分析的实践应用逐步发展，形成了大数据产业的实践应用。对于大数据产业实践应用的兴起和进步，可以从技术强度、数据广度、应用深度等方面来分析（图 4-5）。我国大数据软硬件自主研发实力持续提升，主流大数据平台处理规模跻身世界前列，多元异构数据管理、分析挖掘等前沿技术布局领先，龙头企业引领、上下游企业互动的产业格局初步形成，专业化大数据企业加快成长。在社交、电商、搜索等互联网领域，大数据应用快速普及，使精准营销、智能推荐、金融征信等新业态、新模式蓬勃发展。在工业、医疗、交通等传统领域，大数据应用创新活跃，涌现出了个性化定制、智慧医疗、智能交通等大数据应用实例。中国信息通信研究院发布的《大数据白皮书（2022 年）》显示，我国大数据领域投融资金额多年来总体呈现上升趋势。2021 年，大数据相关企业获投总金额超过 800 亿元，再创历史新高。多省份通过设立专项资金或采取税收优惠政策等方式，对大数据企业、应用进行定向扶持和培育。例如，宁夏对于区内符合标准的优质大数据企业给予最高 300 万的资金支持，江苏省每年在省级财政安排 12 亿元专项资金支持工业企业"智改数转"，贵州、辽宁、河北、云南等省份对建设成果显著的大数据应用项目补贴 1 000 万～3 000 万元。

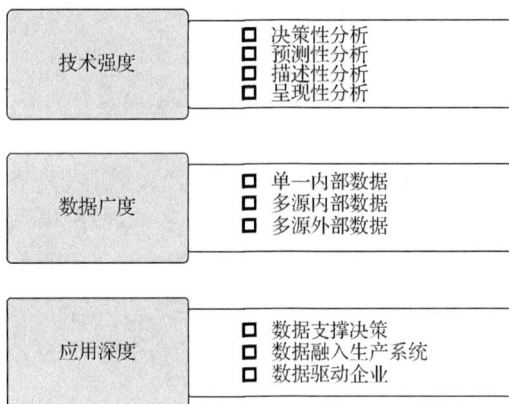

图 4-5　大数据应用的演进趋势

中国信息通信研究院的考核信息表明：在一些领域中大数据的应用程度很突出，如互联网、金融、电信领域；相反，在传统领域中大数据应用的发展停滞不前，更有甚者，如批发零售业，大数据的应用不足 20%，相比其他领域中大数据应用的普及率要低很多。

4.2.2　公共数据资产促使网络外部性叠加

在数据资产视角下，基于信息技术产生的网络外部性的现象不断显现。网络外部性是以信息技术作为根基的，因此它产生了 3 种效应：第一，相对于经济活动，其利益来自外部，因此在社会上产生了外部经济，即溢出效应；第二，网络外部性产生了部分的个人巩固加强，因此产生了个人巩固体系，即正反馈效应；第三，经济主体被已设定好的路径所束缚，即路径依赖效应（图 4-6）。

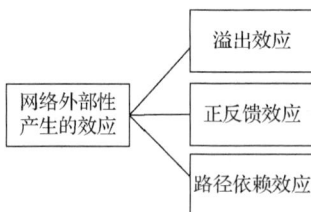

图 4-6　数字经济下网络外部性产生的效应

1. 溢出效应

随着国家大数据相关战略的实施，越来越多的大数据应用不仅给企业带来收益，还给企业以外的社会和个人带来收益。例如，快递公司利用大数据可优化行驶路线、降低运输成本，同时可缩短用户等待时间，提升货物的安全保障能力。

非营利性质的大数据应用日益丰富，如天气预测、油价预测、经济预测、流感预测等服务的溢出效应明显，并且对政府、社会、市场上数据的流动和共享开放产生了巨大的推动作用。越来越多的政府部门、第三方机构和企业宣布开放数据资源。有些企业则开放了自己的大数据平台，为更多的企业和个人应用大数据创造条件，如百度开放的"大数据搜索引擎"。

在大数据背景下，应用信息资源需要的保障与传统保障有着明显不同。首先，信息资源的使用比以往更独立、迅捷、开放。传统信息资源被机构和知识产权保护所限制，因为以往对于信息资源的理念是"择优择精"，而现在的信息资源界限变得不明显，导致信息资源被新的资源系统大量低价保存，且有很多信息资源在被淘汰时还没有构建知识产权壁垒。由此可见，信息资源的价值体现并不依赖知识产权，而是充分利用这些资源的溢出效应，因此在现代社会使用信息资源的限制相对较少。其次，因为信息资源的表现形式多样，质量良莠不齐，所以对信息资源直接获取利用的难度较大。现代信息资源的保障系统也和以往的收藏保障不同，现在更多倾向于利用保障。最后，传统信息资源具有的独占特点逐渐消失，因此信息资源保障将越来越具有开放性和合作性。从应用实施的角度来看，信息资源已经充分作用于不同范畴，大数据也因溢出效应而在不同方面创造了更大的社会价值与经济效益：政务系统对大数据的需求不断拓展，企业对大数据的应用不断扩大，消费市场对大数据的个性化需求不断攀升。因此，对大数据的进一步利用有无限潜能。

2. 正反馈效应

大数据产业带来的网络外部性会引发相关产业局部的自我增强效应，形成完善的自我强化机制。大数据技术的进步促进了大数据技术的供给，继而促进了政府、企业和个人的不同需求。当这些需求能够被大数据产业所满足时，供给侧和需求侧会共同驱动大数据产业的发展，这从外部驱动方面推动了大数据技术的进步，从而形成大数据技术的闭合正反馈效应，在不断的反馈过程中推动大数据产业不断进步。大数据产业发展正反馈效应如图4-7所示。

从理论中发现，伴随着大数据的持续发展，所有产业都会从中获益。但是，由于大数据的发展过程中还存在数据缺乏及从业人员本身的问题，所以第三产业的发展速度相对于第一、第二产业来说快一些。

我国产业可划分为三大产业：①第一产业包括农、林、牧、渔业；②第二产业包括采矿业，制造业，电力、热力、燃气及水生产和供应业，建筑业；③第三产业是除第一、第二产业以外的产业。由于存在某些客观原因，相对于第一、第二产业来说，第三产业凭借自身的优势，汇聚了海量的数据及大批的科研中坚力量，以下举例说明。

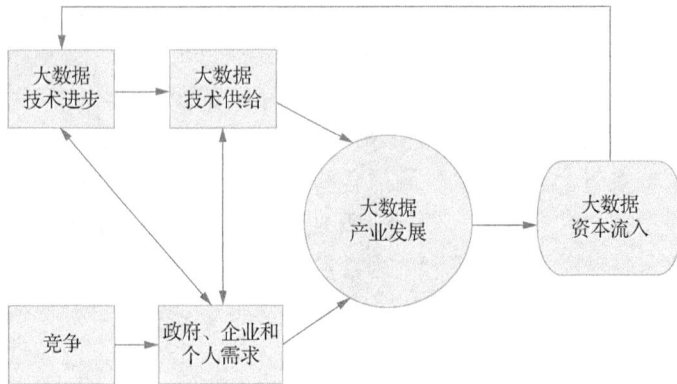

图 4-7　大数据产业发展正反馈效应

1）第一产业。江苏省金湖县有着悠久的芡实种植历史，境内三湖环绕，水面广阔、湖滩洼地众多，是芡实生长的天然理想地。金湖县芡实产业链单品大数据平台以"1+N+1"为总体框架，构建 1 个产业链数字资源中心、N 个专题场景和 1 个为农服务端口。将基础资源、经营主体、生产管理、质量检测、市场行情等所有维度的数据采集、处理和分析，同时根据产业发展需求搭建应用场景，如经营主体信用评估、价格行情分析、产业监控发展监测等分析和决策模型。农业大数据技术的应用提升了农民群众的抗风险能力。针对于地理因素、天气情况、病虫害问题对农业生产带来的影响，通过应用大数据技术可以建立预测模式，对相关数据进行收集、汇总与分析，并对农业自然环境风险科学预判，在此基础上为农事生产提供指导，提前规避农业生产过程中可能会出现的风险，从而提升农民群众抵御自然灾害风险的能力。

2）第二产业。在建筑工程领域，通过建筑工程的信息化，大数据技术可以对建筑工程的相关决策提出更加准确、科学的决策意见，并且对整个工程建筑的资源消耗及成本进行评估，建设资源浪费降低制造成本。吉林省长春市，在信息网络的建设方面进行了很多的尝试，同时相关的领导在建筑大数据平台建设方面的意识也比较强烈。吉林省建设的数据综合化数字平台，具有的功能包括界面管理、文件管理、文件信息查询、信息发送、短信管理以及视频电话会议等几个大的模块。在文件管理这个模块，具有文件的颁发流程 778 项，文件的接收流程达到 413 项。这个数字化综合平台已经和网络进行了结合，包括企业诚信经营、电子监测、空间地理规划等系统，另外还增加了智慧社区和农村土地经营权交易等信息系统。有了这个数字化综合平台，工作人员不再需要登录多个网站进行不同信息查询及工作，通过这个数字化综合平台可以统一办理，提高了工作人员的工作效率。

3）第三产业。旅游经济活动中产生了巨量有价值信息，形成了可应用于旅游业发展的大数据，借助旅游大数据平台，使得数据可视化，通过抓取和分析直观的大数据能够为旅游企业提供可靠的发展战略依据，辅助解决发展过程中的问题，为提高旅游经济效益做出精准决策。河北省大数据发展根据各地不同产业特色形成了不同的产业基地，以承德市为代表的本地旅游大数据平台率先建立起来，"1144"旅游大数据平台上线运行。河北省部分景区例如邯郸市娲皇宫、承德市避暑山庄、白石山等已经接入国内已有的大数据平台，开始启动线上预订门票等服务，线上消费数据与平台实现对接，越来越多的用户通过更加智能、便捷和高效的在线旅游大数据平台进行旅游服务预订与旅游产品消费。

3. 路径依赖效应

路径依赖效应的存在和自我强化对产业升级形成严重桎梏。实现路径创造、打破产业升级的"锁定"状态，成为抓住国际经济形势的机遇、更好地促进产业结构调整及转变经济增长方式的有效途径和方式。经济学家约瑟夫·熊彼特（Joseph Schumpeter）为"路径创造"提供了相关理论论述，在论述中提出了"创造性破坏"的概念，对路径依赖问题做了解答。"创造性破坏"意味着路径创造的过程实际上是一个组织不断突破现有组织边界及制度、技术等约束的过程。组织可以有意识地主动偏离现有的路径并对现有路径进行解锁，从而突破对现有路径的依赖，创造出新的路径。路径创造，概括来讲就是一个制度创新的过程。一般认为，打破路径依赖需要外部力量的冲击，如政府的政策引导。概括来讲，路径创造的制度变迁是政府主导的强制性制度的变迁。

1）在产业升级过程中，为了破除路径依赖提供的长效动力，消除因规避风险而产生的安于现状和相邻区域因争夺既得利益而形成的产业同构，中央政府应发挥关键的制度供给和协调者作用，从更高层面统筹规划，破除地方政府的短视心态和本位主义，以局部服从全局、短期服从长期为原则，将区域产业发展融入国家整体产业升级布局中。在这方面，我国已经将数据产业发展写进政府工作报告，在行政层面为摆脱路径依赖提供了有力的支持。

2）政府为了打破强势利益集团的话语权，为弱势群体谋得生存发展空间，应该不断完善市场经济的法制建设和秩序建设，公正平等地对待参与产业升级的各类经济主体或经济系统。政府应该树立正确的角色定位，争取发展为建设服务型、透明型政府，成为制度博弈规则的制定者而不是博弈的参与者。政府在树立角色定位的同时，还应充分考虑中小企业等弱势群体的利益，为促进其产业升级和扩宽其融资渠道制定一系列普适性、操作性强的产业政策。大数据产业形成的政府、企业、个人三方共赢的局面，使利益相关主体都从中受益。

3）在此基础上，更应该由组织自身的制度创新引发内部反应，产生内部动力，解除路径锁定，从而实现真正的持续性路径创造，摆脱路径依赖的长期束缚。组织的内部动力可以分为"创造性破坏"和"有意识偏移"。组织新制度的形成会受到诸多因素的影响，其中包括社会文化、习俗、传统等非正式制度和组织信息不对称等，其形成过程其实是利益和价值多元化、信息不完备的当事人与环境之间相互作用的过程。路径创造的目的是培养组织的适应能力，使它在日益复杂多变的环境中能够保持足够的灵活性和创新性，在不断地进行路径突破和路径创造中实现组织的可持续发展。

4）在路径创造的制度变迁过程中，建立一种灵活的、鼓励组织成员反复"试错"的制度是非常有必要的。鼓励组织成员在各方向或各方面创新的可行途径就是培育和发展产业共生系统，通过分散决策，利用散布在千百万组织个体中的知识尤其是默示知识，鼓励积累知识，从而形成创新。在产业共生系统的内部反应基础上，还可以衍生出新的产业形态，打破原有产业路径，如"交叉产业""混合产业"等。一个机制良好的产业共生系统，其组织的适应性功能使其内部各要素相互作用，甚至可以产生类似"聚变"和"裂变"的核反应变化，为解除"锁定"、实现路径创造提供强大的持续动力。产业系统中的"裂变"就是产业分立，"聚变"就是产业融合。大数据产业和其他产业的融合，无论是对于政务工作还是对于企业行为，都有着重要的影响，有利于提升经济运转的效率，加强创新。

4.2.3 数据资产促使社会经济精细化分工

人类社会发展进步的原因在于在社会推动下生产、组织、模式的不断创新演进。随着技术的不断发展进步，最初的产业间社会分工已逐步向产业内的细化分工转移。在人类社会早期，由于专业化程度低、生产效率低，生产中的所有环节都由企业独立完成。企业生产处于自给自足状态，与产业链环节的互动较少，因此交易所需费用也很低。但随着人类社会不断发展，原有的自给自足模式已无法满足人们的需求，企业为了提升生产效率，开始将部分生产环节分离出去并与其他企业合作，从而产生了局部的分工。生产模式的改变可以提升企业生产的专业化程度，扩展产业链，使交易费用随之增加。由此可知，在信息经济条件下，技术的进步为生产分工的进一步细化提供了更多可能，打破时空界限，为主体之间的联系提供更多便利。之前企业因只专注于单一环节的生产而将其他所有环节分离出去，而此时企业实现了完全分工、真正的专业化生产，极大提升了生产效率，使产业链迅速扩张，使企业之间的交易费用相应增加（图4-8）。

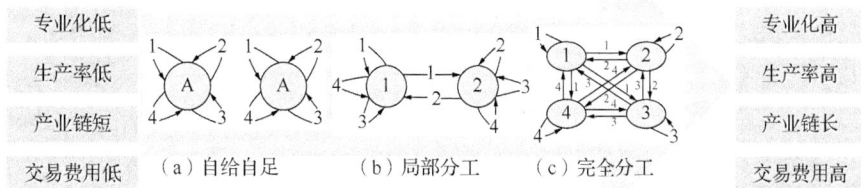

图 4-8　分工演进过程

在分工规律的作用下,信息经济的发展催生了许多新的产业。例如,大数据产业就是因分工而从原有产业链中分离出来的专门从事大数据挖掘、分析、利用等工作的产业;平台经济也是在分工规律下独立出来的专门从事信息撮合和连接供需关系的新型产业。

1. 创造更多就业

每次技术进步都会催生一批新兴产业,改造一批传统产业,由此创造出的岗位将远远大于被替代的岗位。同样以制造业为例,大数据时代,其新型业态下的岗位分配更具科学性与合理性。简单的劳力工作者被具备计算机理论及操作知识的工作者所代替,从而创造出了新的工作岗位。数字技术催生的新业态下的制造业正在向服务型制造业转变。企业线上销售渠道拓宽,进而创造出不同形态的销售岗位,同时带动物流运输、快递行业产生更多岗位。

除了拉动社会就业岗位增加,大数据作为一种可持续生态产业,其自身可以创造更具多元化、价值化和创造性的岗位。从行业本身出发,随着越来越多企业对数据分析的需求,数据相关岗位的人才需求量也越来越大,数据型人才岗位越来越受追捧,进而带动整个行业快速发展,带动人才就业。从大数据技术来讲,利用大数据建立精准就业平台,通过平台精准推送岗位信息或人才自荐等方式,可实现人才的快就业、稳就业,使用人单位用最小的成本招到最合适的人。此外,响应国家"大众创业、万众创新"的号召,大数据创造了更多新的行业形态与领域,进而拉动青年人进行自主创新创业。基于大数据行业发展的企业在发展自身的同时,也在履行企业义务与职责。以国内领先的大数据资产运营商九次方大数据信息集团有限公司为例,其打造的"数据星河 BDG Store",具有数据源、可视化工具、数据模型、安全组件、清洗工具、云资源等业务,满足了大数据领域创业人才所需。同时,创业者可直接在平台上进行大数据应用创新。

1)随着数字技术的发展,中国制造面临向新制造转型的契机。短期内,新制造不仅不会大规模缩减整体就业需求,还会创造更多、更广、更具价值的就业机会，以达到提升就业人员技能的目的。新制造可以通过带动产业升级、刺激行业竞争、降低工业品价格、创造更大的市场来间接创造就业机会。智能工厂的更新变革首先影响的是低技术门槛的基础操作工的就业岗位。但需要说明的是，机器智能化只能部分取代人工并提升生产效率，无法完全取代人工。但无法避免的是，未被机器取代的就业岗位将更新其技能要求——在智能机器和数字技术尚无法发挥的领域产生价值，如高技术性、灵活处理和解决问题。受益于新制造中的智能机器应用于每个制造子行业，智能机械制造业本身将迎来繁荣发展，并带来规模化就业。同时，智能家居产业也将在硬件、超级应用、云平台、数据领域催生就业机会。另外，协同生产关系及机器取代人工带来的就业范围扩大。由于制造网络平台的出现，类似"淘工厂"的平台将为更广泛的人群带来无差别的就业机会。

2）机器的技术更新会逐步取代曾经的重体力劳动，因此身体条件将不再是制约工人获取就业机会的重要评价考量要素，更重要的是他们是否具备快速习得数字化的能力。根据近期采集和汇总数据分析，中国目前存在 55%～77%的技术含量低的就业岗位会被新技术取代，因此，掌握综合化的、不易被数字技术所取代的技能及素质的就业者将会成为稀缺资源和"人才争夺战"的重中之重，他们也更易于享有更广泛的职业发展空间。世界银行有过类似的推论："如果劳动者能掌握利用技术的技能，就会提高生产率与薪酬；如果不能提高技能，他们就不得不竞争低水平岗位。"

2. 平台经济兴起

大数据 2.0 是共享经济。线上线下的数据融合后在一个平台上形成的一种共享，就是 O2O，也就是线上数据和线下数据融合。共享经济可以提高商品的购买方和提供方之间的交易效率。

实际上大数据的核心就是共享经济，而平台经济发展的基础是大数据。例如，百度这种典型的平台型互联网企业本身并不主要生产产品，而是依托搜索引擎、百度地图等将数据呈现在一个可以被共享的平台上，为企业获取利益；滴滴出行的数据部门作为企业最核心的部门，每当产生新的数据时，就将这些数据发给所有的用户，以此来挖掘数据重复利用的价值。行业巨头会像滴滴出行分享汽车行业的数据一样，把行业的信息共享出来，从而推动数据变现。

平台企业将线上线下的数据融合后再呈现在平台上，进一步推动了数据的共享。数据被共享之后其价值被无限放大，它的放大表现在以下几个方面：第一，从所有权的价值信息到使用权的价值信息，所有权的价值信息放在网上可能就只有一次价值实现，但如果共享，就类似同一辆车可以坐无限多次；第二，从自身的价值信息到其他行业的价值信息，现阶段只是企业间的共享，但当实现共享经济之后会形成整个行业、产业的数据共享，不仅仅局限于企业跟企业之间如何进行数据交换、如何进行数据共享，因此在企业之间数据的交换价值会被无限地放大；第三，从单一的数据价值到多元的数据价值，如银行的数据价值活性比较差，但社交数据则不然，单一的数据对于银行而言是有价值的，但当银行和社交的数据叠加起来时，数据的流通性及跨界融合数据的价值会被无限地放大；第四，从单一的数据生命周期到重复的数据生命周期，生命周期会加深数据的价值；第五，从小密度到多密度，从小价值到大价值，数据被共享后，就可能会带来其本身并不具备的经济价值和社会价值。共享数据价值的放大反过来又会推动平台经济的发展。

第 5 章　数据资产视角下数字经济内部传导模式研究

数据分析能力即企业对数据的运用能力，数据量与数据质量是企业自身所能产生的数据容量及数据本身的可用性。数据分析能力、数据量与数据质量共同影响数据资产的价值，进而将数字经济内部运作机理及数字经济内部驱动作用融合成数字经济内部传导机制，通过信息产业与大数据的融合及传统产业与大数据的融合两种不同方式，形成两种不同的数字经济内部传导模式，即数字产业化信息增值模式与产业数字化融合驱动模式（图 5-1）。

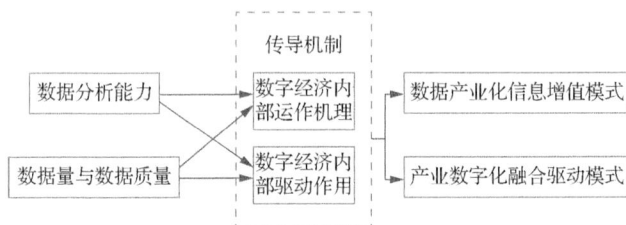

图 5-1　数字经济内部传导模式形成路径

虽然数据分析能力、数据量与数据质量都能对数字经济内部运作机理及内部驱动作用产生影响，但有主次之分，即：数据分析能力主要作用于内部运作机理，进而发展为数字产业化信息增值模式；数据量与数据质量主要作用于内部驱动作用，进而发展为产业数字化融合驱动模式。

"数据分析能力—数字经济内部运作机理—数字产业化信息增值模式"从数据分析能力入手，利用信息产业的数据分析能力能够降低整个产业的运行成本，使产业中供给与需求界限模糊，并用数据分析能力发现新的经济增长点，形成新的商业模式，增加信息产业中企业的产值，使整个数字经济产业化，最终形成数字产业化信息增值模式，使数据分析能力强的企业向数字产业化信息增值模式转换。

"数据量与数据质量—数字经济内部驱动作用—产业数字化融合驱动模式"从数据量与数据质量入手，对于数据量大及数据质量优质的传统产业，通过数字经济的内部驱动作用，使其产生新动能，对产业链进行进一步的精细化分工，将发展的结果反馈给产业自身并发挥其溢出效应，给社会和个人带来效益，最终形成产业数字化融合驱动模式。

5.1　数据资产视角下数字经济内部传导模式类型

5.1.1　数字产业化信息增值模式

数字产业化信息增值模式是指基于基础电信、电子制造、软件及服务，以及互联网等信息产业，对产生的数据进行挖掘，形成数字产品，并使这些产品为提供数据的企业所利用，从而使整个产业增值（图 5-2）。

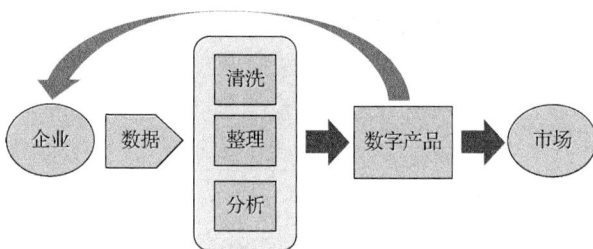

图 5-2　数字产业化信息增值模式

目前，人们的生活方式发生了极大的变化，如人们在互通信息时成本低廉、更加便捷。此类改变印证了"我国数字经济发展的核心驱动力是数字技术"这一说法。数字技术产生的新市场、新形态正以一种"创造性的破坏"姿态迅速在全世界范围内拓展。信息采集技术、云计算、可视化、数据库架构、数据处理技术等都是数字技术的分支，而这些技术手段更有利于数据描绘出的细致信息（如时间、地点、人物、内容、渠道、方式、情节）以颗粒度水平、排列组合方式表现在数据分析中。其中，云计算发挥着重要的作用，其具备系统架构、资源整合等方面的优势，可以满足不同用户的个性化、多样化需求；伴随着生物识别技术在身份验证、支付等场景中的应用逐渐增多，人工智能技术应用效果开始显现。

随着数字技术的不断提升，企业数据分析能力与之呈现正相关趋势。基于大数据技术，企业数据分析的一般流程为：将无效数据从数据库中剥离，归集有效数据，对数据进行系统化梳理。例如，企业会结合用户调研和大数据用户分析出的信息，以求更深层次地掌握用户潜在需求和预期；对数据进行系统化梳理后，为数据用户构建自主分析工具，协助数据用户灵活提取和分析数据，帮助他们进行相关研究和决策，实现数据的清洗、整理与分析。企业通过对数据的挖掘，形成相应的数字产品。数字产品能够将数据反馈给提供数据的数据用户。企业可以制作有趣的数据信息图谱，更直观地反映其内容；可以利用可视化的大数据产品来展现整个数据的运动状态，帮助数据用户深入了解数据整体的情况及其发展趋势。数字产品能够监控关键数据的异动，并可以快速定位数据异动的原因，辅助数据用户运营、决策。同时，集合、整理了公共数据的数字产品在市场中流通。通过这种模式可以使整个信息产业完善产业链。

这种行为模式的核心是数据处理形成数字产品。对于一般企业而言，并没有相关的技术能够为自己提供相应的支持，因此萌生的数据加工行业可以为企业所用。

5.1.2　产业数字化融合驱动模式

产业数字化融合驱动模式主要通过各传统行业在应用信息技术之后产生数据资产、建立平台生态系统来实现云服务、云共享及虚拟化，在此基础上逐步拓展新时期传统行业的生存和发展空间（图 5-3）。产业数字化融合驱动模式带来的好处显而易见，使各产业的效率提升，进而反馈到各产业，推动各产业的发展。

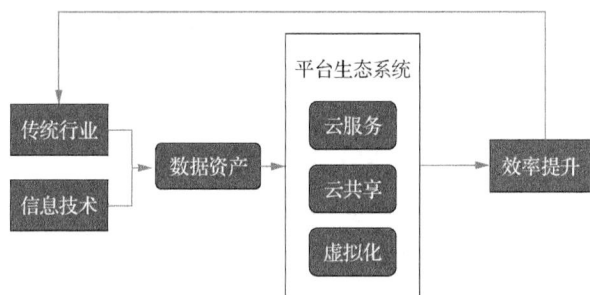

图 5-3　产业数字化融合驱动模式

目前，信息技术在应用计算机科学和通信技术的基础上，进一步设计、开发、安装和实施信息系统及应用软件，主要包含传感技术、计算机与智能技术、通信技术和控制技术，因此信息技术被定义为用于管理和处理信息的各种技术的总称。信息产品和信息服务随着信息化在全球的快速发展被赋予了新的使命。信息对于各国家、地区、企业、单位、家庭、个人的重要性毋庸置疑，它已成为当今经济活动和社会生活的重要支撑。目前，信息技术包括移动互联网、云计算、大数据、物联网等，其作为经济社会发展的一个核心特征，持续强力推动跨行业融合，重塑产业结构，实现各行业互联互通价值的最大化。

数字经济不再局限于网络空间范围，而是稳步向实体空间扩展边界。传统行业将迎来新一轮改革，应加快向数字化、网络化转型。例如，基于网络再造企业，制造业领域的巨头企业利用信息技术，生成大量的数据资产，引发数据爆发式增长。这种新的经济形态充分发挥了信息技术在生产要素配置中的优化和集成作用，将信息技术的创新成果深度融合于经济社会各领域中，提升实体经济的创新力和生产力，形成更广泛的以信息技术为基础设施和实现工具的经济发展新形态。

通过传统行业和信息技术的相互融合，将形成的数据资产自动传送到平台生态系统中。企业搭建起以自身为核心的开放式协同体系平台模式。在该平台模式中，主体企业负责平台的整体支撑与运营，只需满足一定准入条件，涉及的如资本、员工、合作企业、用户等内外部相关角色均可以自发地通过平台模式参与企业协作。因此，该平台模式可以依靠信息技术的支撑来实现开放式、实时性的企业协作。生态体系描述的是一种在平台模式支撑下自发自治、具有内部价值链的商业协同网络。在生态系统中，各企业通常会借助现代信息技术，在以自身需求为依据的情况下实现网络状的松耦合，以降低整体之间的复杂性和依赖性，从而实现企业间的协作。生态体系一旦得到信息化技术的支撑，便能有效降低体系内交易成本，共享商业机会，从而推动成员间实现内部价值链的传递。

建立平台生态系统能够大幅度降低成本，提供相关云服务并产生相应的规模经济。其中，云共享能够使各行各业的数据进行互通和实现交易的虚拟化处理，前者有利于提高信息传递的快捷性及方便性，后者则便于企业在线上完成所有操作，减少人力浪费。建立平台生态系统能够为新时期的传统行业拓展更多生存和发展的空间。同时，新技术能够提升全要素效率，加快改造传统动能，推动新旧动能接续转换，进一步促进传统行业与数字经济的融合。

5.2　数据资产视角下数字经济内部传导模式的选择

5.2.1　通过象限矩阵对企业进行划分

在数字经济时代，不同的企业具备不同的特点，这些特点的形成源自各地区的政治、经济和社会发展情况。资源要素禀赋不同，产业发展条件和产品市场不同，种种不同使企业之间存在巨大差异，主要表现为企业的数据量、数据质量及数据分析能力存在差异。根据数据资产的数据分析能力、数据量与数据质量的不同，可以通过象限矩阵对企业进行划分（图 5-4）。

象限矩阵将企业划分为四大类。象限 I 代表了正在创业初步阶段的新兴企业，其特点为：数据分析能力低下且数据量极小。象限 II 代表了高新技术企业，其特点为：具备优秀的数据分析能力但数据量储备不足，自身无法通过业务产生大量的数据并进行共享。象限III代表了传统企业，其特点为：多年经营产生海量数据，但因自身信息技术发展落后而没有能力将储备数据变成数字产品。象限IV代表了所有企业在数字经济时代下的理想状态，其特点为：在实现海量数据储存且数据质量极高的基础上，同时具备一流的数据分析能力。

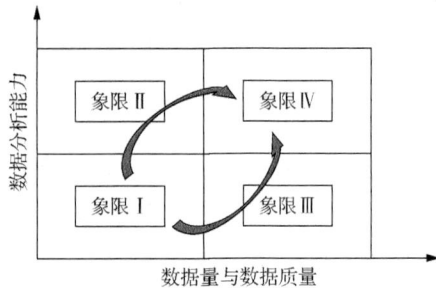

图 5-4　数据分析能力、数据量与数据质量矩阵

因此，根据数据分析能力、数据量与数据质量的划分，企业能够选择两种内部传导模式，即"象限Ⅰ—象限Ⅱ—象限Ⅳ"数字产业化信息增值模式，以及"象限Ⅰ—象限Ⅲ—象限Ⅳ"产业数字化融合驱动模式。

5.2.2　企业选择数字经济内部传导模式的影响因素

企业选择数字经济内部传导模式的影响因素可以分为外部影响因素和内部影响因素两个方面。

1. 外部影响因素

外部影响因素是指企业的外部环境，即政治、经济、社会文化等方面对企业模式选择所起的直接或间接作用。它们对市场竞争的格局和状态的影响主要来源于政府作用、经济体制与机制、社会价值观念等方面，先对技术进步产生推动或引导作用，再进一步影响企业信息化演进。这些影响也会对内源形成作用，通过内源影响企业模式的选择。

（1）市场竞争和信息技术进步

研究表明，市场竞争和信息技术的不断发展与进步有效推动了企业技术供给和企业需求。竞争对手和企业供应链上下游对于新信息技术的应用、商业模式及行业标准蓬勃的发展趋势都给企业带来生存压力。为缓解这种激烈的竞争带来的生存压力，企业需要密切关注市场、竞争同行和创新技术的最新进展，积极主动采用主流技术和商业运作模式，寻求技术创新，促进企业信息技术不断进步。企业在面临激烈竞争的情况下会选择正确的模式并推动信息技术的发展进步。与此同时，信息技术也会成为企业模式选择的支撑条件，并帮助企业寻求更好的解决方案。信息技术是企业能够提供高效技术供给的必要因素，也是有效满足企业需求的必要保证。

我国传统行业还处在产业数字化融合驱动模式的初级阶段。当前需要考虑的主要问题是企业应如何盘活传统行业的技术资源，实现整体经济稳步提升。基于云计算、物联网等更新换代后的信息技术提供了强大的技术基础，结合我国制造业发展需求催生出云制造的先进驱动模式，以破解我国传统行业发展困境，实现产业结构化发展。云制造作为一种全新的业务形态，通过提供主动、全方位的资源和能力服务，将信息技术中的各项理念应用到产品设计和制造管理中，利用物联网技术为产品的生产全过程提供技术支持，形成一条信息产品生命周期管理信息链，从而实现产业数字化融合驱动模式。

（2）政府推进

各级政府在企业积极寻求如何正确选择模式的过程中，成为至关重要的因素，政府也在积极为企业实现数字化提供强有力的支持。首先，从社会制度角度来讲，中国企业改革的深层次问题仍旧存在，法治建设不够完善，企业无法独自进行正确的模式选择。其次，从国家政策角度来讲，我国一直鼓励传统企业实现"走出去"，在实现转型开拓国内市场、创立具有企业特色的内销品牌后，在保持国内优势的基础上进一步开展国际化经营和资源合作开发，最终发展为具有自主知识产权和国际品牌的跨国经营企业。再次，从技术研发的角度来讲，政府通过建立研发中心、加大技术研发投入为企业提供技术服务的有效供给，加强对知识产权的保护力度，使其得到合理的回报。最后，从有效监督的角度来讲，企业模式选择只有在政府的有效监督下，才能得到有效保障。

企业在模式选择中不能盲目，应该时刻向政府反映情况，听取意见，积极配合政府的战略引导，以最恰当的方式推动产业模式选择。从发展趋势来看，企业与高等院校、科研院所合作建立技术研发的协作机构，开展多种形式的产、学、研联合，逐步建立以企业为中心，高等院校和科研院所广泛参与、利益共享、风险共担的科学化、制度化、规范化的产、学、研联合机制将成为趋势。同时，企业与同类企业及产业链上下游企业建立产业技术联盟，共同进行研发活动也将成为趋势。例如，信息产业领域的闪联产业联盟就涵盖国际上多个国家的信息和家电产业链上下游的重要企业。因此无论企业想选择哪种模式，都需要关注政府的产业规划、产业政策，优化区域产业发展方向，以及加强组织机构、资金支持体系、优惠政策、基地或园区、人才培养等方面的措施，结合企业自身的具体情况，正确地进行分析决策，将数字经济发展之路走得更好、更顺。

2. 内部影响因素

内部影响因素是指企业内部环境对数字经济内部传导模式选择所起的直接或间接作用。内部因素对企业模式选择的影响主要可以从组织、业务流程、技术 3 个方面来考虑。内部因素是源于企业内部的、推动企业信息化演进的因素，是产生需求的主体，由企业内部各类人员构成，按照其作用差异主要有高层领导、业务部门、IT 部门。内部因素主要反映了企业自身的需求特征，因此主要影响企业需求和吸纳信息技术的内涵、偏好及路径，从而对模式选择产生影响。

（1）企业需求和信息技术供给

大数据信息技术会给企业带来环境变化和新的挑战，这会激发企业从内部出发进行企业变革或模式选择的需求。为了更好地立足于新环境、迎接新挑战，企业需要主动寻找方法以实现突破。在此过程中，企业会采纳、应用有益于满足突破需求的信息技术，从而选择适宜的新模式。企业只有具备技术并满足需求，才有可能吸纳信息技术。因此，在企业选择模式的过程中，企业需求被作为信息技术吸纳的直接拉动力，技术供给被作为企业数字化的主要推动力，这两种力量的作用是动态均衡的。

信息技术供给可以为满足企业需求提供解决方案，激发需求的产生，从而推动企业吸纳信息技术、进行模式选择。企业如果有需求却得不到有效技术供给，则犹如无源之水、无本之木，无法促进信息技术的吸纳；企业如果空有技术供给却没有需求，则会驻足不前，发展停滞。企业只有同时具备需求和技术供给，在二者的共同作用下才能促进信息技术的吸纳。

（2）企业认识和人员素质

企业管理者对大数据信息技术的理解和认识对企业战略发展有很强的导向作用。如果企业管理者对大数据的价值认识不清或不重视，则必然会影响企业在大数据方面的建设，使信息技术应用前景得不到保证，大数据建设无法正常持续进行。因此，企业管理者要增强大数据意识，对大数据价值保持清晰认识，这也意味着企业的管理者需要重视信息技术的发展。很多传统企业信息化建设基础较为薄弱，而业务的快速发展需要信息技术的支撑，同时信息技术又承担着引领业务发展的重任，这使信息技术的发展满足市场的需求显得尤为重要。对企业产生的数据有清晰的认知和企业一流管理团队对已有数据的分析加工能力，是企业管理者决定数字经济内部传导模式的先决条件，因为只有具备以上能力，才能洞悉企业自身涉及的具体产业、产品的特征，掌握技术的特点，了解内部信息化水平，最终制定适宜企业的发展战略。

大数据具有庞大、复杂、难管理的本质特征，因此在企业中既能解决技术问题、管理好企业数据、确保数据质量，又熟悉企业各项业务流程的综合性人员是未来大数据背景下的稀缺人才。大数据时代下，提升数据质量及大数据应用的重要因素是先进的数据管理。企业需要专业性高、技术熟练的高端人才负责数据平台的设计和维护工作，保证数据高质量应用于挖掘企业潜在价值。因此，引进和培养高端人才是企业未来考虑的重要问题。

5.2.3　数字经济内部传导模式选择的综合考虑

　　云计算、互联网及物联网等新一代信息技术的出现和应用，促使数据与业务融合，使企业内部经济传导模式环节被缩减甚至被消灭，并重新构建商业链条。目前，随着信息技术的应用推动，数字技术的应用领域不再局限于普通信息的采集分析，而是向产品研发和制造领域发展，向价值创造环节渗透。

　　企业进入智能化阶段带来的是信息获取及传输的速度随着数字技术和信息技术应用的加入而成倍提高。企业的采集业务、流程进度监控也不再浪费过多人力资源，而采用新的技术手段实现实时采集、实时监控。为了应对企业之间、企业与用户之间的巨大变化，传统行业正积极与新一代信息技术融合，在原有基础上创新重构产业链，进而衍生出更贴近时代发展的新业态和新趋势。企业对于数字经济内部传导模式的选择迫在眉睫。

　　在信息技术稳步发展的大背景下，对数字经济传导模式选择的作用机理进行分析、探究的目的在于辨识企业基本规律和特征、内部核心竞争力及根本推动力，因势导利地为企业的模式选择推演出一条正确的路径。结合实际情况，企业的模式选择不只考虑单一因素或单一变量，而是在综合考虑企业所处外部环境（如所处地区面临的政治环境、市场经济发展状况、独特的资源要素禀赋、产品投放与市场接纳度），紧密结合企业内部（如管理者组织管理胜任能力、员工产品知识积累及技术经验），从而寻找出一条适合企业的经济传导模式。

5.3　以大数据公司和智慧城市为例的数字经济内部传导模式

　　根据数据分析能力、数据量与数据质量的划分，大数据公司属于数字产业化信息增值模式，主要竞争优势是优秀的数据分析能力。智慧城市的建设离不开海量数据，因此，智慧城市建设属于产业数字化融合驱动模式。

5.3.1　大数据公司的数字经济内部传导模式

　　在互联网大背景下，数据无处不在，充斥在社会的方方面面。企业提升产业价值依赖数据的运用，因此，大数据公司应运而生。大数据公司将数据收集、汇总、分析后，挖掘出深层次的有效信息，形成成熟的平台产品，以可视化的结果呈现给市场（图 5-5）。

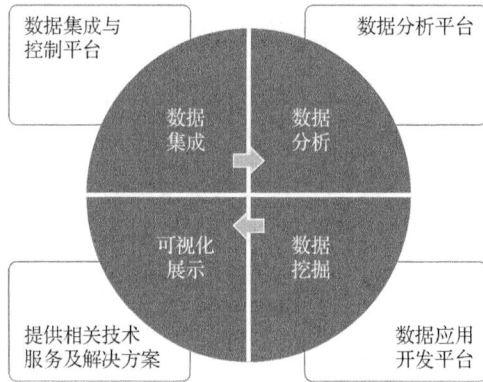

图 5-5　大数据公司运作模式

　　一家专注于大数据价值挖掘的公司，提供包括大数据分析产品、数据分析服务在内的大数据增值解决方案，致力于利用大数据技术驱动企业实现产品需求、研发、生产、管理、服务等环节的智能化转型，助力企业实施智能制造战略。这类公司一般拥有一流的大数据分析、挖掘技术团队，掌握领先的大数据分析、挖掘技术，能够构建大数据分析平台、大数据集成与管控平台、大数据应用开发平台三大产品体系。不仅如此，大数据公司积极探索产业数据运营，释放各行业的业务能力和技术能力，通过梳理不同产业的产品需求特征、设计方式、工艺种类和维护维修模式等，从产品全生命周期管理、供应链、数据链、金融链的视角提出基于大数据产业集群业务应用的云解决方案，逐步实现产业业务横向扩张和纵向价值链深耕战略目标，并在此基础上提供基于数据价值再造的大数据运营服务，构建数据生态链，从而形成数字经济在产业数字化过程中的传导模式。

　　在四大运营商中，联通公司为紧跟数据时代更迭率先做出创新突破，成立专注于大数据的专业子公司，即联通大数据公司。该公司对外集中运营主体，在数据拓展后形成合资合作平台，以及产品集群业务应用云解决方案（图 5-6）。

　　联通公司旗下子公司通过对数据进行集中、分析、挖掘等一系列加工处理，反馈到平台层面，再对应不同类型平台产生相应的数据产品，完成一套完整的数字经济传导模式流程。中国联通集团信息化与电子商务事业部副总经理范济安于2017 年 5 月 17 日接受人民网采访称，联通公司已形成国内除百度、阿里巴巴、腾讯外最大的云架构大数据平台。这一平台存储容量 85PB（petabytes，拍字节），Hadoop 集群的计算能力已近 4 500 个节点，平台上集中了全国的海量业务数据，建立了涵盖九大类、共计 3 800 多个用户标签体系；可识别 4 亿 URL（uniform resource locator，统一资源定位系统）、20 万个互联网产品、约 4 200 个手机品牌、10.5 万个终端型号；上网数据日处理能力达 7 100 亿条；信令数据日处理能力为 770 亿条，话单数据日处理能力为 330 亿条。2022 年 12 月，联通公司表示，5G 套餐用户新增 445.1 万，累计达到 2.09 亿。在"泛在智联"方面，截至 2022 年 11 月，中国联通"大联接"用户累计达到 85 372.4 万，其中 5G 套餐用户累计达到 20 945.6 万，物联网终端连接用户累计达到 37 640.8 万；在创新应用方面，截至 2022 年 11 月，中国联通 5G 行业虚拟专网服务客户达到 3 416 个；在智慧服务方面，中国联通智慧客服服务问题解决率达到 98.3%。整个平台的核心定位分别为集中运营平台（联通大数据的对外商用）、应用合作平台（与战略合作方展开平台级的大数据应用合作）、数据合作平台（联通大数据对外合作的统一出口）、资本合作平台（与大数据有关的资本与孵化）。

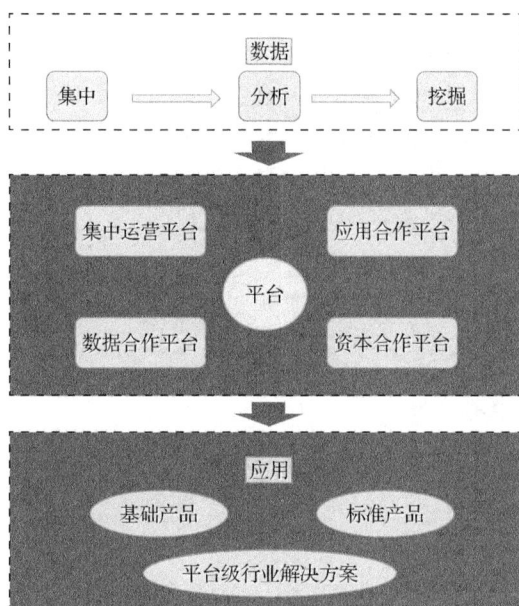

图 5-6　联通大数据公司数字经济传导模式

联通大数据公司根据自身的能力及各行业的特点，生产以下几种产品。

1. 基础产品

1）标签体系：针对不同行业和用户提供基本层次的大数据服务，针对个性化用户需求提供精确的标签配置支撑能力。目前，联通大数据公司标签体系已囊括九大类，共计 3 800 多个基础标签。

2）数据能力开放平台：以多用户安全隔离方式，实现对数据的加工、处理和整合应用。联通大数据公司从分析数据、建立平台、形成应用方面，采用多种组合形式向用户共享数据资源与基础设施资源。

2. 标准产品

1）风控平台：联通大数据公司在充分保障用户隐私安全、不泄露个人数据的前提下，合理扩大自身优势，为金融、保险、汽车等数据庞大的行业提供信息核实风险评估等服务，有效降低用户开展新业务的风险，在未来还会将范围扩展到提供行业整体解决方案。目前，风控平台主要提供验证查询和信用评估两大类 API（application programming interface，应用程序接口）。

2）沃指数：利用强大的话单数据日处理能力处理数据，行业指数不再从单一方向反映情况，对市场的洞察力及全局掌控力更强，有利于帮助用户紧抓市场机会，最终实现既定的经营目标。目前，沃指数产品体系包含行业指数和市场洞察两部分，未来将形成 SaaS 模式的魔方产品，以满足日常需求。

3）数字营销：在吸纳海量数据和具备强大的全局分析处理能力的基础上，进行数据的深入挖掘和智能匹配量分析。为了降低同行业公司和用户营销成本、提高营销效率，在保障用户隐私安全的前提下，针对不同行业和用户优化投放策略和渠道，为广告和产品的投放提供更精准的定位。

4）智慧足迹：在设计数据应用时，以人为中心建立坐标轴，向四周扩展收集相关数据，包括人流量、人流密度、职住空间分布、人口时空分布位置等详细数据，为政府和企业提供数据支撑和有效的解决方案。

3. 平台级行业解决方案

1）政务大数据：公开政府部分内部信息数据，搭建共享通道，连接政务和优质企业的数据，打造便于创客及公众创业的大数据交易共享平台，进一步向政府提供完整的大数据解决方案。

2）旅游大数据：收集游客来源组成、游客行为分析、旅游路线轨迹等多方面数据，通过全面洞察分析，打造旅游大数据完整生命周期的解决方案，为旅游营销和管理提供数据支撑及决策建议。未来旅游大数据将会融合外部第三方数据，完善旅游分析维度，同时转变思路，提供 2C（to consumer，针对用户）的服务模式。

5.3.2　智慧城市的数字经济内部传导模式

在"互联网+"的大背景下，各行业都能通过与互联网的融合进一步发展，产生大批量的数据，从而实现产业数字化。智慧城市就是产业数字化融合驱动的基本表现形式。

智慧城市就是运用信息和通信技术手段感测、分析、整合城市运行核心系统的各项关键信息，从而对各种需求做出智能响应。智慧城市的本质是信息化与城市化的高度融合，被认为是城市信息化的高级阶段，这一阶段必然涉及信息技术的创新应用，而信息技术以物联网、云计算、移动互联和大数据等新兴热点技术为核心和代表。归纳来讲，智慧城市将成为一个城市的整体发展战略，作为经济转型、产业升级、城市提升的新引擎，利用先进的数字信息技术，如 RFID（radio frequency identification，射频识别），其原理为阅读器与标签之间进行非接触式的数据通信，达到识别目标的目的，从而在技术上实现全面透彻的感知、宽带泛在的互联、智能融合的应用，以及以用户创新、开放创新、大众创新、协同创新为特征的可持续创新，在生活上实现城市智慧式、智能化管理和运行，进而为城市中的人创造更美好的生活，促进城市的和谐、可持续成长。智慧城市的总体架构如图 5-7 所示。

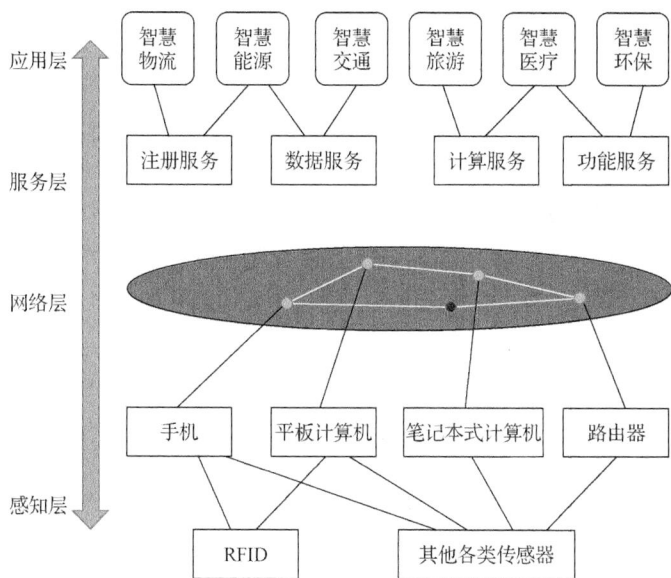

图 5-7　智慧城市的总体架构

智慧城市的发展历程主要划分为 3 个阶段。第一阶段，信息化城市。随着现代信息技术和全球信息化的发展，信息产业成为城市主导产业。城市充分利用信息技术，开发利用信息资源。第二阶段，数字城市。通过城市信息化更好地把握城市系统的运动状态和规律，对城市人地关系进行调控，实现系统优化。第三阶段，智慧城市。基于信息化城市和数字城市，更注重信息资源的整合、共享、集成和服务，更强调城市管理方面的统筹与协调，时效性要求更高，从而推动经济社会发展转型的进程。

大数据时代，智慧城市运用以物联网、云计算、移动互联和大数据等新兴热点技术为核心和代表的信息技术，汇聚海量的数据，再对庞大的数据资源进行进一步加工，经过分类汇总、分析处理后广泛应用于各类应用，从而为城市提供全方位智慧服务。在海量数据中，空间、视频等非结构化的大数据所形成的数据资产是数据资源中最主要的组成部分。利用云计算技术可以辅助建立一体化的时空信息云平台，整合空间大数据、视频大数据及各类应用中的大数据，并进行有效管理，从而对包括民生、环保、公共安全、城市服务、工商业活动在内的各种需求做出智能响应。

　　时空信息云平台基础框架由设施虚拟化平台、云数据管理平台、云服务管理平台、云服务门户搭建而成（图 5-8）。第一层，设施虚拟化平台充分利用机房环境设施和物理资源等有效信息技术资源，形成一个大型虚拟资源池。第二层，云数据管理平台以是否结构化为判断标准细化整合数据，实现海量数据的集中存储管理，以及对基础设施的智能资源调配和动态负载均衡。第三层，云服务管理平台按照集中与分散相结合的原则，根据用户的实际需求为数据使用者提供如云基础服务、云应用服务、第三方服务或服务支持等多样化与个性化服务。第四层，云服务门户通过门户网站和各类应用为用户提供服务，对各种专题服务进行封装，并支持各种主流开发语言的网络版和移动版开发接口，快速构建各类智慧应用服务。这个平台的建立，有利于整个社会资源的整合，通过各类数据的应用得到符合各行业需求的数字产品，从而实现外部经济性，提升整个社会的价值。

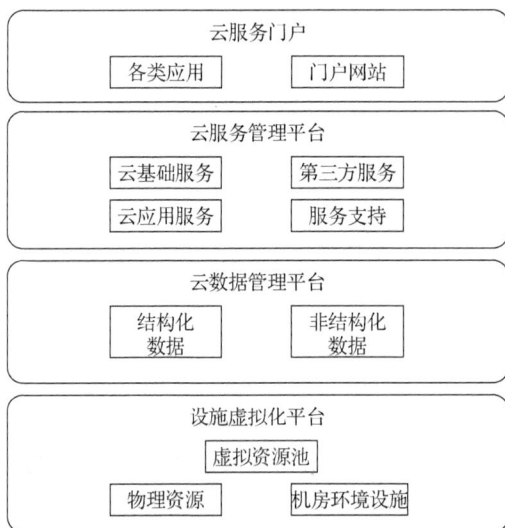

图 5-8　时空信息云平台基础框架

　　"云上贵州"是智慧城市做得比较好的例子。贵州省利用"云上贵州"这一系统平台，从"聚""通""用"3 个维度应用数据，实现整个平台的价值。从 2014 年

开始，贵州省政府自主搭建了全城统一的政府平台——云上贵州系统平台，采用
国内具有自主知识产权的云操作系统，这是全国首个实现全省政府数据统筹存取
和共享、统筹标准和统筹安全的云计算系统平台，它将得到的全部数据整合起来，
即"聚"。该平台架构分为 3 层，在基础设施层主要提供云计算、云存储、云安
全服务及数据服务。在核心层重点打造全省统一的数据共享交换平台。在数据共
享交换平台上，贵州省各地政府将自己的数据同步到资源共享池里，使数据完全
转移，实现数据跨部门、跨城际、跨地域共享。同时，大数据分析系统利用先进
技术开展大数据分析，对数据进行处理，生产数字产品以供共享使用（图 5-9）。
不仅如此，"云上贵州"正在开发全城统一的政府数据开放平台，将公开政府的部
分数据为民众所用。"云上贵州"在应用层主要通过政务网与互联网向全省的公务
员、普通群众和企业提供物联网服务。

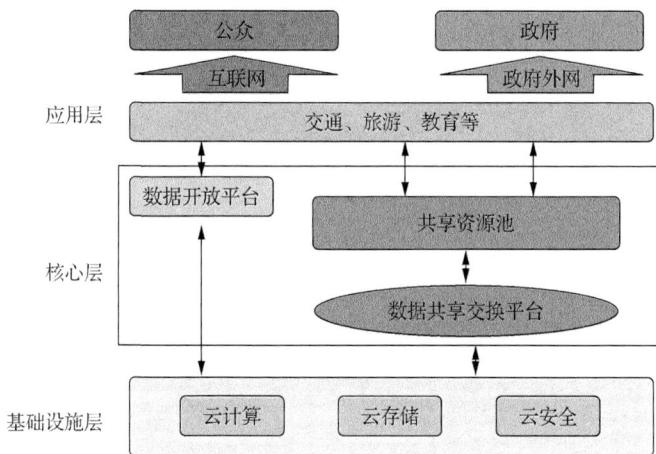

图 5-9　"云上贵州"系统平台架构

　　"云上贵州"在中国国际大数据产业博览会期间，与国家信息中心正式签订了
协议并进行了两次对接。"云上贵州"已率先进入国家重要平台，实现与国家信息
的真正互"通"。除此之外，"云上贵州"也与多个其他地方政府正式建立合作关
系，将省外与省内资源进行结合。在"用"的方面，"云上贵州"创建"数据铁笼"
进行社会监管。贵州省政府指导技术人员用数据编织制约权力的"笼子"，实现数
据留痕、权力可视、规范运行，有效防止"权力任性"。同时，贵州全省各级政府
统一采用由贵州省政务中心开发的网上办事大厅，将所有数据集中在"云上贵州"
系统平台，通过数据汇聚及数据共享，发挥大数据的作用，其中贵州网上办事大
厅被国务院办公厅列为示范项目。据 2017 年 5 月 9 日《贵州日报》报道，贵州省
采用贵州省公安系统大数据平台，使两抢案件破案率同比上升 20.62%，使 8 类案

件破案率同比上升 12.99%。贵阳市公安数据指挥中心对全市人、事、物进行实时三维立体画像，实现社会治安立体化管控，改变了传统人工干预的方式。

"云上贵州"通过"聚""通""用"，将数据的价值发挥到最大，通过构建整个系统平台，使数据资产流通并形成数字产品，服务于整个社会。

第6章 数据资产视角下数字经济的测度分析

6.1 基于数字产业化与产业数字化的测量方法

在数据资产视角下，数字经济的内部传导模式分为数字产业化信息增值模式及产业数字化融合驱动模式。所有产业都能够利用这两种模式使数字经济在其内部进行传导，从而促进数字经济的发展。根据《中国数字经济发展白皮书（2017年）》中的统计发现，数字经济的测量方法可以分为数字产业化和产业数字化两种。

6.1.1 数字产业化的测量方法

信息产业主要包括电子信息设备制造、电子信息设备销售和租赁、电子信息传输服务、计算机服务和软件业、其他信息相关服务，以及数字技术的广泛融合、渗透所带来的新兴行业，如云计算、物联网、大数据、互联网金融等。信息产业增加值的计算方法是将国民经济统计体系中各行业的增加值相加。

6.1.2 产业数字化的测量方法

产业数字化的测量简单来讲就是测算出数字技术作用于传统产业增加的边际贡献。数字技术的运作机理就是对传统产业进行渗透融合，以提高传统产业的产出和日常生产效率。传统产业数字化测算的思路是：先将不同传统产业产出中数字技术的贡献部分剥离出来，再将各传统产业的贡献增加值相加，得到传统产业中的数字经济总量；借助增长核算账户框架［KLEMS，其中K代表资本（capital），L代表劳动（labor），E代表能源（energy），M代表物质生产部门产生的中间投入要素，S代表服务生产部门产生的中间投入要素］将整个国民经济进行分类（我国具体可分为19个行业门类）；有针对性地计算ICT资本存量、非ICT资本存量、劳动及中间投入等一系列指标数据，就可以测算出传统产业中数字技术增加的贡献部分。一般采用Gold-Smith这种已经被广泛采用且成熟的方法测算非ICT资本存量。该模型的解释核心主要是增长核算账户模型和分行业ICT资本存量测量。

1. 增长核算账户模型

首先把技术进步定义为希克斯中性。省份 i 在 t 时期使用不同类型的生产要素进行生产，这些生产要素包括 ICT 资本（$\text{CAP}_{it}^{\text{ICT}}$）、非 ICT 资本（$\text{CAP}_{it}^{\text{NICT}}$）、劳动力（$\text{LAB}_{it}$）及中间产品（$\text{MID}_{it}$）。希克斯中性技术进步用 HA_{it} 表示，在对各种类型的生产要素进行加总之后，可以得到单个投入指数的生产函数，记为

$$\text{OTP}_{it} = \text{HA}_{it}\, f(\text{CAP}_{it}^{\text{ICT}}, \text{CAP}_{it}^{\text{NICT}}, \text{MID}_{it}, \text{LAB}_{it})$$

式中，OTP_{it} 为省份 i 在 t 时期内的总产出。

为了实证计算的可行性，把上面的生产函数显性化为以下的超越对数生产函数：

$$d\text{OTP}_{it} = d\text{HA}_{it} + \beta_{\text{CAP}_{it}^{\text{ICT}}}\, d\text{CAP}_{it}^{\text{ICT}} + \beta_{\text{CAP}_{it}^{\text{NICT}}}\, d\text{CAP}_{it}^{\text{NICT}} + \beta_{\text{MID}_{it}}\, d\text{MID}_{it} + \beta_{\text{LAB}_{it}}\, d\text{LAB}_{it}$$

式中，$dX_{it} = \ln X_{it} - \ln X_{it} - 1$，为增长率；$\beta_X$ 为不同生产要素在总产出中的贡献份额。$\bar{\beta}_{it} = \dfrac{\beta_{it} + \beta_{it-1}}{2}$，且有以下关系：

$$\beta_{\text{CAP}_{it}^{\text{ICT}}} = \frac{P_{\text{CAP}_{it}^{\text{ICT}}} \text{CAP}_{it}^{\text{ICT}}}{P_{\text{OTP}_{it}} \text{OTP}_{it}}$$

$$\beta_{\text{CAP}_{it}^{\text{NICT}}} = \frac{P_{\text{CAP}_{it}^{\text{NICT}}} \text{CAP}_{it}^{\text{NICT}}}{P_{\text{OTP}_{it}} \text{OTP}_{it}}$$

$$\beta_{\text{MID}_{it}} = \frac{P_{\text{MID}_{it}} \text{MID}_{it}}{P_{\text{OTP}_{it}} \text{OTP}_{it}}$$

$$\beta_{\text{LAB}_{it}} = \frac{P_{\text{LAB}_{it}} \text{LAB}_{it}}{P_{\text{OTP}_{it}} \text{OTP}_{it}}$$

式中，P 为价格；$P_{\text{OTP}_{it}}$ 为生产厂商产出品价格（等于出厂价格减去产品税费）；$P_{\text{CAP}_{it}^{\text{ICT}}}$ 和 $P_{\text{CAP}_{it}^{\text{NICT}}}$ 分别为 ICT 资本和非 ICT 资本的租赁价格；$P_{\text{MID}_{it}}$ 和 $P_{\text{LAB}_{it}}$ 分别为中间投入产品的价格和单位劳动报酬。根据产品分配净尽定理，所有生产要素的报酬之和等于总产出：

$$P_{\text{OTP}_{it}} \text{OTP}_{it} = P_{\text{CAP}_{it}^{\text{ICT}}} \text{CAP}_{it}^{\text{ICT}} + P_{\text{CAP}_{it}^{\text{NICT}}} \text{CAP}_{it}^{\text{NICT}} + P_{\text{MID}_{it}} \text{MID}_{it} + P_{\text{LAB}_{it}} \text{LAB}_{it}$$

在完全竞争市场下，每种生产要素的产出弹性等于这种生产要素占总产出的收入份额。在规模收益不变的情况下，各种生产要素的收入弹性之和恰好为 1。

$$\begin{aligned}
\ln \frac{\text{OTP}_{it}}{\text{OTP}_{it-1}} = {} & \bar{\beta}_{\text{CAP}_{it}^{\text{ICT}}} \ln \frac{\text{CAP}_{it}^{\text{ICT}}}{\text{CAP}_{it-1}^{\text{NICT}}} \\
& + \bar{\beta}_{\text{CAP}_{it}^{\text{NICT}}} \ln \frac{\text{CAP}_{it}^{\text{NICT}}}{\text{CAP}_{it-1}^{\text{NICT}}} \\
& + \bar{\beta}_{\text{MID}_{it}} \ln \frac{\text{MID}_{it}}{\text{MID}_{it-1}} + \bar{\beta}_{\text{LAB}_{it}} \ln \frac{\text{LAB}_{it}}{\text{LAB}_{it-1}} \\
& + \ln \frac{\text{HA}_{it}}{\text{HA}_{it-1}}
\end{aligned}$$

此外，全要素生产率可以表示为

$$\mathrm{TFP} = \ln \frac{\mathrm{OTP}_{it}}{\mathrm{OTP}_{it-1}} - \bar{\beta}_{\mathrm{CAP}_{it}^{\mathrm{ICT}}} \ln \frac{\mathrm{CAP}_{it}^{\mathrm{ICT}}}{\mathrm{CAP}_{it-1}^{\mathrm{NICT}}}$$

$$- \bar{\beta}_{\mathrm{CAP}_{it}^{\mathrm{NICT}}} \ln \frac{\mathrm{CAP}_{it}^{\mathrm{NICT}}}{\mathrm{CAP}_{it-1}^{\mathrm{NICT}}}$$

$$- \bar{\beta}_{\mathrm{MID}_{it}} \ln \frac{\mathrm{MID}_{it}}{\mathrm{MID}_{it-1}} + \bar{\beta}_{\mathrm{LAB}_{it}} \ln \frac{\mathrm{LAB}_{it}}{\mathrm{LAB}_{it-1}}$$

2. 分行业 ICT 资本存量测量

在永续存盘法的基础上，考虑时间—效率模式，即资本投入的生产能力随时间而损耗，相对生产效率的衰减不同于市场价值的损失，在此条件下测算生产性资本存量。

$$K_{i,t} = \sum_{x-0}^{T} h_{i,x} F_i(x) I_{i,t-x}$$

式中，$h_{i,x}$ 为双曲线型的时间—效率函数，反映 ICT 资本的相对生产率变化；$F_i(x)$ 为正态分布概率分布函数，反映 ICT 资本退出服务的状况。

$$h_i = \frac{T-x}{T-\beta x}$$

式中，T 为投入资本的最大使用年限；x 为资本的使用年限；β 值规定为 0.8。

$$F_i(x) = \int_0^x \frac{1}{\sqrt{2\pi} \times 0.5} e^{\frac{(x-\mu i)^2}{0.5}} \mathrm{d}x$$

式中，μ 为资本品的期望服务年限，其最大服务年限规定为期望年限的 1.5 倍，该分布的方差为 0.25；i 为各类不同投资，在本节中分别为计算机硬件、软件和通信设备的投资。

关于基年 ICT 资本存量，估算公式如下：

$$K_t = \frac{I_{t+1}}{g+\delta}$$

式中，K_t 为初始年份资本存量；I_{t+1} 为其后年份的投资额；g 为观察期投资平均增长率；δ 为折旧率。

3. 产业数字化的测量步骤

1）定义 ICT 投资。为了保证测量具有国际可比性，同时考虑中国的实际情况，本书剔除了"家用视听设备制造""电子元件制造""电子器件制造"等项目，将 ICT 投资统计范围确定为计算机、通信设备、软件三大类别。中国 ICT 投资统计框架如表 6-1 所示。

表 6-1　中国 ICT 投资统计框架

分类	计算机	通信设备	软件
项目	电子计算机整机制造	雷达及配套设备制造	公共软件服务
	计算机网络设备制造	通信传输设备制造	其他软件服务
	电子计算机外部设备制造	通信交换设备制造	
		通信终端设备制造	
		移动通信及终端设备制造	
		其他通信设备制造	
		广电节目制作及发射设备制造	
		广播电视接收设备及器材制造	

2）确定 ICT 投资额的计算方法。在选择投资额计算方法时，采用筱崎彰彦（1996、1998、2003）提出的方法。该方法的思路是：以投入产出表年份的固定资产形成总额为基准数据，结合 ICT 产值内需数据，分别计算出间隔年份内需和投资的年平均增长率，将二者相减求得转化系数，然后与内需的年增长率相加，获得投资额的增长率，在此基础上计算出间隔年份的投资数据。具体公式如下：

$$\mathrm{IO}_{t1} \times (1 + \mathrm{INF}_{t1t2} + \gamma) = \mathrm{IO}_{t2}$$

$$\dot{\gamma} = \dot{\mathrm{IO}} - \dot{\mathrm{INF}}$$

式中，IO_{t1} 为开始年份投入产出表基准数据值；IO_{t2} 为结束年份投入产出表基准数据值；INF_{t1t2} 为开始至结束年份的内需增加率（内需=产值-出口+进口）；$\dot{\mathrm{IO}}$ 为间隔年份投入产出表实际投资数据年平均增长率；$\dot{\mathrm{INF}}$ 为间隔年份实际内需数据的年平均增长率；γ 为年率换算连接系数。因此，

ICT 投资增长率=内需增长率（$\dot{\mathrm{INF}}$）+年率换算连接系数（γ）

3）确定硬件、软件和通信设备的使用年限和折旧率。对于硬件，我们仍采用美国的 0.311 9 作为折旧率，使用年限为 4 年；对于通信设备选取使用年限的中间值 7.5 年，折旧率为 0.264 4；由于官方没有公布软件折旧率的相关数据，同时考虑全球市场的共通性，对于软件选择 0.315 作为折旧率，使用年限为 5 年。

4）计算中国 ICT 投资价格指数。通常以美国作为基准国。

$$\lambda_{i,t} = f(\Delta \ln \mathrm{P}_{i,t}^{\mathrm{U}} - \Delta \ln \mathrm{P}_{K,t}^{\mathrm{U}})$$

式中，$\lambda_{i,t}$ 为美国 ICT 资本投入与非 ICT 资本投入变动差异的预测值序列；$\Delta \ln \mathrm{P}_{i,t}^{\mathrm{U}}$ 为美国非 ICT 固定投资价格指数变化差；$\Delta \ln \mathrm{P}_{K,t}^{\mathrm{U}}$ 为美国 ICT 价格指数变化差。

对价格指数变化差进行指数平滑回归，获得 $\lambda_{i,t}$，然后将其带入下式即可估算出中国的 ICT 价格指数。

$$\Delta \ln \mathrm{P}_{i,t}^{\mathrm{C}} = \lambda_{i,t} + \Delta \ln \mathrm{P}_{K,t}^{\mathrm{C}}$$

依据此方法来估计中国的 ICT 价格指数，所有数据为 2 000 年不变价格。

5）计算 ICT 的实际投资额，测算中国 ICT 的总资本存量和地区资本存量，加总网络基础设施、硬件与软件、新兴产业及传统产业中的数字经济部分，得到我国数字经济总体规模。

6.2　数字经济评价指标体系

为了更加全面深入地了解当前数字经济的现实情况，可以从基础产业、基础设施、典型应用、发展环境、政务环境 5 个基础维度出发选取指标，构建指标体系，对数字经济的发展状况进行全面刻画，并进行评分描述，从而更好地摸清数字经济的整体运行态势与区域竞争力所在，为政府制定相关发展战略提供一定的参考。

6.2.1　数字经济评价指标体系设计原则

数字经济评价指标体系设计遵循如下原则。

1）系统全面性原则。该指标体系应能全面反映评价对象真实的整体水平。

2）现实可行性原则。从现实出发，选取可操作的、接近客观真实的指标。

3）独立性原则。为避免指标之间存在重复包含的情况，应保证指标之间的独立性，便于每个指标能单独反映某方面的水平。

4）定性与定量相结合的原则。定量指标可以增加评价准确性，定性指标可以增加评价客观性。为了保证评价的公允和精确，尽量将两类指标结合使用。

5）比较性原则。采用多重评价指标，旨在综合比较后更好地反映整体的数字经济状况。

6.2.2　数字经济评价指标体系构建

基于上述设计原则，根据全国及陕西数字经济发展状况，并依据专家设计和实际数据可得性，构建如表 6-2 和表 6-3 所示的数字经济评价指标体系。省级和地市级数字经济评价指标体系有少部分指标略有不同。

表 6-2　数字经济评价指标体系——省级

一级指标	二级指标	性质
数字经济基础产业	相关设备制造业规模	定量
	相关设备零售业规模	定量
	软件与服务类产业规模	定量

续表

一级指标	二级指标	性质
数字经济基础设施	电信业务规模	定量
	通信运营典型示范应用	定性
	固定电话普及率	定量
	移动互联网普及率	定量
	互联网普及率	定量
数字经济典型应用	电子商务规模	定量
	跨境电商发展水平	定量
	电子商务典型示范应用	定性
	互联网+金融发展水平	定量
	互联网+工业发展水平	定量
	互联网+典型示范应用	定性
数字经济发展环境	数字经济发展水平	定量
	第三产业比重	定量
	民营经济活力	定量
数字经济发展环境	人才教育水平	定量
	科技创新能力	定量
数字经济政务环境	政务网站发展水平	定量
	微博政务发展水平	定量
	数字经济政策	定性

表 6-3 数字经济评价指标体系——地市级

一级指标	二级指标	性质
数字经济基础产业	相关设备制造业规模	定量
	相关设备零售业规模	定量
	软件与服务类产业规模	定量
数字经济基础设施	电信业务规模	定量
	通信运营典型示范应用	定性
	固定电话普及率	定量
	移动互联网普及率	定量
	互联网普及率	定量
数字经济典型应用	电子商务规模	定量
	跨境电商发展水平	定量
	电子商务典型示范应用	定性
	互联网+金融发展水平	定量
	互联网+工业发展水平	定量
	互联网+典型示范应用	定性

续表

一级指标	二级指标	性质
数字经济发展环境	数字经济发展水平	定量
	第三产业比重	定量
	民营经济活力	定量
	人才教育水平	定量
	科技创新能力	定量
数字经济政务环境	政务网站发展水平	定量
	微博政务发展水平	定量
	数字经济政策	定性

6.2.3 我国 31 个省、自治区、直辖市数字经济综合评价分析[①]

1. 我国 31 个省、自治区、直辖市数字经济综合评价结果

根据上述数字经济评价指标体系，2022 年我国 31 个省、自治区、直辖市的数字经济综合评价结果如表 6-4 所示。

表 6-4　2022 年我国 31 个省、自治区、直辖市的数字经济综合评价结果

地区	总体情况		基础产业		基础设施		典型应用		发展环境		政务环境	
	总分	排名	总分	排名	总分	排名	总分	排名	总分	排名	总分	排名
广东	89.80	1	13.11	2	8.63	12	43.43	1	21.96	2	2.67	22
北京	78.78	4	14.21	1	25.33	1	15.12	14	10.52	6	9.67	7
江苏	88.14	2	10.91	3	21.15	4	30.50	2	23.05	1	2.52	24
上海	66.17	6	6.88	5	11.31	11	28.64	3	16.32	4	3.01	19
浙江	82.84	3	8.33	4	22.16	2	27.85	4	21.86	3	2.64	23
山东	67.38	5	6.67	6	19.41	7	22.47	5	14.83	5	4.00	11
福建	39.20	13	4.34	8	4.81	14	21.27	8	6.39	10	2.40	25
天津	46.24	11	2.34	15	21.61	3	11.54	19	7.11	8	3.65	12
四川	61.63	7	4.76	7	21.06	5	13.86	15	5.44	14	16.50	1
湖北	47.54	10	4.25	9	2.06	29	21.65	7	6.86	9	12.73	5
重庆	58.89	8	2.98	12	19.81	6	21.66	6	4.88	15	9.56	8
陕西	36.58	16	2.49	13	4.80	15	10.16	23	3.60	17	15.52	2
河南	52.37	9	3.65	10	18.00	8	11.43	20	6.24	11	13.06	3
河北	29.78	18	1.85	18	6.91	13	10.73	22	7.21	7	3.09	17
湖南	37.45	14	3.26	11	2.88	26	12.74	16	5.85	12	12.73	4
辽宁	24.61	22	1.64	20	4.56	18	12.64	17	3.94	16	1.83	28
安徽	29.21	19	2.35	14	2.68	27	15.41	13	5.83	13	2.95	20

---

① 本节数据不包括港澳台地区。

地区	总体情况		基础产业		基础设施		典型应用		发展环境		政务环境	
	总分	排名	总分	排名	总分	排名	总分	排名	总分	排名	总分	排名
宁夏	5.74	31	0.59	30	1.97	30	0.84	29	1.15	29	1.19	29
海南	15.05	26	0.68	28	3.41	23	0.76	30	2.13	21	8.07	10
吉林	26.18	21	0.96	26	4.79	16	16.51	12	2.04	22	1.87	27
内蒙古	19.35	24	0.97	24	3.50	21	11.11	21	1.85	24	1.92	26
江西	45.51	12	2.28	16	16.90	9	19.64	10	3.48	18	3.21	15
黑龙江	16.82	25	0.95	27	3.50	22	7.97	25	1.71	26	2.70	21
新疆	14.60	27	0.97	25	3.92	19	8.50	24	1.19	28	0.03	31
云南	31.58	17	1.61	21	1.57	31	17.46	11	1.84	25	9.10	9
青海	9.63	28	0.65	29	4.71	17	0.30	31	0.93	31	3.04	18
广西	22.90	23	2.13	17	2.92	25	11.98	18	2.26	20	3.61	13
贵州	26.40	20	1.79	19	16.69	10	2.60	26	2.01	23	3.32	14
甘肃	9.47	29	1.05	23	2.36	28	1.32	27	1.59	27	3.14	16
山西	36.82	15	1.31	22	2.98	24	20.41	9	2.27	19	9.84	6
西藏	6.25	30	0.11	31	3.63	20	1.15	28	0.93	30	0.43	30

近几年，在国家大力推动"互联网+"、物联网等一系列新兴信息技术的趋势下，全国各省、自治区、直辖市积极响应国家号召，将数字经济建设列为省、自治区、直辖市未来发展方向。陕西也紧跟时代浪潮加快科技变革，实施产业转型，加速以互联网为核心的经济发展。根据数字经济评价指标划分情况，陕西为提升基础产业创新能力与技术水平、加快完善基础设施建设，重点发展以 IT 技术为主的信息技术，延伸信息技术的应用范围，使其成为经济发展新动能。

陕西数字经济发展良好，尽管由于起步较晚且发展基础薄弱，暂时处于全国中等落后水平，但是与 2021 年数字经济规模相比，陕西取得了可观的增长。2021年陕西数字经济规模在 31 个省、自治区、直辖市中排名第 14 位。2022 年，陕西数字经济指数为 36.58 分（满分为 100 分），位列第 16 位，而基础产业、基础设施、典型应用、发展环境和政务环境指数分别为 2.49 分、4.80 分、10.16 分、3.60分和 15.52 分，分别位列第 13 位、第 15 位、第 23 位、第 17 位和第 2 位（图 6-1）。

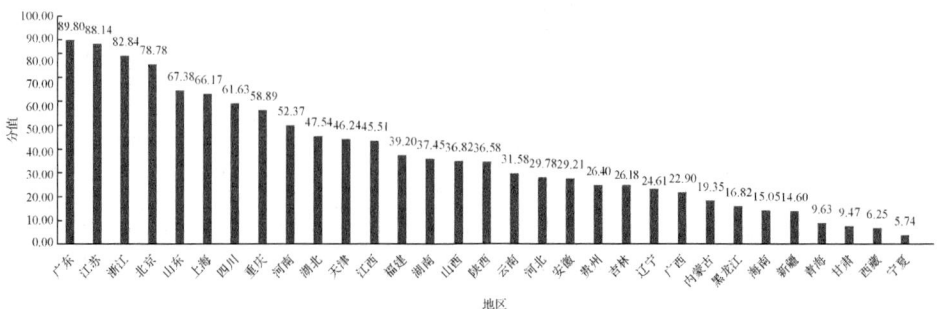

图 6-1   2022 年我国 31 个省、自治区、直辖市数字经济综合评分排名

根据表 6-4 的结果可知，我国 31 个省、自治区、直辖市大致可以分为 4 个梯队，表现出不同的发展情况。

第一梯队分值在 65 分以上，各项排名基本保持在前 10，是数字经济总体比较发达的地区，对于全国的数字经济起到示范与带动作用，主要包括广东（89.80）、江苏（88.14）、浙江（82.84）、北京（78.78）、山东（67.38）、上海（66.17）。其中，广东、北京、上海有着良好的发展基础；江苏及浙江身处长三角经济区，地理位置有着天然优势，具有较强的集群效应。这些较为发达的地区数字经济发展起步较早，发展迅速，发展成果斐然。

第二梯队分值在 35～65 分，各项排名基本稳定在 10～20 名，它们在数字经济的浪潮中虽然与第一梯队差距明显，但正在迎头赶上。这一梯队包括四川（61.63）、重庆（58.89）、河南（52.37）、湖北（47.54）、天津（46.24）、江西（45.51）、福建（39.20）、湖南（37.45）、山西（36.82）和陕西（36.58），它们以区域性中心、次中心地区为主，具备在一定范围内优先发展数字经济的基础与条件，取得了较好的发展成果。

第三梯队分值在 15～35 分，各地区得分比较接近。这部分地区往往有 1～2 项指标表现较好，代表其在数字经济发展中有自身的特点与侧重，但整体发展不均衡，总体水平一般。这一梯队包括云南（31.58）、河北（29.78）、安徽（29.21）、贵州（26.40）、吉林（26.18）等 10 个地区，以我国中部、北部地区为主，它们虽然有一定的发展基础，但数字经济的理念还在不断深化中。

第四梯队分值在 15 分以下，包含 5 个地区，这些地区数字经济发展的各方面均比较薄弱，还有较大的发展空间。这一梯队包括新疆（14.60）、青海（9.63）、甘肃（9.47）、西藏（6.25）、宁夏（5.74），这些地区大多分布在中西部及偏远地区，如何更好地将自身经济发展的特色与数字时代相结合，还须科学地定位与详尽地规划。

依据梯队划分，陕西位于第二梯队，略落后于湖北、四川、重庆等地区，与第一梯队数字经济发达地区相比差距仍然较大。在数字经济发展中，陕西充分发挥区域特色和优势，具有一定的发展水平，特别是在电子信息产业、电子商务、"互联网+"等领域，形成了一定的产业集群，带动了互联网经济的发展。但是，在装备行业竞争日趋激烈及政策环境缺乏优势的影响下，陕西的数字经济需要进一步夯实基础，加大对数字基础设施的投资，推动信息产业的转型升级，增强区域数字经济的整体竞争力。

2. 数字经济基础产业评分

对 2022 年我国 31 个省、自治区、直辖市数字经济基础产业进行评分并计算，得到以下排名（图6-2）。

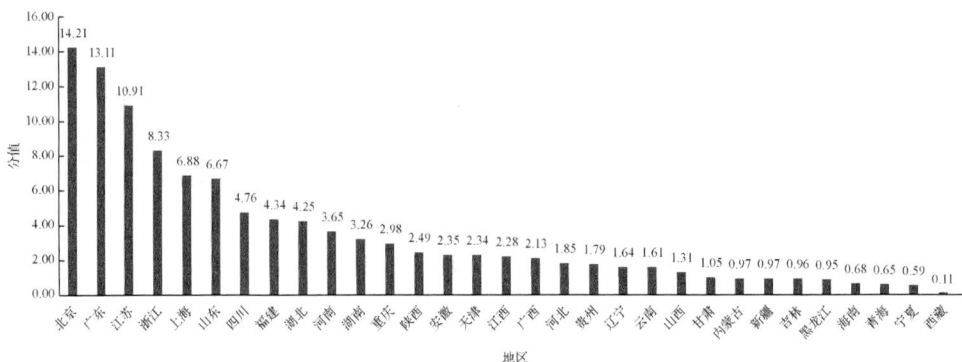

图 6-2　2022 年我国 31 个省、自治区、直辖市数字经济基础产业评分排名

由 2022 年全国数字经济基础产业评分排名可以看出，我国数字经济基础产业整体地区差异较为悬殊，以第一梯队为主的地区发展远远超过全国平均水平。陕西数字经济基础产业排名位列 31 个省、自治区、直辖市第 13 位，相较于 2021 年经济基础产业评分有所下降，排名后退了 3 位，与安徽、重庆发展水平相近，远低于排名第 1 位的北京，显示出一定的弱势。就分项指标来看，2022 年陕西计算机、通信及其他电子设备总产值在 31 个省、自治区、直辖市中排在第 20 位，与 2021 年相比排名后退 2 位；电子信息产业销售产值排在全国第 17 位，与 2021 年排名持平；而信息传输、软件和信息技术服务业固定资产投资在 31 个省、自治区、直辖市中排名第 16 位，与 2021 年相比排名后退了 4 位；陕西软件行业从业人员数量排名较为靠前（排名全国第 11 位），与 2021 年相比排名上升了 2 位。可以看出，经过数年重点发展，陕西在软件与服务类行业上具备一定的实力，也体现出信息技术产业集群的良好趋势，但在背靠三星、中兴等大企业的情况下，未能充分扩展信息设备制造业的项目优势，与行业发达地区仍然存在差距。借助大项目更好带动本地区电子信息产业全面发展，利用现有优势进一步开发、利用设备制造产业，完善产业链建设与配套集群，增强本地区的产业吸引力，是陕西向优势地区学习与改善相关产业的关键所在。

3. 数字经济基础设施评分

对 2022 年我国 31 个省、自治区、直辖市数字经济基础设施进行评分并计算，得到以下排名（图6-3）。

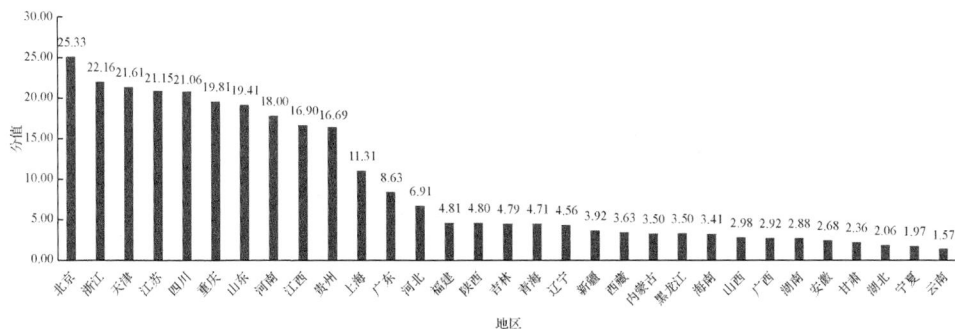

图 6-3　2022 年我国 31 个省、自治区、直辖市数字经济基础设施评分排名

由 2022 年全国数字经济基础设施评分排名可以看出，我国数字基础设施整体水平相对均衡，除北京、浙江等通信节点地区外，其余地区发展较为平稳。陕西数字经济基础设施排名 31 个省、自治区、直辖市第 15 位，相较于 2021 年取得了明显的进步，排名上升了 2 位，与福建发展水平相似，略高于全国平均水平。就分项指标来看，在通信运营商基础设施条件上，陕西电信业务总量达 456.5 亿元，排名第 17 位；安康、延安等入选电信服务试点城市。这一系列数据说明，陕西逐渐扭转了在电信业务上的不利局面，实现了稳步增长，但整体基础条件与发展水平还有待提升。在数字应用普及度上，根据天津旷维公司 2022 年发布的《陕西省电信固定电话普及率 3 年数据专题报告 2022 版》及《陕西省互联网宽带接入用户数量基本情况数据分析报告 2022 版》，陕西在电话普及率（包括移动电话）、移动互联网、宽带互联网普及度方面，分别达到 122.3 部/百户、73%与 57.6%，排名分别为第 11 位、第 13 位及第 12 位，表明经过发展，陕西互联网渗透率整体得到提升，尤其在移动互联网方面发展迅速，在宽带互联网普及率方面则略微滞后。在保证普及率的基础上，进一步加强数字基础条件的建设，提升宽带条件，完善数字环境，减少省内区域差异，并继续发挥移动互联网的优势，有助于为陕西数字经济的发展打下坚实的基础。

4. 数字经济典型应用评分

对 2022 年我国 31 个省、自治区、直辖市数字经济典型应用进行评分并计算，得到以下排名（图 6-4）。

在数字经济典型应用方面，第一梯队地区凭借优良的区位条件及成熟的市场体制积极响应"互联网+"号召，大力发展电子商务等，涌现出一批优秀的数字经济企业。相较而言，其他地区还在不断尝试与探索中。陕西数字经济典型应用指数排在第 23 位，与河北的水平相近，在陕西省人民政府提出"大力发展数字经济"口号后展现出了一定的发展活力与创新能力，相较于 2021 年排名提升了 1 位，但

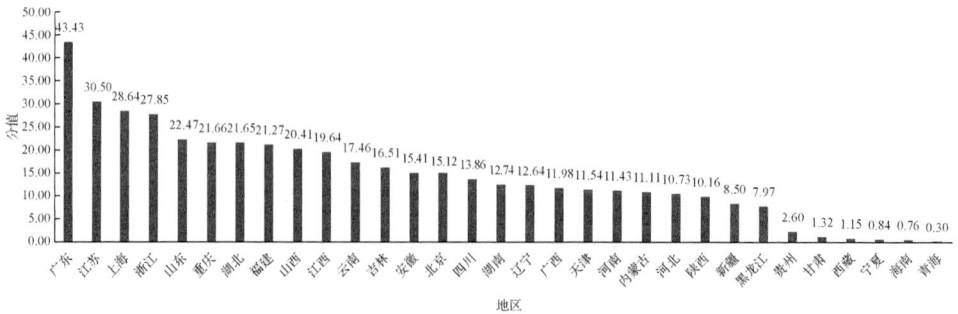

图 6-4　2022 年我国 31 个省、自治区、直辖市数字经济典型应用评分排名

仍有进步空间。从分项指标看,在电子商务发展方面,陕西电子商务规模为 4 043.5 亿元,仅位列全国第 17 位,在跨境电商方面位列第 16 位,但西安高新区与国际港务区先后入选电商示范基地,包括周至、蓝田在内的多达 15 个区县入选电商示范县,这展示了"一带一路"倡议下陕西电商的发展特色与潜力。在"互联网+"典型应用发展水平方面,陕西"互联网+"金融指数位列第 15 位,两化指数位列第 16 位,同时有多家企业入选了智能制造与两化融合示范企业。因此对于陕西而言,应继续推动电子商务产业集群,加快制造业信息化变革,使"互联网+"的触角向农业、文化、物流等方向延伸,不断加深陕西未来数字经济发展与应用。

5. 数字经济发展环境评分

对 2022 年我国 31 个省、自治区、直辖市数字经济发展环境进行评分并计算,得到以下排名(图 6-5)。

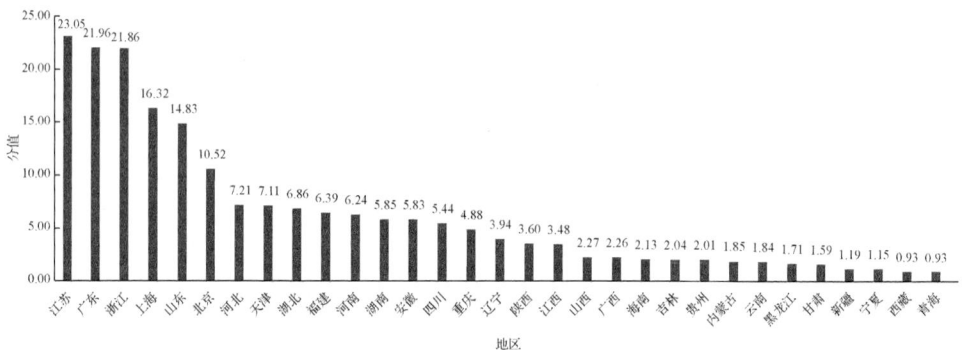

图 6-5　2022 年我国 31 个省、自治区、直辖市数字经济发展环境评分排名

在数字经济发展环境方面,全国总体呈现资源向各区域核心地区集中的趋势。2022 年陕西数字经济发展环境指数位列我国 31 个省、自治区、直辖市第 17 位,与辽宁省水平相近,相较于 2021 年排名提升了 1 位。从分项指标看,在宏观经济

与市场环境方面，陕西在数字经济总体发展水平、第三产业比重、民营经济活力方面分别位列第 16 位、第 28 位及第 18 位，反映出陕西在第三产业发展及民营企业活跃度上并不占优势，较为依赖传统工业，宏观经济条件并不突出。但在人才教育与科技创新上，2022 年陕西教育指数排在全国第 6 位，全省发明专利授权量排在全国第 15 位，这充分展现了陕西在西北乃至整个西部较为拔尖的人才与科研实力。陕西是全国教育资源最为集中的地区之一，这是陕西推动数字经济的重要支撑与优势。未来，进一步提升人员素质与产业发展挂钩程度，加强技术与资本投入驱动，多方位推动产业转型，鼓励创业创新，有助于陕西巩固、提升数字经济资源环境的特色。

6. 数字经济政务环境评分

对 2022 年我国 31 个省、自治区、直辖市数字经济政务环境进行评分并计算，得到以下排名（图 6-6）。

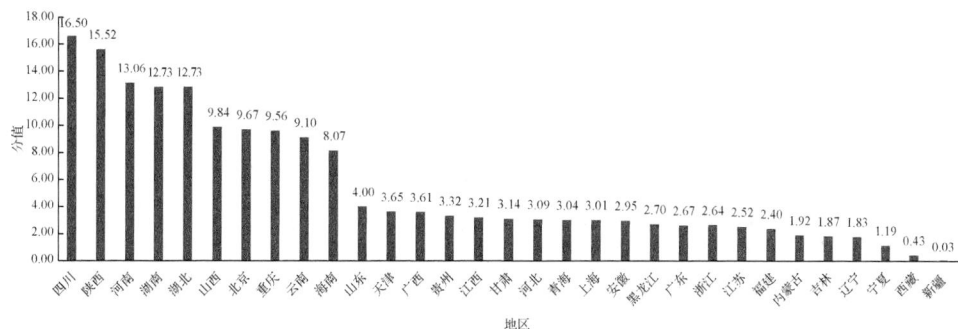

图 6-6　2022 年我国 31 个省、自治区、直辖市数字经济政务发展环境评分排名

在数字经济政务环境方面，全国各地区发展相对统一，部分政策向数字经济弱势地区倾斜，以更好地拉动当地发展。2022 年陕西数字经济政务环境指数位列 31 个省、自治区、直辖市第 2 位，与四川省水平相近，相较于 2021 年排名提升了 10 位。从分项指标看，在电子政务服务水平方面，陕西省人民政府网站合格率为 98.97%，政务微博指数为 90.15，均位列第 3 位，这表明在政务平台的建设与运营方面，陕西已经超过全国平均水平，但部分网站、微博活跃度低、内容陈旧、访问量小，仍存在改进与提升的空间。作为政府发布信息与联通舆论的桥梁，电子政务平台可以有效发挥政府的影响力，从侧面提升民众与企业的数字意识，因此值得关注与建设。在政策资源方面，陕西西安入选全国 15 个小微企业创新基地示范城市，包括西安经济开发区在内的 13 个开发区入选新型工业化示范基地，入选数量在全国排在中上游，反映了陕西积极完善各项政策配套、为数字经济创造良好政策环境的决心。

6.2.4 陕西省内各地市数字经济综合评价分析

1. 陕西省内各地市数字经济综合评分

根据以上指标体系对陕西各地市进行分析评价，结果如图6-7所示。

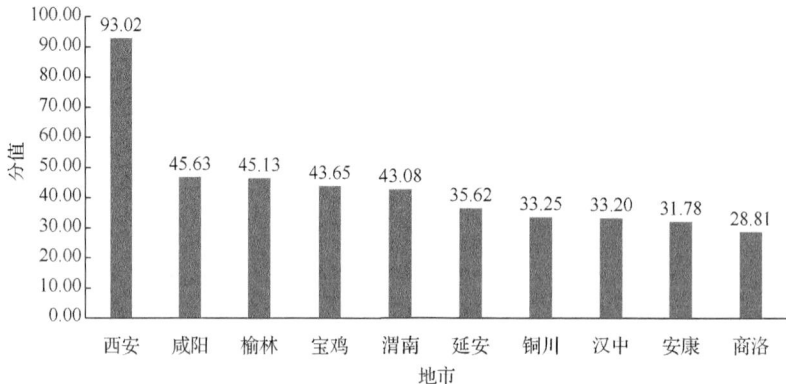

图6-7　陕西省内各地市数字经济综合评分

从数据中可以看出，作为陕西省省会城市，西安拥有较高的数字经济发展水平，在全省数据中以93.02分位列第1位，遥遥领先于其他地市。咸阳凭借在数字经济基础产业和数字经济发展环境等方面的优势，获得了45.63分，居全省第2位。榆林数字经济产业总体分数达到了45.13分，略微低于咸阳，居全省第3位。宝鸡与渭南分别以43.65分和43.08分居第4位、第5位。延安、铜川、汉中、安康、商洛在数字经济发展上仍须进步，分列第6～10位。

2. 数字经济基础产业评分

对数字经济基础产业进行评分并计算，得到以下分数及排名（图6-8）。

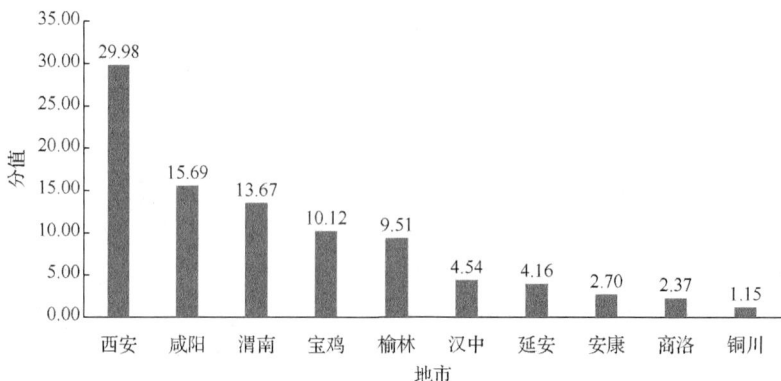

图6-8　陕西省内各地市数字经济基础产业评分

在数字经济基础产业方面,西安在多项指标上有优异表现,以 29.98 分居全省第 1 位;咸阳和渭南凭借在信息设备制造业等方面的优势分别以 15.69 分和 13.67 分居第 2 位、第 3 位;宝鸡、榆林和汉中分列第 4～6 位,延安、安康、商洛和铜川分列第 7～10 位。

3. 数字经济基础设施评分

对数字经济基础设施进行评分并计算,得到以下分数及排名(图 6-9)。

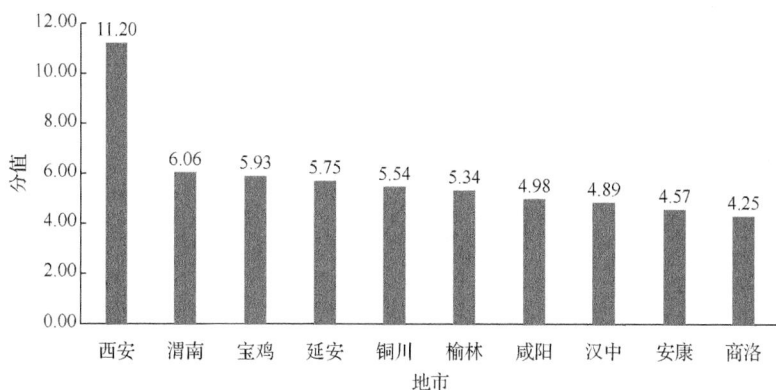

图 6-9　陕西省内各地市数字经济基础设施评分

在数字经济基础设施方面,西安凭借绝对的优势以 11.20 分位列全省第 1 位;其他各市数字经济基础设施水平发展比较均衡,其中渭南、宝鸡和延安以 6.06 分、5.93 分和 5.75 分居全省第 2～4 位;铜川、榆林和咸阳分别为 5.54 分、5.34 分和 4.98 分,分居全省第 5～7 位;汉中、安康、商洛分居全省第 8～10 位。

4. 数字经济典型应用评分

对数字经济典型应用进行评分并计算,得到以下分数及排名(图 6-10)。

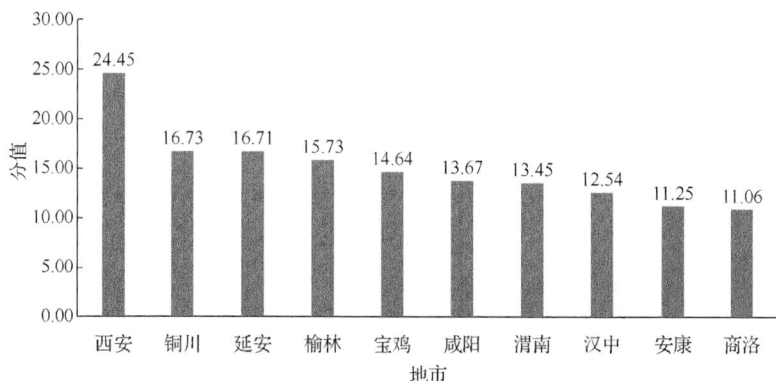

图 6-10　陕西省内各地市数字经济典型应用评分

在数字经济典型应用方面，西安凭借在电子商务发展、园区建设等全方位的优势，以 24.45 分位居全省第 1 位；铜川和延安评分较为接近，分别以 16.73 和 16.71 分居全省第 2 位、第 3 位；榆林、宝鸡和咸阳分别以 15.73 分、14.64 分和 13.67 分位居全省第 4～6 位；渭南、汉中、安康和商洛分列全省第 7～10 位。

5. 数字经济发展环境评分

对数字经济发展环境进行评分并计算，得到以下分数及排名（图 6-11）。

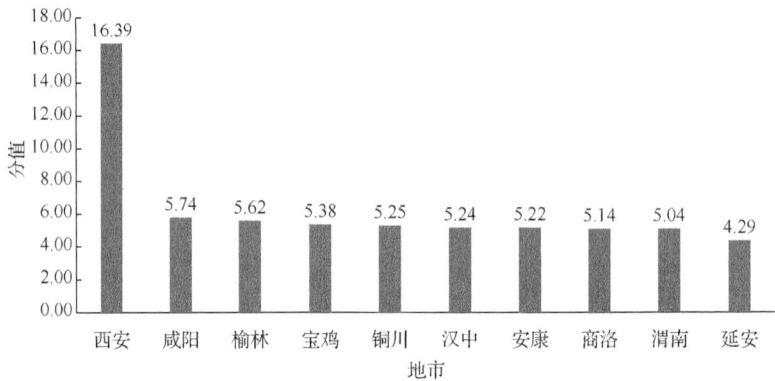

图 6-11　陕西省内各地市数字经济发展环境评分

在该项指标中，西安凭借全方位的优势，以 16.39 分位居全省第 1 位；咸阳在民营经济、人才教育水平方面具备一定优势，以 5.74 分位居全省第 2 位；榆林凭借较高的人均 GDP 以 5.62 分位居全省第 3 位；宝鸡、铜川和汉中分别以 5.38 分、5.25 分和 5.24 分位居全省第 4～6 位；安康、商洛、渭南和延安分列全省第 7～10 位。

6. 数字经济政务环境评分

对数字经济政务环境进行评分并计算，得到以下分数及排名（图 6-12）。

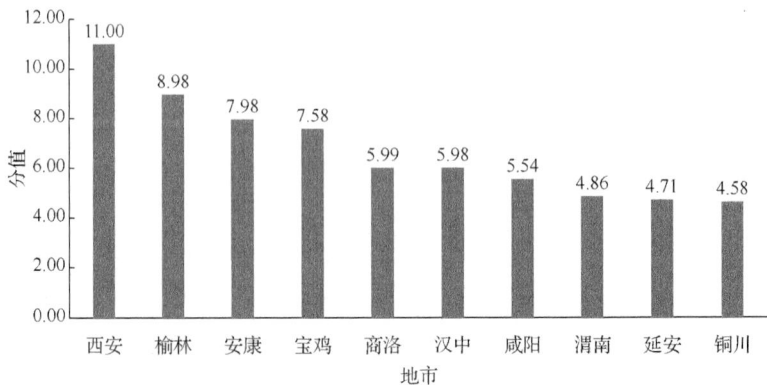

图 6-12　陕西省内各地市数字经济政务环境评分

在该项指标中，西安凭借在政务网站与微博建设上的优势，以 11.00 分位居全省第 1 位；榆林与安康分别以 8.98 分和 7.98 分居全省第 2 位、第 3 位；宝鸡与商洛分别以 7.58 分和 5.99 分位居全省第 4 位、第 5 位；汉中、咸阳、渭南、延安和铜川在数字经济政务环境方面有一定进步空间，分列全省第 6~10 位。

6.2.5　陕西数字经济规模测算与分析

互联网技术的快速发展及扩散是近年来陕西经济社会发展的重要特征。互联网技术属于典型的"通用目的技术（general purpose technologies，GPT）"，已渗透到各项生产和生活活动中。人们正处在以计算机数字和电信数字为核心的数字经济时代。数字经济的本质是在技术创新扩散过程中引发的经济范式变革。广义上，数字经济是指生产者与消费者之间通过数字而建立的经济关系，以及基于数字空间的经济活动获得效益的新经济形态。狭义上，数字经济是指一种基于计算机数字的、以信息技术为核心的新经济活动，也被称为互联网经济。

数字经济带来的社会、经济、组织机构、生活等方面的重大变化，互联网技术的扩散和应用对社会经济的影响，是理论界和政府研究的重大课题。从现实角度看，数字经济时代具有"赢者通吃"的特点，"信息富足地区"和"信息贫瘠地区"之间差距巨大。陕西应抓住机会，大展拳脚，重视利用本省在信息技术、软件、教育等与互联网密切相关的行业的优势，衡量本省数字经济规模，分析数字经济发展状况。

1. 测算原理及基本方法

在测算陕西数字经济时，因为数字经济内涵丰富、外延广阔，且互联网活动与国民经济各行业存在相互渗透关系，所以在很长一段时间内难以有效衡量数字经济实际规模。尽管如此，国内外很多学者和大量公共及私营研究机构还是尝试提出了各种衡量方法。例如，OECD 在 2011 年 9 月召开了一次圆桌会议，召集了学术界、政府和私营部门的专家，讨论如何量化互联网对整个经济体的影响，得出 3 种可测算互联网经济影响力的方法，分别是测算互联网的直接影响力方法、动态影响力方法和间接影响力方法。其中，直接影响力指因与互联网有关的活动而产生的附加价值，动态影响力指因与互联网活动相关的经济活动带来的 GDP 净增加值，间接影响力指由互联网活动带来的消费者剩余价值和社会收益。

全球知名研究机构——麦肯锡全球研究院为了定量测算互联网对经济的贡献，开发了 iGDP（internet gross domestic product，互联网生产总值）指数，用以衡量一个国家或地区互联网经济规模。麦青锡全球研究院曾研究计算 13 国 iGDP 指数，报告了这些国家 3 年来（2010~2013 年）数字经济发展情况，尤其是中国数字经济规模的变化。iGDP 指数测算方法与 OECD 提出的直接影响力测算不谋而合。这类方法在信息经济评价方面已经被广泛应用。

综上，根据麦青锡全球研究院所提出的经典的、被广为接受和使用的 iGDP 概念，采用 iGDP 指数，测算陕西数字经济占 GDP 的比重，用来反映陕西数字经济规模状况。iGDP 的核心在于对一段时间内与互联网相关的各类支出的合理测算，具体包括个人消费支出（C）、企业投资（I）、公共支出（PE）及贸易平衡（TB）。利用 iGDP 指数的计算公式

$$iGDP=(C+I+PE+TB)/GDP\times100\%$$

即可得到最终的数字经济占 GDP 的比重。这种方法计算简便、实用性强，具有较好的操作性和可比性，既可从时域角度纵向研究陕西数字经济贡献率，也可从空域角度横向研究陕西省内不同地市数字经济规模差别。这里主要从空域角度测算 2022 年陕西 10 个地市的数字经济规模。

2. 模型测算结果

地区数字经济规模的测算属于宏观范畴的测度研究，需要大量统计资料支撑。这些资料应来自官方权威机构。充分利用已有的统计年鉴资料和政府相关部门发布的数据与资料等，测度与互联网相关的行业经济规模、与互联网相关的企业投资、与互联网相关的商品消费支出、与互联网相关的净出口等对象，并利用合理的数学模型对部分数据进行科学化测算，提高数据的有效性。

根据建立的模型，测算 2022 年陕西 10 个地市的数字经济评价计算权重，如表 6-5 和表 6-6 所示。

表 6-5　数字经济评价计算权重——省级

一级指标	权重	二级指标	性质	权重
数字经济基础产业	0.11	相关设备制造业规模	定量	0.01
		相关设备零售业规模	定量	0.03
		软件与服务类产业规模	定量	0.07
数字经济基础设施	0.09	电信业务规模	定量	0.02
		通信运营典型示范应用	定性	0.01
		固定电话普及率	定量	0.02
		移动互联网普及率	定量	0.02
		互联网普及率	定量	0.01
数字经济典型应用	0.3	电子商务规模	定量	0.04
		跨境电商发展水平	定量	0.04
		电子商务典型示范应用	定性	0.07
		互联网+金融发展水平	定量	0.04
		互联网+工业发展水平	定量	0.03
		互联网+典型示范应用	定性	0.08

一级指标	权重	二级指标	性质	权重
数字经济发展环境	0.21	数字经济发展水平	定量	0.04
		第三产业比重	定量	0.01
		民营经济活力	定量	0.06
		人才教育水平	定量	0.06
		科技创新能力	定量	0.04
数字经济政务环境	0.29	政务网站发展水平	定量	0.06
		微博政务发展水平	定量	0.19
		数字经济政策	定性	0.04

表 6-6　数字经济评价计算权重——地市级

一级指标	权重	二级指标	性质	权重
数字经济基础产业	0.3	相关设备制造业规模	定量	0.08
		相关设备零售业规模	定量	0.08
		软件与服务类产业规模	定量	0.14
数字经济基础设施	0.12	电信业务规模	定量	0.03
		通信运营典型示范应用	定性	0.02
		固定电话普及率	定量	0.02
		移动互联网普及率	定量	0.02
		互联网普及率	定量	0.03
数字经济典型应用	0.3	电子商务规模	定量	0.07
		跨境电商发展水平	定量	0.05
		电子商务典型示范应用	定性	0.03
		互联网+金融发展水平	定量	0.06
		互联网+工业发展水平	定量	0.06
		互联网+典型示范应用	定性	0.03
数字经济发展环境	0.17	数字经济发展水平	定量	0.02
		第三产业比重	定量	0.02
		民营经济活力	定量	0.03
		人才教育水平	定量	0.05
		科技创新能力	定量	0.05
数字经济政务环境	0.11	政务网站发展水平	定量	0.04
		微博政务发展水平	定量	0.04
		数字经济政策	定性	0.03

通过一定的计算，可以测算出 2022 年陕西 10 个地市数字经济规模，以及数字经济发展状况及排名，分别如表 6-7 和表 6-8 所示。

表 6-7　2022 年陕西 10 个地市数字经济规模　　　　（单位：亿元）

地区	个人消费支出（C）	企业投资（I）	公共支出（PE）	贸易平衡（TB）	数字经济规模
西安	4 870.23	174.198 5	199.076	5.502 4	5 249.00
宝鸡	920.24	99.275 4	193.586	1.273 5	1 214.37
咸阳	780.57	132.316 4	296.744	0.456 5	1 210.08
渭南	764.06	56.664 5	293.575	0.745 8	1 115.04
榆林	702.61	9.007 7	99.628	−0.005 7	811.23
汉中	699.66	19.134 1	91.165	0.085 6	810.04
延安	590.15	9.630 5	90.379	0.092 6	690.25
安康	589.86	5.273 7	89.346	0.084 8	684.56
铜川	399.00	1.060 8	40.221	0.078 6	440.36
商洛	298.34	9.373 4	85.168	0.193 5	393.07

表 6-8　2022 年陕西 10 个地市数字经济发展状况及排名

地区	数字经济规模/亿元	GDP/亿元	iGDP 指数/%	iGDP 指数排名/位	数字经济规模排名/位
西安	5 249.00	11 468.5	45.77	4	1
宝鸡	1 214.37	2 743.1	44.27	5	2
咸阳	1 210.08	2 984.2	40.55	8	3
渭南	1 115.04	2 201.1	50.65	3	4
榆林	811.23	6 543.7	12.39	10	5
汉中	810.04	1 905.5	42.51	7	6
延安	690.25	2 231.9	30.92	9	7
安康	684.56	1 268.7	53.96	2	8
铜川	440.36	505.6	87.10	1	9
商洛	393.07	902.6	43.55	6	10

3. 结果分析

根据测算结果，2022 年陕西数字经济规模接近 12 700 亿元，达到 12 618 亿元，iGDP 指数为 37.13%，这表明陕西数字经济占陕西生产总值的 37.13%。西安数字经济规模达到 5 249 亿元，占陕西数字经济规模总数的 43.14%，在陕西省内 10 个地市中处于遥遥领先的地位。

在 10 个地市中，数字经济规模排名前 3 的分别是西安、宝鸡、咸阳。这 3 个地市数字经济规模占陕西数字经济规模总数的 63.59%，这说明西安、咸阳和宝鸡数字经济行业资源相对丰富，数字经济技术应用相对完善；排在最后两位的是铜川和商洛，其数字经济规模分别为 440.36 亿元和 393.07 亿元，表明这两个城市数字资源状况及应用水平相对不足。

在数字经济占 GDP 的比重方面，由 iGDP 指数排名可知，铜川 iGDP 指数为 87.10%，超过排第 2 位的西安 30 个百分点以上，这充分体现出铜川积极发展数字经济并取得了优异的成绩。此外，西安、渭南、汉中、延安这些地市 iGDP 指数排名与其数字经济规模排名基本一致，其余几个地市 iGDP 指数排名与其数字经济规模排名有一定差异。例如，铜川数字经济规模排名倒数第 2 位，其 iGDP 指数排名第 1 位；榆林数字经济规模排名第 5 位，而其 iGDP 指数排名末位。这与 iGDP 指数的测算方式有关。铜川生产总值在 10 个地级市中处于末位，经济体量相对较小，相比较的基数小，因此测算出的 iGDP 指数有所提高。同理，尽管榆林数字经济规模排名靠前，但其生产总值仅次于西安，相比较的基数大，因此测算出的 iGDP 指数排名靠后。

综上，就数字经济规模而言，安康、商洛和铜川相对不足，一方面这与本地区经济体量相对较少有关，另一方面应着重发展这 3 个地市的数字经济，缩小它们与其余地市数字经济规模的差距，避免出现"数字鸿沟"。就 iGDP 指数而言，延安和榆林 iGDP 指数靠后，这说明它们的数字经济占 GDP 比重较低，因此，政府相关部门应采取相应措施，提升延安和榆林与互联网相关的生产和生活经济活动比例。

第 7 章　陕西数字经济典型应用分析

7.1　电子商务

对陕西电子商务的应用分析以 2018～2023 年的数据为主。

7.1.1　电子商务发展总体特点

2018 年以来，我国出台了《中华人民共和国电子商务法》《"十四五"电子商务发展规划》《数字商务三年行动计划（2024—2026 年）》等系列政策，有力地促进了我国电子商务健康快速发展。电子商务在"稳增长、调结构、惠民生、增就业、促创业创新"方面发挥着越来越重要的作用，成为经济发展的新动力。

1. 电子商务蓬勃发展，支撑服务体系不断完善

近年来，电子商务在陕西蓬勃发展，经历了一个从无到有、逐步完善的快速增长过程。2021 年，陕西省商务厅与陕西省发展和改革委员会联合印发了《陕西省商务发展"十四五"规划》（以下简称《规划》），《规划》展望了 2035 年全省商务发展的远景目标，提出了今后 5 年的主要发展目标：社会消费品零售总额年均增长 6.5%，货物贸易进出口年均增长 15%，实际利用外资年均增长 13%，实际引进内资年均增长 12%，对外直接投资达到 32 亿美元，对外承包工程完成营业额 175 亿美元。

Wind 资讯数据显示，陕西 2020～2023 年电子商务经济规模各项指标均取得了高速增长，特别是随着数字经济的不断发展和电子商务集聚区域的不断完善，陕西电子商务经济的未来前景将更加广阔。

2. 电子商务经营主体迅速壮大，网商数量爆发式增长

来自陕西省商务厅的资料显示，2020 年以来在淘宝网开店的个体网商数量呈爆发式增长，入驻京东平台的企业数量也呈现出显著的增长态势，涌现出中国果汁网、丝路商旅、利安电超市、西域美农、熊猫伯伯、土豆姐姐等一批电商品牌。陕西森弗等 6 家企业先后被商务部认定为国家级电子商务示范企业。

3. 电子商务交易规模快速提升，电商品牌效应显现

中国电子商务研究中心监测数据显示，2022 年陕西电子商务交易额为 6 235 亿元，同比增长 11%；网络零售销售额为 1 613.57 亿元，同比增长 6.59%；2023 年陕西电子商务交易额实现 7 475.96 亿元，同比增长 20.58%；实现网络零售额 1 433.70 亿元，同比增长 16.71%。同时，电子商务创造品牌的作用得到充分发挥。

4. 园区聚集效应显现，持续吸引电商企业入驻

继西安高新区之后，西安国际港务区被确立为国家级电子商务示范基地，该园区以奥达集团建设的新丝路跨境电子商务园为载体，持续吸引大批电商企业入驻，已聚集京东及大批本地电子商务应用和服务企业，其电子商务及支撑产业已达到较高的发展水平。杨凌、沣东、商南等地的电子商务园区初步建成。专业园区已成为区域电子商务发展的重要载体。

5. 县级电子商务蓬勃发展，农村电子商务网络不断完善

根据新华网的报道，武功、山阳、三原等县都建立了大型农村电子商务服务网点。京东已建立了超过 2 000 家电子商务服务中心，并建立了 4 000 多个村级采购服务站，覆盖了 30 多万个村。陕西 4 个县签署了合作协议，以推广农村淘宝项目。电子商务在陕西农村地区的快速发展，已成为地方转型和突破的有力起点。

6. 跨境电子商务如雨后春笋般涌现，出口产品增加值显著提升

2023 年，陕西寄递业务量累计完成 21.96 亿件，同比增长 22.55%；快递业务量累计完成 15.23 亿件，同比增长 34.96%。陕西跨境电子商务业务实体和出口商品结构进一步优化，以植物提取物为代表的出口商品占陕西全省出口商品总量的比重逐步提高，出口产品增加值显著增加。陕西森福、西安源森、陕西龙星等一批跨境电子商务公司涌现。

7.1.2　网络零售

1. 交易规模快速提升，带动就业和相关行业高速增长

中国电子商务研究中心监测数据显示，2023 年陕西电子商务交易额和网络零售额同比增长均超过 15%，交易规模快速提升。

陕西电子商务的发展还创造了约 20 万个创业岗位，创业岗位年增长率超过 30%。它还带动了咨询服务行业及物流和快递行业的快速增长，并间接创造了大量就业机会。2023 年陕西快递服务企业业务收入累计完成 138.56 亿元，同比增长 26.77%。

2. 区域电子商务指数快速上升

清华大学电子商务交易技术国家工程实验室等研究机构在2019年5月发布的《中国电子商务发展指数报告（2018）》显示，陕西区域电子商务指数为25.73，在全国31个省、自治区、直辖市中排名第10位，处在靠前位置。从陕西省电子商务指数与全国平均水平的对比情况来看，陕西省的电子商务发展指数高于平均值，这说明陕西电子商务发展优势明显。

在电子商务发展区域分布中，北京、上海、广东、浙江、江苏作为先导地区，其电子商务发展程度领先全国，规模与中坚省份和潜力省份有较大差距。陕西位于中坚省份的靠前位置，说明陕西电子商务有一定区域竞争力，并且极具潜力。

3. 电子商务成长指数提高，发展潜力巨大

电子商务指数综合了各区域电商发展的规模指数、成长指数、支撑指数和渗透指数，对于电子商务行业发展具有一定指导意义。

规模指数反映电子商务发展的市场规模。2018年陕西的规模指数为11.26，排在第16位。规模指数排名靠后的地区主要集中在西北地区，由于受经济发展水平及电子商务发展的基础设施的制约，该地区电子商务发展规模还有较大提升空间。值得注意的是，规模指数在各地区之间分化严重，排首位的广东与末位的西藏相差巨大。

成长指数反映电子商务发展前景。2018年陕西成长指数为68.38，排名上升5位，在全国31个省、自治区、直辖市中排第1位，与宁夏、西藏为电子商务成长指数前三甲，这说明陕西电子商务发展潜力巨大。陕西成长指数较高的主要原因是：陕西的电子商务创业群体快速壮大，电子商务的本地化品牌孵化作用日益显现，园区聚集发展效果显著。电子商务发展指数靠后的省份通过大力推进电子商务基础设施建设、优化发展环境，可以发挥后发优势，加快本地区的电子商务发展；电子商务发展指数靠前的省份需要通过创新驱动，挖掘发展潜力，实现可持续发展。2022年农村网络零售额为462.72亿元，同比增长8.08%，继续保持快速增长态势。2023年，陕西网络零售额为1 433.70亿元，同比增长16.71%。电子商务在陕西经济社会各领域发挥着积极的作用，成为助农脱困的重要措施。

渗透指数反映电子商务对经济发展的影响。2018年陕西渗透指数为10.02，排到第19位，陕西还需结合自然禀赋和产业结构，进一步营造电子商务发展良好氛围。

支撑指数反映各地区支持电子商务发展的环境因素。2018年陕西支撑指数为13.46，排名总体保持不变，排到第14位。支撑指数主要衡量外部环境对电子商务的支撑作用，因此更侧重对基础设施建设层面硬约束的衡量，在短期内不会出现较大的变化。

4. 电子商务的本地化品牌孵化作用日益显现，园区聚集发展效果显著

陕西作为电子商务发展中坚省份的排头兵，虽然其电子商务在规模上仅处于全国平均水平，与广东、浙江和江苏等电子商务大省有较大差距，但陕西电子商务成长指数较高，发展潜力巨大。陕西电子商务发展较快，2022 年电子商务发展指数排名处在靠前位置。陕西电子商务发展指数排名上升源于成长指数值大幅提升与渗透作用逐渐明显。首先，陕西省人民政府高度重视电子商务的发展，在大多数县区建立了以秘书或县（区）领导为首的电子商务促进工作领导小组，在各地召开动员会议，组织培训，并出台了促进发展的政策措施，营造浓厚的电子商务氛围。其次，工业园区的集聚效应和电子商务本地化品牌的孵化越来越明显。西安国际港务区已成为第二批国家级电子商务示范基地。

陕西电子商务发展主要聚集在西安市。2022 年，西安市拥有跨境电商及相关企业 1 800 余家，跨境电商交易额达 144.27 亿元人民币，同比增长 46.42%。

5. 县域电子商务发展如火如荼，武功、丹凤等县全国知名

中国国际电子商务中心发布的《2021 全国县域数字农业农村电子商务发展报告》显示，2020 年，我国县域网络零售额达 35 303.2 亿元，比上年增长 14.02%，占全国网络零售额的比重为 30.0%，提高 0.9 个百分点，其中县域农产品网络零售额为 3 507.6 亿元，同比增长 29.0%；实物类商品的网络零售额同比增长 14.71%，非实物类商品的网络零售额同比增长 7.36%。中国国际电子商务中心研究院测算，县域网络零售额占全国网络零售额的比重为 30.0%，比上年提高 0.9 个百分点。

7.1.3　B2B 电子商务

1. B2B 电子商务成为传统工业企业转型的重要途径，市场规模持续扩大

国家统计局数据显示，2023 年 5 月，中国 PPI（producer price index，生产价格指数）同比下降 4.6%，环比下降 0.9%。工业生产企业蒙受重大损失，迫切需要结构转型。B2B 电子商务已成为传统工业企业转型的途径之一。艾瑞咨询 2021 年中国电子商务市场交易数据显示，2021 年中国 B2B 电子商务市场交易规模达到 29.95 万亿元，同比增长 11.34%，并一直保持稳定的增长水平。B2B 电子商务仍有很大的发展空间。截至 2020 年年底，我国大宗商品电子类交易市场共计 3 680 家，同比增长 15%，实物交易规模超过 30 万亿元。我国大宗商品现代流通业积极适应经济新常态，加快发展方式转变，不断增强行业综合实力。

2. "一带一路"倡议实质推进，大宗市场数量增长迅速

随着我国"一带一路"倡议的实质性推进，处于丝绸之路经济带上的地区将

加速传统批发市场的转型升级，积极拥抱互联网和电子商务，将传统产业与互联网进一步结合。在数量上，中西部地区在逐渐缩小与东部沿海地区的差距，区域市场分布趋于平衡和合理。截至 2020 年，东部沿海地区的市场数量仍居全国第一，且市场数量的增长速度最快，西部地区增长速度其次。东部地区大宗商品电子交易市场的数量在 2016 年只占到全国大宗商品电子交易市场的 54.1%，到 2020 年已经达到 58.6%。

根据《中国大宗商品电子类交易市场概况统计》，陕西大宗商品电子交易市场在 2018 年年底有 63 家，远高于全国平均水平，也高于增长最快的西部地区，在全国排名第 16 位。《中国大宗商品电子类交易市场概况统计（2018）》的数据显示，东部地区市场数量继续保持全国首位，较上年同比增长 28.8%，西部地区增长速度次之，同比增长 23.3%，其中陕西大宗商品电子类交易市场增加到 63 家。

3. 资源型产业和农林产品主导，市场规模仍需进一步扩大

陕西形成一定规模的大宗商品交易市场集中在资源型产业和农林产品，需进一步丰富交易品类，仍需进一步扩大市场规模。其中典型代表交易市场为上海石油交易所西部有限公司、陕西煤炭交易中心有限公司、陕西有色金属交易中心有限公司和西安大宗农产品交易所。

陕西煤炭交易中心有限公司是集交易、支付、物流、客户服务于一体的交易平台，已获得中国人民银行颁发的全国煤炭行业第一家互联网支付业务牌照。根据政府门户网站记录，2021 年陕西煤炭网上交易量累计达到了数亿吨的级别。这一增长主要得益于陕西省煤炭市场化改革的深入推进以及煤炭交易平台的不断完善和优化。

7.1.4　跨境电子商务

1. 我国跨境电子商务交易规模持续增加，卖家主要集中在东部沿海地区

《中国电子商务报告 2022》显示，2022 年，我国跨境电子商务进出口（含 B2B）2.11 万亿元，同比增长 9.8%。其中，进口 0.56 万亿元，同比增长 4.9%；出口 1.55 万亿元，同比增长 11.7%。出口跨境电子商务卖家主要集中在深圳、上海、北京、广州和杭州等电子商务发达的地区。其中，深圳、上海、北京占据前 3 位。虽然目前跨境电子商务主要集中在东部沿海地区，但是中西部地区发展迅速。出口跨境电子商务向中西部地区转移是未来的趋势。

2. 陕西外贸逆势高速增长，跨境电子商务快速发展推动经济外向型转变

在传统观念下，深居内陆的陕西，其外贸一直是短板。这一情况在 2024 年迎

来转机。陕西省商务厅联合省财政厅印发的《2024 年度陕西省外经贸发展专项资金项目申报指南》提出，支持外贸综合服务、跨境电商、跨境电商生态服务、公共海外仓等企业，进一步激发市场活力。陕西提出要通过 25 项措施，加快全省外贸竞争新优势培育。鼓励西安市跨境电商企业利用好线上综合服务平台，积极探索数字化营销模式，提升企业的市场竞争力。数据显示，2024 年第一季度，陕西省进出口总值达到 1 127.2 亿元人民币，同比增长 9.7%，增速高出全国 4.7 个百分点。这一成绩体现了陕西省开放型经济的回升向好，为各国企业与陕西省的合作提供了广阔的市场空间。同时电子信息类产品进出口增长势头强劲，成为拉动陕西外贸增长的主要因素。西安三星、西安美光两家企业的集成电路、存储器、硬盘等电子信息产品的进出口额占到同期全省外贸总值的近六成。2024 年 1 月至 4 月，陕西省对《区域全面经济伙伴关系协定》国家的进出口额达到了 657.3 亿元人民币，同比增长 8%，占全省进出口总值的 43.3%。此外，陕西省还积极建设跨境电商产业园或区中园，推动楼宇经济、数字经济、平台经济与跨境电商融合发展。

3. 依托中国最大内陆港，打造"网上丝绸之路"

自 2014 年西安启动跨境贸易电子商务服务试点以来，"外国货站"电子商务平台已投入运营，跨境电子商务公司迅速聚集，跨境贸易电子商务逐渐成为陕西发展国际贸易和开放发展的主要途径。跨境电子商务是经济发展的另一个重要平台，为西安建设"网上丝绸之路"、陕西建设"丝绸之路经济带"提供了重要支撑。西安拥有西安综合保税区、西安高新技术综合保税区、西安出口加工区，以及中国最大的内陆港口和 4 个特殊海关监管区。随着"长安"中亚货运列车的正常运行和国内首条"陆空联合运输"跨境运输线的开通，西安充分利用区位优势、产业优势、港口优势和良好的对外贸易基础优势，依靠"互联网+"推动产业升级。

4. 起步较晚，配套服务体系仍待完善

陕西外贸起步晚、物流滞后，与沿海城市仍存在一定差距。因此，陕西应加强重点产业出口分类指导，巩固和增强劳动密集型产品的主导地位，提高农产品深加工能力，加强电力、通信设备等装备制造业和大型成套设备的出口，着力扩大投资商品出口，进一步提高节能环保、信息技术、新能源等战略性新兴产业的国际竞争力。

鼓励私营企业"走出去"，深耕美国、欧洲、日本等传统市场，仍是陕西今后的重要任务。通过建立陕西出口品牌统计制度，支持全省有条件的城市（区）、行业和企业建立品牌推广中心；鼓励企业创建和获取品牌，支持企业通过商标和专利国外注册保护等方式开展海外维权活动，完善跨境电子商务市场机制。同时，加强拉丁美洲、非洲和中亚新兴市场的发展，逐步增加新兴市场份额在外贸份额中的比重。

7.1.5　在线旅游

1. 陕西旅游资源丰富，旅游业收入稳步增长

陕西旅游资源丰富。《2021 年陕西省国民经济和社会发展统计公报》显示，2021 年陕西全年接待国内游客 39 057 万人次，比上年增长 9.4%；国内旅游总收入 3 433.95 亿元，比上年增长 24.3%。

2. 传统旅行机构纷纷"触网"升级，渗透率低整合程度不足

近年来，陕西作为文化大省，充分发挥旅游资源优势，推进传统旅游业与信息技术结合，向现代服务业转变。陕西在线旅游发展态势良好，对全省国民经济带动作用明显。传统旅行社、酒店、宾馆紧跟消费者需求，与在线旅游平台合作，纷纷"触电"。2013 年 7 月 22 日，旅游电子商务平台骏图网上线运营，弥补了陕西旅游业长期以来没有真正意义上门户网站的空白；西安旅游集团尝试开展电子商务，西安秦岭野生动物园微信/官网/淘宝三大电商平台全线开通；西安康辉旅行社官方网站致力于打造西安旅游电子商务门户网站；以陕西中国旅行社、陕西国际旅行社、陕西海外旅行社、陕西春秋国际旅行社、西安欢畅国际旅行社等为代表的 3 500 家旅游公司实现了在线和离线整合营销。据统计，2022 年在华清池、兵马俑、法门寺等 76 个 A 级景点中，有半成以上的景点开放了在线预订系统，在钟楼酒店、西安酒店等 63 家高星级旅游酒店中，有 84% 的酒店提供在线客房预订，有 57% 的酒店有经认证的微博并定期发布相关信息。陕西省旅游局官方微博拥有近 166 万"粉丝"，根据 2021 年上半年的政务微博影响力报告，陕西省文化和旅游厅官方微博在陕西十大政务机构微博榜单中排名第三，在全国文旅十大文旅管理类微博榜单中排名第九；虽然传统旅行社、酒店、宾馆纷纷接触线上业务，但所处层次还较低，大多是自发小规模线上运营，缺乏整合能力，提供的服务较为碎片化，缺乏"套餐式"旅游服务，影响力较低。2022 年，我国在线旅游市场渗透率仅为 36.57% 左右，相比于欧美成熟市场的 40%～50% 还有很大的提升空间，未来主要增长点是在线酒店和在线旅游度假市场。

3. 省内在线旅游市场成寡头垄断态势，本土企业所占份额较小

陕西国内在线旅游市场呈明显的寡头垄断态势，省内 80% 的市场被携程旅行、艺龙旅行网、同程旅行、芒果网、去哪儿网等在线旅游巨头占据。陕西本土在线

旅游主要立足于区域资源优势，寻找合理细分市场定位，涌现出一批优秀的在线旅游企业和产品，虽然其所占市场份额较小，但发展趋势良好。

4. 整合当地旅游特色资源，建设区域性在线旅游电子商务平台

陕西地方区域整合当地旅游资源，建设区域性在线旅游电子商务平台，如大华山旅游电子商务平台、渭南智慧服务平台、陕西智慧旅游平台等。

陕西华山智慧旅游商务科技有限公司旗下的且游网以景区门票、度假酒店、自由行、本地购为主体，同时兼顾团购、攻略、特产等业务，整合了区域旅游资源和农特产品资源，为游客出行提供一站式旅游服务；渭南市构建"智慧旅游"展示与服务平台，为游客提供"渭南旅游 App"旅游指引系统，方便游客轻松愉快地旅游。陕西省政府与阿里巴巴、腾讯、华为等进行深入合作，共同开发智慧旅游平台和应用，提升旅游服务的智能化水平。2015 年上半年，西安推出以宣传西安为主题的英文单曲《唐诗》，并打造西安旅游"网购"平台。

2022 年，西安市文旅局先后印发《贯彻落实市第十四次党代会精神加快推动文化旅游工作高质量发展实施方案》《西安市全力应对疫情影响推动一季度文化旅游业恢复性增长的八条措施》《西安市文化旅游体育产业稳增长促消费十二条措施》《2022 年西安市旅游发展专项资金项目申报指南》，累计兑付市级旅游发展专项资金 5 396.44 万元，惠及企业 123 家。其中，汉长安城未央宫遗址公园提升工程入选全国开发性金融支持文化旅游重点项目库，获授信 38 亿元。

7.1.6　电子商务试点示范

1. 国家电子商务示范基地

以服务现代市场体系建设为出发点，以促进电子商务健康快速发展为核心，从"十二五"初到"十三五"末，商务部开展了国家级电子商务示范基地工作，共评选 2012 年度、2015 年度、2021 年度（增补）3 批 131 家国家级电子商务示范基地。其中，第一批全国共 35 家园区入选，陕西有 1 家（西安高新技术开发区）入选，第二批全国共 66 家园区入选，陕西入选园区为西安国际港务区。第三批全国共 16 家园区入选，陕西入选园区为陕西宝鸡物流电商产业园和扶风县电子商务产业园。

2. 国家电子商务示范企业

2013～2014 年度陕西有两家企业入选电子商务示范企业，分别为陕西熊猫伯伯农业网络科技有限公司（熊猫伯伯商城）和陕西丝路商旅股份有限公司（丝路商旅）；2015～2016 年度陕西有两家企业入选电子商务示范企业，分别为陕西

利安信息传播有限公司（利安社区）（电商服务类）和陕西森弗高科实业有限公司（跨境电商类）；2017~2018 年度陕西有 4 家企业入选电子商务示范企业，分别为定边县国泰贸易有限公司（定边国泰贸易）、陕西齐峰果业有限责任公司（齐峰果业）、陕西森弗天然制品有限公司（森弗天然制品）、白水县盛隆果业有限责任公司（盛隆果业）；2022~2023 年度陕西有两家企业入选电子商务示范企业，分别为陕西佳帮手集团控股有限公司、易点天下网络科技股份有限公司。

3. 省级电子商务示范园区、县、企业

在 2021 陕西电子商务（跨境）交流合作促进大会上，陕西共评选出 6 家电子商务示范园区、13 家电子商务示范县和 20 家电子商务示范企业。从地区来看，省级示范电子商务企业主要集聚在西安。从入选示范企业从事业务看，陕西电子商务企业整合程度不高，主要是传统产业经过线上"触网"升级，总体较为低端，主要从事农副产品的网上电子交易。陕西需要培育或引进多元化、技术水平和附加值更高的电子商务企业。

7.2 园区经济

科技园区和创新平台是集聚创新要素的重要载体。按照功能定位，科技园区主要包括高新区、专业园区和特色产业基地；创新平台主要包括研究开发平台、成果转化平台和公共服务平台。加快科技园区和创新平台建设，是激活创新资源、转化创新成果的重要途径。深入实施创新驱动发展战略，充分发挥科技园区和创新平台在促进区域经济社会科学发展中的引领、支撑、辐射和带动作用。数字经济主要涉及电子商务园区和大数据园区。继西安高新区之后，西安国际港务区也成为国家电子商务示范基地。

7.2.1 电子商务园区

1. 电子商务园区建设热潮持续，东部沿海地区占半数以上

2022 年，中国电子商务大会上，商务部宣布新增河北金卓颐高电子商务产业园、江苏省无锡市梁溪区电商产业园等 14 家基地为国家电子商务示范基地，至此国家电子商务示范基地总数达 155 家。全国范围内的电商产业园数量已超过 1 000 家，年均新增数量达到 30 家左右，显示出全国电子商务园区建设热潮仍在持续。浙江、广东和江苏是全国电子商务园区最多的省份。电子商务园区是未来商业基础设施的重要承载空间，是双创（大众创业、万众创新）的优质载体，为中小企

业、服务商等多主体提供了优良的发展生态。

从总体来看，全国电子商务园区发展可分为 4 个阶段，从网商办公聚集到服务聚集、生活方式，乃至互联网+服务中心。从盈利模式来看，租金、服务、投资，是电子商务园区收益的三大来源；通常来说，服务和投资收益占比高的园区相对成熟。根据企业实体的属性，电子商务园区可以分为政府型、资本型、房地产型和专业服务提供商型。应根据不同的实体确定业务模型和评估标准。

2. 陕西电子商务园区数量落后，须找准定位加速园区建设

中国电子商务产业园主要集中在华东、华中和华南地区，2020 年，中国华东地区共有 892 个电子商务产业园；华中地区共有 298 个电子商务产业园；华南地区共有 228 个电子商务产业园；而陕西所处的西北地区共有 109 个电子商务产业园，排名最末。浙江电子商务产业园数量达 385 个，全国排名第一；广东电子商务产业园数量达 190 个，全国排名第二；而陕西电子商务园区数量落后。

陕西在电子商务园区建设方面仍有较大的提升空间。陕西应根据自身的实际情况和市场需求，明确电子商务园区的发展目标，制定合理的发展规划。政府应出台更多的扶持政策，如资金支持、税收减免等，为电子商务园区的建设提供有力保障。在选址、布局和建筑设计等方面，应注重园区的环境优化和智能化建设，打造舒适、高效的办公环境。积极引进国内外优质的电子商务企业入驻园区，形成强大的产业集聚效应。重视电子商务人才的培养和引进，为园区的可持续发展提供人才保障。陕西可以通过明确发展目标、加强政策支持、优化园区环境、引进优质企业和加强人才培养等措施，加速电子商务园区的建设步伐，为当地经济的繁荣和发展注入新的动力。

3. 典型电子商务园区示范作用显著，西安国际港务区带动电子商务发展

西安国际港务区于 2008 年正式成立，目标是建设中国第一个没有河流、海岸或边界的国际陆港。2010 年 4 月 20 日，西安保税物流中心正式通过了中华人民共和国海关总署等 4 个部委的联合验收。同年 7 月 1 日，西安铁路集装箱中心站竣工并启用。2013 年 11 月 28 日，首列"长安"国际货运列车开通。2014 年 12 月 19 日，"西安港"国际代码（CNXAG）和国内代码（61900100）正式启动。2015 年 3 月 28 日，国家发布了"一带一路"愿景和行动文件，以支持西安市建设国际陆港。2021 年，第十四届全国运动会在西安体育中心顺利举行。西安国际港务区跨境电商产业推介会暨 2024 亚马逊全球开店启动大会（西安站）在西安国际港务区伊敦诺富特酒店圆满举行，大会邀请了省内外跨境电子商务协会、企业参加，汇聚业界力量，寻找合作商机，共谋未来发展。

西安国际港务区依靠其"陆港"功能优势在跨境电子商务中获得收益。2018

年，批准建立的西安跨境电子商务平台已正常运行。2019年4月，西安跨境电子商务平台"外贸货运站"实现单日进出口量超过1万单。截至2021年年底，除了已经签署的8个项目，开发区还继续努力建立一个全面而专业的电子商务平台，通过与电子商务的深度融合来促进传统产业的转型升级，并促进电子商务的发展。2015年7月，西安国际港务区成功获批国家电子商务示范基地，其中总投资为10亿元的中西部大宗商品交易平台已经建设完成，年交易额超过千亿元。2024年，西安国际港务区高质量项目推进年计划指出，在2023年市级重点项目总数、年计划投资、新开工项目数较2022年增长10%的基础上，实现2024年项目数量、质量有新的提升。

7.2.2　大数据园区

2015年9月，国务院印发的《促进大数据发展行动纲要》提出全面推进我国大数据发展和应用，加快建设数据强国；2017年1月，《大数据产业发展规划（2016—2020）》提出推进数据交易平台建设试点；2019年11月，《关于构建更加完善的要素市场化配置体制机制的意见》将数据列为关键生产要素；2021年11月，"十四五"规划明确提出建立健全数据产权交易和行业自律机制；2021年12月，《中华人民共和国数据安全法》要求建立健全数据交易管理制度，培育数据交易市场；2022年4月，《加快建设全国统一大市场的意见》要求破除地方数据壁垒。大数据建设被上升到了"推动经济转型发展新动力"的高度。

1. 抢抓大数据云计算发展机遇，建成以西咸新区为核心的大数据产业基地

在陕西，大数据产业助力当地产业结构优化升级。产业所在城市新区的成功实践也成为当地经济结构转型升级的重要支点。地处西北内陆的陕西省，在发展大数据产业方面因具有雄厚的科教实力而有着多重优势。以西安电子科技大学"大数据智能感知与计算协同创新中心"、西安交通大学管理学院"大数据应用与管理研究中心"、西安邮电大学"陕西省高性能计算研究中心"等为代表的研究中心，为陕西发展大数据产业提供了技术保障。

近年来，陕西抢抓大数据与云计算产业发展机遇，致力于打造"产业基地+行业云+大数据交易所+产业基金+产业研究院+产业联盟"的产业生态体系，初步建成了以西咸新区为核心的大数据产业基地，相继获批国家级云计算服务创新发展试点和国家新型工业化产业示范（大数据）基地，产业发展初具形态。大数据园区是指各市根据各自特点建设的大数据产业园区。目前，延安新区大数据产业园发展较快，其重点产业是数据存储。陕西大数据产业发展已初具规模，"十三五"末相关产业总产值达到1 000亿元。2024年，陕西省大数据创新研究院项目落户沣西新城，由陕西省大数据集团有限公司投资建设，总投资约5 000万元，旨在

进一步推进大数据产业聚集，开展测绘大数据科学研究，并新建陕西省丝路数据交易平台，开展数据流通和交易。这个项目预计投运后，5 年累计可实现营收约 1.4 亿元，综合纳税约 3 022 万元，提供高端人才就业岗位约 240 个。

2. 吸引企业数据中心落户，形成集聚效应

西咸大数据产业基地位于陕西省西咸新区沣西新城，是陕西大数据产业发展的核心基地，工程总投资 400 亿元。它吸引了中国联通、中国移动、中国电信、陕西广播、微软等 100 多家企业参与。西咸大数据产业基地已吸引九大部委、四大运营商的数据中心"安家落户"，形成了一定的产业聚集效应。以美林数据、时代运筹、银河数据、西部资信、万盛达、云基华海等为代表的本土大数据企业开始崛起。以政策融合、数据融合、技术融合为标志的咸阳城市信息融合示范工程成为全国标杆。

发展大数据产业的核心是拥有强大的数据流，而其重点是建设数据平台、数据源。因此，陕西积极构建技术构架。2019 年年底，陕西政务数据共享交换平台正式上线运行，为加速陕西政务信息化和"数字政府"建设奠定了基础。截至 2021 年年底，该平台实现与 76 个省级部门和 13 个市（区）的业务对接，发布省级政务信息资源目录 1 996 条，下沉国家信息资源目录 13 539 条，挂接政务数据资源 352 个，代理了国务院部门共享数据资源 52 个。该平台支撑了全省政务服务"一网通办"、"互联网+监管"、社会信用、投资审批、不动产登记、"多证合一"改革及"证照分离"试点等数据共享交换和业务协同，已累计受理数据资源申请 1 109 次，服务接口累计被调用 1 394.47 万次，数据库表累计交换 8.01 亿条，承载了全省信用信息库、全省人口综合库、全省法人综合库、全省电子证照库等基础信息资源库建设。陕西省级政府数据交换大厅、社会数据服务大厅（位于沣西管委会）已投入使用。陕西组织编制了秦云工程、城市信息融合、大数据应用示范等 3 类共 23 个技术规范及方案，其中《陕西省城市信息融合技术规范》已发布。

3. 西咸新区大数据交易所挂牌成立，西北最大的中国联通数据中心建成投产

2015 年 8 月 28 日，陕西西咸新区大数据交易所正式成立，成为"一带一路"经济带内首个国内大数据交易平台，对支持国家"一带一路"发展具有十分重要的意义。西咸新区大数据交易所由西咸新区和美林数据等联合建立。西咸新区大数据交易所整合了政府、企业和公共服务部门的各种数据资源，围绕"一带一路"倡议开展了国际数据资源的共享和融资，同时支持国内数据资源的交换。西咸新区大数据交易所的建立，将进一步促进陕西大数据产业的发展，促进覆盖产业链主要环节的系统支撑能力的形成，加快推进大数据产业的发展，改善整个西北地区的大数据产业竞争力。在数据交易基本服务的基础上，西咸新区大数据交易所

更加重视二次利用从数据挖掘中获得的价值。同时，西咸新区大数据交易所首次提出了个人数据资源交易业务计划，通过价值交换获取海量个人数据，对数据进行价值挖掘，将大数据的价值从人们的日常活动中挖掘出来，再用于人们的日常生活。

中国联通在西北地区规模最大、水平最高、功能最全面的数据中心已建成投产，吸引了"三秦企业云""陕西工业云""陕西大数据交易所"入驻，还吸引了中国联通的国家医疗基地、农业基地及陕西省环保、医疗和教育行业的许多云计算项目，以及众多互联网公司，如百度、腾讯、京东、搜狐、奇虎 360 和迅雷等。作为"数字丝绸之路"的重点项目，中国联通西安数据中心全部建成后可提供约 3 万个标准机柜、50 万台服务器的运营能力，提供 1 万个标准呼叫座席，可为当地提供超过 2.5 万个就业岗位。

4. 西部云谷加速产业孵化，产业云项目加速数据共享

同样位于产业园的西部云谷集科技企业孵化加速、办公研发、IDC 数据中心、呼叫中心、IT 工业生产及酒店公寓等生活配套服务功能于一体，着力打造"5 分钟产业生态圈"和"都市核心产业社区"。据介绍，中国软件、颠峰软件、紫光软件、凡特网等众多 IT 企业及专业机构已相继落户于此，创新工场、36 氪、YOU+飞马旅等知名孵化器与园区紧密对接。西部云谷已初现高端信息产业聚集区态势，吸引一个个创业精英在这里燃烧激情、放飞梦想。

2022 年，西咸新区信息产业园投资发展有限公司西部云谷创新基地入选中国科协发布的"科创中国"创新基地名单。2023 年 3 月，西部云谷二期入选西安市第四批秦创原"三器"示范平台名单。陕西工业云中心是经陕西省工业厅批准，由西咸新区大数据信息技术服务有限公司与陕西省信息工程研究院共同投资组建的合资企业。陕西工业云中心作为全国首个以"众筹"和"众创"为理念构建的工业云平台，以"平台+数据+服务"为经营模式，总投资 1.6 亿元，建设 1 000 平方米的计算机房。在启动的最初阶段，它将提供 3 种类型的服务：平台、应用程序和数据。之后，它将为企业提供专业化和细分化的服务，并探索大数据的商业发展模型。

7.3　在线信息服务

7.3.1　休闲娱乐类

随着移动支付的普及、用户支付意识的觉醒，以及企业和内容创建者生产越来越多的精美数字内容，用户对数字内容的支付意愿和实际的支付行为正在迅速增加。就用户支付类型而言，用户支付的内容正在变得更加多样化，如游戏、直播、视频和阅读都是用户付费的内容。其中，以视频为基础的娱乐内容（如直播、视频和音乐）的用户付费增长率最为抢眼。

用户付费对互联网公司来说很重要，蓝莲花研究机构发布的报告显示，2016 年用户数字内容付费规模达 2 123 亿元，同比增长 28%。其中游戏是第一大用户付费内容，但非游戏付费规模正在高速增长，达到 515 亿元，同比增长 66%，在用户付费内容中的占比提升至 24%。截至 2018 年，该比例已经上升至 31%。到 2022年，该比例更是超过 40%。换句话说，对于一些中小企业来说，使用费将成为其主要的收入来源。为了降低用户支付成本，广告模式仍然是互联网公司采用的重要模式。预计未来的互联网广告规模仍将大于用户付费规模。

但是，支付服务的发展也在一定程度上取代了广告收入。以视频网站为例，会员通常可以享受没有广告的内容服务，尽管会员数量的增长势必会影响广告库存，但视频网站可以通过广告投放来减少影响。一些内部人士指出，互联网公司必须扩大在线盈利业务，以满足平台用户的需求。视频网站具有一定的用户群，可以在广告、游戏多方式联运和付费会员方面进行商业化尝试。

1．网络游戏

（1）原创网络游戏成为中国游戏产业"主力军"，移动游戏成为中国游戏产业"明星"

全球网络游戏市场高速增长，未来增长潜力巨大。随着互联网和计算机技术的快速发展，全球网络游戏市场增长加快。普华永道发布的《全球娱乐及媒体行业展望 2022—2026：中国摘要》（以下简称《摘要》）显示，中国是全球最大的电子游戏市场和电子竞技市场，预期总收入从 2021 年开始将以 11.3% 的复合年增长率增长至 2026 年的 946 亿美元。电子游戏和电子竞技市场的发展迅猛，《摘要》中的数据显示，截至 2021 年年底，中国内地的视频游戏玩家总数已达到 6.66 亿。伴随消费需求不断变化，产品形态共生发展趋势明显，精品游戏"多端并举"渐成趋势，游戏自创 IP（intellectual property，知识产权）的重要性凸显。着眼于高质量的长线开发和运营，将成为游戏企业必须深思熟虑的发展课题。

此外，中国游戏出海规模逐年递增。国内牌照的减少导致中国游戏公司大量向海外扩张，以寻求新的盈利渠道。未来几年，中国内地视频游戏的出口额在基于应用程序的游戏快速增长的推动下，将继续显著增长并扩展到美国、日本和韩国以外的市场。《摘要》中的数据显示，中国自主研发游戏海外市场实际销售收入在 2018～2021 年的复合年增长率为 23.4%，并且在 2021 年达到 180.13 亿美元。

移动游戏成为国内网络游戏行业的"明星"。根据调查得知，以传统端游和页游为主要业务的企业都相继开发了移动游戏业务。越来越多的移动游戏团队不断"出生"。本来不涉及游戏业务的企业也使用新建、重组、并购等手段进入移动游戏行业。

（2）陕西企业有丰富的历史文化资源，开发大量地方特色鲜明的产品

陕西网络游戏产业立足丰富的历史文化资源，研发了一些在全国具有一定影响力的产品。例如，西安长风数字文化科技有限公司借助陕西文化特有标志秦始皇兵马俑打造了具有陕西特色的动漫品牌形象《秦亲宝贝》，陕西至尊网络科技有限公司推出了具有陕西地方特色的游戏平台《三秦游戏中心》，陕西数字互动娱乐有限公司开发了移动联网游戏《寻秦问道》，以及中国首款红色移动网络游戏《延安英雄传》。这些产品都充分挖掘了陕西历史文化资源，具有鲜明的地方特色。

2. 网络文学

（1）陕西在文学领域成绩斐然，深厚文学底蕴为网络文学发展奠定良好基础

网络文艺充满活力，发展潜力巨大。《中共中央关于繁荣发展社会主义文艺的意见》特别强调要大力发展网络文艺。这一消息让网络文学受到人们的关注，也使网络文学领域的相关学者备受鼓舞。2011~2014 年，陕西有 161 款网络文学作品的影视版权被购买。2012~2014 年，有 50 多款网络文学作品被开发为游戏产品。2020 年 8 月，陕西省网络作家协会（简称作协）在西安宣布成立。截至 2021 年，陕西省网络作协的成立已经吸纳了 300 余人加入，其中非常多的优秀年轻作家，也有整个行业第一梯队的创作者。

作为文化大省的陕西在文学领域成绩斐然，诞生和孕育了诸多优秀作品，如贾平凹的小说《秦腔》荣获"第七届茅盾文学奖""首届陕西文艺大奖""第四届华语传媒文学奖""红楼梦·世界华人长篇小说奖"；贾平凹的小说《高兴》荣获中华人民共和国成立 60 周年征文大奖和陕西省文艺大奖；贾平凹的小说《古炉》先后荣获"施耐庵文学奖""中国十大文学好书奖"等 12 项大奖；陈忠实的小说《李十三推磨》荣获"《小说选刊》首届小说双年奖"；高建群的长篇小说《大平原》荣获"全国五个一工程奖"；叶广芩的小说《青木川》荣获"中国作家鄂尔多斯文学奖"；白阿莹的剧本《米脂婆姨绥德汉》获"国家文华大奖"和"曹禺文学剧本奖"；吴克敬的小说《手铐上的蓝花花》荣获"第五届鲁迅文学奖"；商子雍的《不能还原历史真实是文明之耻》荣获"全国第二届鲁迅杂文大赛特等奖"；孙皓辉的小说《大秦帝国》入选 2008 年中国小说排行榜，获得全国"五个一工程奖"；红柯的长篇小说《乌尔禾》《生命树》分别获得第一、第二届陕西省文艺大奖。深厚的文学底蕴和氛围为网络文学在陕西的发展奠定了良好基础。近年来，网络文学异军突起，涌现了一批优秀的网络作家，并诞生了一系列网络文学作品。陕西紧跟时代脉搏，出台了一系列政策、措施对网络文学进行培育和扶持。

（2）陕西文学紧跟时代脉搏，打造"文学陕军"网络文学招牌

2016 年 10 月 11 日，由陕西省作协和陕西省委网络安全和信息化委员会办公室主办的全省首次网络文学创作研讨会暨"文学陕军"微信公众号发布会在西安召开。会上，陕西省作协主席贾平凹公布了"文学陕军"微信公众号，并号召全社会在阅读纸质书的同时，能够拿起手机关注陕西文学。中国作协创研部研究员、网络文学委员会负责人肖惊鸿做了题为《中国网络文学发展情况与中国作协相关工作》的发言。腾讯公司文化总监张英做了题为《移动互联网时代的文学》的讲座。随着时代的发展，"文学陕军"需要与时俱进，需要注入新的活力，需要更多青年作家用更多精品佳作去支撑。这个名头既是种荣誉，也激励着陕西文学界的作家们不断努力和奋进。贾平凹虽然多年来一直坚持用笔和稿纸创作，但早在几年前他就"触网"开通了微博。2022 年 5 月 20 日，陕西省作协召开了"学习贯彻中国作协第十次全国代表大会精神，做大做强做靓'文学陕军'品牌"调研交流座谈会，与会人员围绕贯彻落实习近平总书记在中国文联第十一次全国代表大会、中国作协第十次全国代表大会开幕式上的重要讲话精神，对新时代文学的认识，如何进一步做大做强做靓"文学陕军"品牌，如何建设好陕西文学馆等主题积极建言献策。

（3）文化传统深厚，文学素材丰富，数字出版崭露头角

陕西作为文化传统深厚的大省和高校云集的省份，既在历史、穿越、军事、修仙、盗墓等网络文学题材方面有天然优势，又有一大批优质的网络文学读者和作者，还有像陕西文化产业投资控股集团、西安曲江影视投资（集团）有限公司等能把优秀文学作品与影视、音乐、话剧等其他艺术形式对接、具备打造网络文学 IP 能力的公司。

在数字出版领域，陕西新华出版传媒集团作为国家多媒体印刷读物（multimedia print reader，MPR）推广应用试点单位和首批 MPR 示范单位，在全国发挥了引领示范作用。陕西书海科技网络有限公司的手机阅读位列全国出版集团同类产品的前列，其原创文学平台"书海小说网"已跻身世界文学专业一流网站。"书海天悦阅读器"系列产品进入运营轨道。"数字图书馆""农家书屋"开发完成进入运营阶段。陕西在数字阅读渠道拓展和数字版权建设方面取得长足发展。

3. 网络动漫

（1）动漫产业呈聚集态势，示范带动作用明显

根据陕西动漫产业平台 2015 年发布的数据，陕西动漫产业主要集中在西安高新区和碑林科技产业园。西安高新区有动漫企业 85 家。西安动漫公共技术研发平台成为全国七大平台之一，是西北地区唯一国家级动漫技术服务平台。碑林科技产业园有 52 家动漫企业，在 2014 年产值为 2.1 亿元，促进 3 000 余人就业，在

2015 年动漫产业产值达到 3.5 亿元。碑林科技产业园是全国首批创业孵化示范基地，主要特色是研发具有中国特色的原创动漫及动漫相关高端技术。从全国范围来看，2021 年陕西有 4 400 家动画制作企业，数量居全国第十。这些企业在动漫制作、设计服务等方面为陕西省乃至全国的动漫产业发展做出了贡献。

（2）中国西安国际原创动漫大赛被纳入"丝绸之路国际艺术节"

2023 年 10 月 15 日，由文化和旅游部、陕西省人民政府共同主办的第九届丝绸之路国际艺术节开幕式在西安举行。本届艺术节以"丝路新乐章 美好新未来"为主题，开展了开、闭幕式，文艺演出、美术展览、惠民巡演、线上展播四大板块活动和马来西亚文化日、丝路起点文旅体验、儿童戏剧周、非遗大集、国际现代艺术周 6 项专题活动。中国西安国际原创动漫大赛由碑林科技产业园陕西动漫产业平台创办于 2010 年 10 月，因举办效果较好，该比赛从第三届起升级为西安市政府主办的市级动漫赛事，从第四届开始被纳入"丝绸之路国际艺术节"，并成为该艺术节的固定组成部分。中国西安国际原创动漫大赛已成为西安独树一帜的自主文化品牌，并成为具有国际影响力的专业化规模动漫赛事。

（3）原创动漫作品频频获奖，行业影响力进一步扩大

西安长风数字文化科技公司已成为文化部评定的"国家文化产业示范基地"（全省只有 11 家入选，该企业是其中唯一的数字动漫方向企业）、"国家级动漫游戏公共技术平台"（全国仅有 13 家），在西部地区已站在行业前列，打造了具有陕西特色的动漫品牌《秦亲宝贝》、原创 3D 动漫《仙黎谷》。

7.3.2 公共服务类

1. 在线医疗

（1）我国在线医疗市场呈指数增长态势，产业链基本形成

艾瑞公司的统计报告显示，我国在线医疗领域的市场规模呈逐年上升趋势，2009 年为 1.6 亿元，2014 年则上升到了 108.8 亿元，2015 年已经超过 170 亿元。近年来，我国在线医疗市场规模始终保持高增长态势，由 2012 年的 23.1 亿元增长至 2019 年的 271.7 亿元，年复合增长率达 42.21%；2023 年，我国在线医疗市场规模继续增长。我国的在线医疗板块可以划分为服务和医药电子商务两大类。其中，在线医疗服务可以根据就医流程分为健康保健、在线挂号、在线就诊、在线支付、院外康复和医生助手等模块，这与线下就医环节相对应。医药电子商务则根据其运营模式分为 B2B、B2C、第三方平台及医药 O2O 等环节。目前来看，在线医疗领域的各细分领域日益完善，行业"拼图"完整，产业链基本形成。

（2）交易类营收规模占比极大，医改去中心化趋势明显

在市场规模方面，用户增值营收规模占比最小，营销类营收规模占比排第 2

位，占比最大的是交易类营收规模。艾瑞公司分析认为，处方药在线销售模式仍未得到解禁，如果未来此种销售方式得到全面开放，并与医保政策相关联，则在线医疗规模将会大幅度增长。从 2023 年中国网售处方药相关政策中可以看出，在市场规模中用户增值营收规模占比小的主要原因有：用户的付费意愿不高；政府对药品价格进行了一定的控制，以防止药品价格过高，保障患者的用药权益。

从目前的医疗改革趋势来看，改革具有明显的去中心化特征，主要包括医院去中心化、医生去中心化和药品去中心化。

（3）构架智慧医疗基本框架，进一步提升医疗信息化水平

陕西以构建"数字陕西·智慧城市"为蓝图，设计搭建智慧医疗的基本雏形，积极推进省、市、县不同层级的医疗平台建设，研发居民健康卡，并推行一人一卡制，建立居民电子病历、电子健康档案、全部人口三大基础数据库，初步建立综合管理、计划生育、药品供应、医疗保障、医疗服务、公共卫生六大应用业务，基本形成省、市、县、镇、村 5 级网络。该规划是由陕西省人民政府主导，卫生和计划生育、工信部门共同实施的项目。

（4）各地市与企业合作搭建医疗数据平台，有效提升就医服务体验

早在 2015 年 12 月 1 日，陕西联通咸阳分公司就已全面承接咸阳智能医疗项目，完成了智能医疗云平台、健康档案管理等基础平台的一期工程，并建成了市、县、镇 3 级专线网络。医疗数据平台建成后，咸阳市的 6 个县及该市的 6 所三级医院已经率先与市、县（区）级平台对接，向市民发行了 212 万张卡，使市民可以体验基本的医疗服务，如在线健康状况查询和通过手机进行医疗注册。

咸阳作为陕西医疗信息化改革的试点城市，指定咸阳联通为该市的"智能医疗"项目合作伙伴。咸阳将公民的电子健康信息（人口信息、电子病历、健康档案）作为咸阳智慧医疗与惠民一体化卡项目的基础，并以服务为核心，使用最先进的云计算技术，创新管理和服务方式，搭建城市级智能医疗信息共享平台，在咸阳构建具有市、县（区）平台功能的智能医疗信息云平台；建成区域医疗卫生数据治理系统，其中包括数据采集、交换、共享、管理和分析，并结合基本医疗和公共卫生数据，扩展多终端和可穿戴设备的访问和数据集成，以实现面向医务人员的智能医疗移动便携式和手持式医疗应用及集成办公室的功能。

宝鸡新型农村合作医疗信息系统正式启动，推动"互联网+智慧医疗"发展再进一步，通过天翼"健康通"应用，实现了智能手机代替合作医疗本的医疗信息化应用。新农合管理信息平台是由宝鸡市卫生和计划生育局、陕西电信宝鸡分公司、陕西飞宇信息科技有限公司共同实施建设的，在不断调试完善的基础上正式启动运行。中国电信宝鸡分公司通过天翼"健康通"应用打通与宝鸡市农合信息平台的信息化通道，使参合人员可通过天翼"健康通"手机实现合作医疗报销、查看参合信息、实时接收消费短信提醒、查看合作医疗政策等功能。2023 年，宝

鸡市卫生健康系统以健康宝鸡建设为主线，紧紧围绕"三个年"活动，紧盯"十项重点任务"，加快优质医疗资源扩容和均衡布局，探索创新医疗服务模式，不断提升基层医疗服务质量，奋力推进宝鸡卫生健康事业高质量发展。

宝鸡市新农合管理信息平台服务于全市参合居民，连接 12 县区，覆盖市、县、乡、村 4 级医疗卫生机构，不仅极大地方便了参合患者就医，提升了新型农村合作医疗惠民政策的普及性，实现了全市参合居民在市域内跨区域即时结算报销，还为新农合日常管理的实时化、精细化、科学化提供了技术支撑，实现全市新农合工作的动态监管、全程跟踪与闭环管理。"互联网+智慧医疗"即利用物联网技术，实现患者与医务人员、医疗机构、医疗设备之间的互动，逐步达到医疗信息化。

2. 在线教育

（1）中国教育产业处在扩张阶段，在线教育热度超过传统教育

2016 年 5 月 26 日发布的研究报告《风口上的教育产业：黄金时代，顺势而为》指出，无论是从市场活跃度角度看，还是从整体行业规模角度看，中国教育行业都处于扩张阶段。这一报告是由德勤中国科技、传媒和电信行业共同发布的。产业研究院发布的《2024—2028 年中国教育产业发展预测及投资分析报告》分析了中国教育产业的现状、发展趋势以及投资机会，指出中国教育市场规模将继续扩大，总体呈现稳健增长态势。另外，在线教育的影响力逐渐增强，其概念的普及已远远超过传统教育，尤其是在互联网和移动互联网大爆发的背景下。该分析报告指出，教育产业的形态正在不断被"互联网+"改变。许多中小型企业希望使用"互联网+"完成业务升级，因此对"互联网+"技术有严格的需求。我国的在线教育行业仍在继续增长，促使许多传统的实体培训机构开始向在线转移。

（2）完善校园基础设施与资源配置，陕西教育信息化迈上新台阶

2023 年 5 月 17 日，陕西省发布《陕西省教育网络安全和信息化"十四五"规划》，明确到 2025 年，实现教育环境新优化、教育治理新突破、教育资源新供给、教育模式新变革、信息素养新提升、网络安全更稳固的目标，以信息化支撑引领教育现代化和高质量发展。近几年，陕西电信围绕全省教育信息化发展规划，与全省各级教育部门开展了广泛的合作，加快了校园宽带网络的建设，在全省所有城市学校都实现了光纤接入，平均带宽为 10Mbit/s，农村学校平均带宽为 4Mbit/s；为教育行业提供最优质的资源，建设面对全省中小学的教育人人通综合服务平台，在平台上分享优质的教育资源，实现全员共享，缩小城市与乡镇的教育资源差距；积极推进信息化应用进入校园，陆续推出翼校通、校园多合一卡、移动互联网应用（如家庭学校、校园云、智慧迎新和翼支付）。同时，双方还开展了多种形式的合作，包括教师信息化培训、智慧校园标杆区县、教育援助和关怀行动等，为提

高全省教育信息化整体水平、促进全省教育发展做出了积极贡献。

（3）积极探索互联网+教育发展方向，建设教育资源共享平台促进教育公平

2023 年陕西继续推进实施教育数字化战略行动，以教育数字化支撑引领教育现代化，推动陕西教育数字转型、智能升级、融合创新，提升"互联网+教育"发展水平，助力陕西教育高质量发展。推进 5G、Wi-Fi6 等网络新技术进校园，加快推动网络基础设施迭代升级。推广 IPv6 规模化应用，实现全省教育系统门户网站二、三级链接和智慧校园示范校 IPv6 支持能力全覆盖。实施数字校园普及行动计划，出台《陕西省数字校园评估标准（试行）》，开展数字校园评估工作。推进网络多媒体教室建设，满足日常教学和专递课堂、同步课堂应用需要。

"新华美育"以"互联网+美育"网络资源模式为陕西中小学生和美育教师提供在线优质美育课程资源及服务，以微信和网络在线的形式和广大师生互动，以缓解美育师资不足、优质教学资源不均、课外教育资源缺乏等问题，通过一系列微视频为广大师生提供规范美育课程，采用"互联网+美育"方式降低送教下乡的成本，有效提高了教学效率。《陕西省人民政府办公厅关于全面加强和改进学校美育工作的实施意见》对此项目予以重点支持。

陕西广电教育在提供教育资源和服务方面发挥着重要作用。"陕西教育 e+通"是陕西广电网络传媒集团依托其广播电视网络优势打造的优质教育资源共享平台。该平台以高清互动电视为展现媒介，汇聚了陕西的名师名校名教资源，提供同步教学服务，覆盖从早教幼教到高中、职业教育以及生活百科等多个方面的精品教育、教学节目。陕西广电教育提供的资源包括数百小时的初高中课堂同步实录精华，以及来自陕西教育人人通综合服务平台、本省名师名校及社会渠道提供的优质教育资源。这些资源按照年级、学科进行系统分类，方便用户通过遥控器快速检索所需内容。

中国教育信息化网的数据显示，西安启动了大学区优质教育资源共享平台的建设后，随着第三期平台正式上线运行，该平台已经实现线上线下教育资源的共享，实现了多点视频远程授课，内容涵盖学前、中小学全学科各类资源十大类约 26 万多件，有注册教师近 3 万人。该平台还在西安 50 所重点学校设立了主讲课堂，为与重点学校结对子的农村薄弱学校学生授课，让偏远地区学校共享优质资源，从而促进教育公平与均衡。

3.　出行服务

（1）打造智慧交通体系，缓堵保畅方便出行成效显著

在政务与民生领域，腾讯与陕西省交警总队优驾行平台、陕西省高速公路收费管理中心、西安市交警支队围绕智慧交通展开了一系列合作，实现了在线交通违法查询、高速路况查询、市内实时路况查询、车牌遗失查找等便民服务功能。

　　2016 年 4 月，西安市交通局与中国智慧城市产业技术创新战略联盟签署合作协议，为西安定制智慧交通管理系统。西安先后启动了完善的交通管控平台、微信公众号——"西安交警"，初步实现了更全面的实时交通信息收集和发布，通过手机为市民提供基本的出行服务，快速处理交通事故、业务服务及警民互动服务。该微信公众号启用后，每天处理近 100 起交通事故，有近 100 000 个关注用户。这些采用新技术的交通措施在缓解交通拥堵、确保出行畅顺方面发挥了非常好的作用，但是智能交通的顶层设计及科学、精细和人性化的交通管理仍然存在一些问题。西安与中国智慧城市产业技术创新战略联盟合作，将系统规划和建设西安市的智能交通管理系统，为西安交通保驾护航，并迅速提高西安市的道路交通管理水平。未来几年，西安将通过实施一系列智能交通工程项目，继续吸收国内领先的智能交通成果，使西安的交通管理创新能力和缓解交通堵塞、保持交通畅通的能力得到提高，开创智能交通建设的新道路，以安全、畅通、文明、和谐的交通环境，实现"让绝大多数人民满意"的诺言。

　　智能交通管理系统将为交通参与者集成所有与交通相关的服务项目，进一步开发微信服务账户和移动应用程序，并力争用一个 App 来解决所有交通业务处理问题，并在同一时间提供基础出行服务，如查看公交线路的运行状态、查询和调配公共停车资源，以及监督不文明驾驶行为等。智能交通管理系统将通过技术更新和数据集成来改善"互联网+交通管理"，同时弥补在视频处理和信号灯自动控制方面的不足。《陕西省智慧交通发展指导意见（2019—2035 年）》强调，到 2025 年，智慧交通体系基本建成。交通运输感知、服务、管理决策、运营组织模式全面创新，公路、铁路、水运、航空和城市交通等领域的智慧化水平显著提高，数据广泛互联、汇聚、共享。到 2035 年，智慧交通体系全面建成，支撑交通强国。进一步加强大数据分析、部门协同共享、智能化管理、便捷化服务等方面的工作，使得交通基础设施设备更先进、交通运输组织管理更高效、政府管理与决策更科学、企业运营组织更智能、交通运输服务更优质、发展支撑保障更有力，实现交通要素全面感知、交通信息全面共享、交通生产全面智能、交通管理全面智慧、交通服务全面优质。

　　（2）实施网约车新规则，进一步明确权责

　　出行服务的另一个重要方面是共享经济背景下的网约车发展。网约车是网络预约出租汽车的简称。在构建多样化服务体系方面，出租车分为巡游出租汽车和网络预约出租汽车。与巡游出租汽车相比，网约车的竞争优势在于等待时间短、服务体验好。同时网约车也填补了出租车和公共交通未能覆盖的短途出行需求方面的空白。根据中国互联网络信息中心统计数据，2023 年网约车用户规模为 4.82 亿人，同比增长 10.31%。此外，2019～2022 年市场用户规模（增速）分别为 33.83 亿人（-1.55%）、3.65 亿人（-4.7%）、4.52 亿人（23.83%），4.37 亿人（-3.32%）。

网约车行业蓬勃发展，用户出行需求正从效率向高品质出行转变。2016 年 7 月 28 日，由交通部牵头出台的《网络预约出租汽车经营服务管理暂行办法》明确了网约车的合法性，并对私家车作为网约车的准入要求、网约车司机资质要求、网约车平台承担承运人责任等做了明确规定。陕西网约车市场主要由滴滴出行、优步中国等行业巨头占据。2021 年 2 月，西安市出租汽车管理处联合长安大学共同发布了《2020 年西安市出租汽车运行发展报告》。该报告以西安出租汽车运营监管平台数据为主要依据，以出租汽车运营企业、从业人员、运营车辆、乘客出行行为作为分析对象，对 2020 年度西安出租汽车行业概况、总体服务水平、服务效率、运营特征等内容进行了分析。《2020 年西安市出租汽车运行发展报告》显示，截至 2020 年年底，西安共有巡游出租汽车企业 48 家，拥有巡游出租汽车共计 15 263 辆；共有网约车平台 11 家，拥有网约车共计 24 783 辆。

2024 年 3 月 7 日，西安市出租汽车行业召开"2024 年工作暨安全生产大会"，深入分析目前存在的主要问题、整体形势和改革思路，明确 2024 年将在探索市场化改革路线、落实巡游车更新任务、完善法规制度建设、推进交通强国试点项目、落实企业主体责任、构建安全稳定体系、加强客运市场整治、促进数字化转型升级、扩大服务品牌影响力、强化行业党委和协会建设等十个方面系统开展工作，全力打好行业深化改革攻坚战。

4. 网上外卖

（1）网上外卖呈井喷式增长，餐饮消费向多元化、差异化、高品质转型

伴随着互联网 O2O 模式的兴起，餐饮外卖市场从 2013 年起呈现井喷式发展，涌现出美团外卖、饿了么等外卖平台。据商务监测数据，2024 年元旦假期，陕西企业餐饮收入为 4 958.56 万元，同比增长 53.75%，较 2019 年同期增长 25.41%。部分餐饮企业推出外带、预制菜等服务，满足消费者多元需求。根据美团、饿了么两大外卖平台在陕西汉中市的数据，截至 2024 年 3 月 16 日，该市网络餐饮服务经营户已达 4 538 家，已复工网络餐饮经营户 3 067 家，复工率接近 70%，日出单量达到 1.53 万单。

"互联网+"浪潮下催生的新业态令人喜忧参半，一方面网上外卖方便快捷，另一方面其存在食品卫生难监督、难监管的问题。对于与网上外卖有关的食品安全卫生问题，陕西省、市、县食品药品监督管理局、市场监督管理局和消费者协会提出了相应的解决措施，以加强监督，不时向社会发出网上外卖和消费警告。

（2）传统餐饮企业积极寻求互联网改造升级，O2O 便民服务渗透日常生活

随着互联网的普及，移动互联网用户规模增长明显，越来越多的用户开始尝试在线餐饮团购和预订，在网上下载优惠券后去线下餐馆消费的现象也越来越普遍。凯度数据显示，近年来我国 O2O 市场增长迅速，2020 年市场规模达到了 2.63 亿元。

结合美团数据的到家 O2O 餐饮和到店 O2O 餐饮占比,2020 年我国餐饮 O2O 市场规模接近 1.87 亿元,占整个 O2O 市场规模的 71.2%。在我国餐饮 O2O 行业中,O2O 外卖是最大的细分市场。中国互联网络信息中心的数据显示,截至 2020 年 12 月,我国网上外卖用户规模达 4.19 亿,较 2020 年 3 月增长 2 103 万人,占网民整体的 42.3%。

2020 年 3 月发布的《2020 凯度咨询 O2O 白皮书》中的数据显示,2020 年 O2O 到家业务占比为 56%(其中,餐饮外卖 O2O 占比为 80%),到店业务占比为 44%。结合美团点评的情况来看,我国生活服务到店行业的市场交易规模以到店餐饮为主,占比达到 60%左右。根据上述数据,2020 年我国餐饮 O2O 行业到店餐饮和外卖餐饮占比分别为 37%和 63%。

7.4 互联网+工业

制造业是实体经济的主体,是工业的主体部分,是立国之本、兴国之器、强国之基。当前,大力推动以制造业与互联网深度融合为核心内容的制造业创新发展,重塑制造业世界竞争新优势,抢占新一轮科技革命和产业变革的制高点,已经成为主要发达国家的战略共识。在经济新常态下,我国作为世界制造业第一大国面临严峻考验。核心技术缺失、要素成本上升、低端产能过剩、资源约束趋紧、外需市场低迷等内外因素错综交织,倒逼制造业加快变革、转型升级。推动制造业与互联网深度融合,将互联网创新要素、创新路径和创新理念与现有制造体系有效嫁接,形成叠加效应、聚合效应、倍增效应,加快制造业新旧发展动能、新旧生产体系转换,是推进制造业供给侧结构性改革的题中之义,是实现经济提质增效的现实选择。

7.4.1 发展概况

1. 陕西制造业整体下行压力大,"两化"融合助力制造业转型

为推动陕西制造业转型升级和优化发展,加快陕西由制造大省向制造强省转变,陕西省人民政府印发了《〈中国制造 2025〉陕西实施意见》,提出在节能与新能源汽车、航空装备、现代化工等 14 个优势突出的产业领域,重点实施重大科技创新、智能制造、军民融合等八大工程,力争到 2025 年全省制造业总产值达到 3.6 万亿元,在全省工业总产值中的占比提升到 80%以上,营业收入超百亿元的工业企业达到 50 家,超千亿元的工业企业达到 5 家。

2015 年 2 月 16 日,国家统计局陕西调查队发布了 2015 陕西制造业 PMI(purchasing

manager's index，采购经理指数）运行数据，表明陕西制造业 PMI 呈现"筑底稳增长—上升趋于平缓—回落震荡"的趋势。与全国制造业的经济走势相比，陕西的制造业 PMI 比全国制造业的 PMI 低 1.3 个百分点，整体走势不及全国平均水平。受产业结构调整及节能减排等相关政策影响，占陕西制造业经济比重较大的石油加工、炼焦、钢铁、水泥等传统制造业主动回调，从而使陕西制造业经济运行趋缓。

"两个现代化"进一步融合。"互联网+制造"是信息化和工业化集成的子集。制造企业与互联网的有机融合将加快信息化与工业化深度融合的步伐，从而为最终实现《中国制造 2025》和"工业 4.0"的战略目标奠定坚实基础。一些公司在这一领域进行了有益的探索。例如，陕西延长石油集团有限公司成立了油气互联网，并在吴起、永宁等产油厂实施了数字油田试点，通过购买和组装温度、压力和流量传感器，实现对生产现场的自动控制，以及生产数据的收集和传输，为数字分析和科学管理提供了有力的支持；陕西通力专用汽车有限责任公司通过微信平台、卡车之家网络平台，与经销商和终端用户进行互动，并利用阿里巴巴等电子商务平台向海外推广产品、拓展销路；陕西煤业化工集团神木天元化工有限公司通过建立供应链管理系统，从原材料及备品备件订单下达、采购、到货验收到办理出入库、进入生产环节实现闭环管理，有效避免了管理上的漏洞，提高了运营效率，降低了经营成本。

2. 高新技术、绿色节能等新兴制造业发展稳健，着力打造"服务型"制造业

1）高新技术制造业发展稳健。高新技术制造业是陕西经济转型升级、提高内生动力的重点产业。2023 年上半年，西安高新区新增科技型中小企业 3 438 家，同比增长超 40%；完成技术合同交易额 720 亿元，同比增长 12.7%；"科创九条"政策预计兑现资金 5 亿元，惠及企业 7 000 余家。

2）高耗能行业主动回调。从 2023 年陕西省高耗能产业价格行情来看，高耗能产业如水泥、钢材等正主动调低价格，放慢日常生产经营的步伐。同时，煤化工是陕西重要的支柱产业之一，该产业相关企业意识到传统的盈利模式已经走到尽头，并在循环经济中进行了有益的探索。调查显示，部分企业已经在发展循环经济、扩展产业链、推进技术创新等方面做出探索、实践，呈现出较强的降能耗、抗风险、保收益能力。例如，陕西黑猫焦化有限责任公司近年来逐步构建了完整的循环经济产业链，涵盖冶金、化工、电力、建材四大产业，逐步实现了废弃物向再生资源的转换，达到了综合利用资源、环保节能减排、分散经营风险的目的；中国石油化工股份有限公司的分公司——西安石油化工公司已经完全停止石油冶炼项目，进入清洁能源 LNG（liquefied natural gas，液化天然气）和 CNG（compressed natural gas，压缩天然气）生产领域。

3）着力打造服务型制造业。一些企业已经开始探索"面向服务"制造业的发展路径，逐渐从单一产品供应商转变为系统解决方案提供商和系统服务提供商。例如，陕西鼓风机（集团）有限公司在巩固传统制造业的基础上，已将业务重心逐渐转移到工业服务和能源基础设施运营上，并增加了工程包、工业余热发电、工业智能服务、金融服务和工业用气、工业园区运营、综合运营等业务，逐步走上"以制造业为起点，超越制造业"的发展道路。

4）以创新驱动制造强国、制造强省。陕西制造业企业进一步推进企业创新驱动升级。例如，比亚迪将战略型新兴产业之一的新能源汽车作为企业转型升级的助推器，在发展新能源汽车方面提出了"7+4战略"，计划在城市公交、出租车、私家车、城市建筑物流、环卫车、城市商品物流车、道路客运七大传统道路运输行业和矿山、机场、港口、仓储四大特殊领域推出新能源车型。

7.4.2　互联网+工业重点领域

1. 陕西物联网产业链完整，研发实力强，行业内具有一定话语权

陕西物联网产业链条完整，从基本核心芯片、智能传感器到 RFID、智能天线、软件和应用平台，以及物联网系统集成解决方案，都具有较强影响力。物联网是陕西"互联网+"工业领域的重点发展领域。

物联网是新一代信息技术的重要组成部分，作为智能制造的重要技术和产业支撑，其在陕西的发展得益于众多科研院所的技术研发能力。中国科学院西安光学精密机械研究所作为中国物联网科学研究院的成员单位，从"十一五"开始就参与了中国科学院重点方向性项目"无线传感网"，负责其中微型光传感器的研究。陕西"13115"工程支持成立了陕西省传感网与智能控制工程技术研究中心和陕西省应变计、传感器及称重系统技术研究中心；陕西电器研究所成立了省力学量传感器及系统集成工程中心。西安电子科技大学综合业务网理论及关键技术国家重点实验室参与了两项涉及物联网的国家重大专项研究工作，包括"无线泛在网络结构研究和总体设计"及"物联网总体架构及关键技术"研究等。

同时，陕西"互联网+"工业在物联网上游核心芯片技术方面也取得了较大突破。例如，西安优势物联网技术公司成功开发了首个具有完全自主知识产权的国产物联网核心芯片（唐芯 1 号），并已累计获得近 100 项专利，首次将有源射频识别（Active RFID）与无线传感器网络（wireless sensor network，WSN）完全无缝融合，形成了完整的物联网专利技术体系；西安航天华讯科技有限公司成功研发出我国首个具有完整知识产权的高性能 GPS（global positioning system，全球定位系统）芯片组；西安西谷微功率数据有限公司是起草国内 2.4G 有源 RFID 国家标准和 2.4G 实时定位系统国家标准的核心单位，参加了国际标准建议书和 2 项国家

标准的起草，并形成了以 Super-Zigbee 和 i3RFID 为核心的 44 项完整的专利技术系统。

2. 芯片、传感器等配套产业迅速成长，物联网推进工业转型升级

1）芯片设计生产、电子标签、外部设备等上游企业迅速成长。西安航天华迅科技有限公司是国内第一家成功设计、研发、量产和销售 GPS 导航芯片的企业。西安华新信息科技有限公司自主品牌容量动态随机存取存储器已量产。陕西烽火电子股份有限公司已成为陕西省物联网行业电子标签领域的领先企业。该公司在 RFID 相关技术及软件算法方面取得多项发明专利和软件著作权，形成了电子标签、手持 PDA（personal digital assistant，掌上计算机）、固定读写器、行业应用软件等物联网组件的生产研发能力。西安阿尔法迪信息技术有限公司是 RFID 物联网产品的研发和生产基地，产品遍布全国十几个省份。

2）传感器类型齐全，行业优势明显。陕西、江苏和广东是中国最重要的传感器产业基地。西安、宝鸡和汉中聚集了约 70 家传感器研究和生产企业，涉及 40 多种类型的传感器。这些传感器品种齐全、情报水平高，尤其是烟雾、图像传感器处于世界领先地位，基于 MEMS（micro electro mechanical system，微电子机械系统）技术的应变仪，重力传感器和小型压力传感器在全国同类产品中排名第一。

其中，汉中"中航电测"的应变片、称重传感器处于行业领先地位；西安盛赛尔有限公司的烟雾报警器及警报系统世界市场占有率第一；由西安中星测控有限公司、麦克传感器股份有限公司、陕西恒通智能机器有限公司、中国航天科技集团公司第四研究院第四十四研究所等几十家小尺寸压力传感器生产机构组成的公司群，是全国产量最大的压力传感器聚集地；以中航工业西安飞行自动控制研究所、中航工业陕西宝成航空仪表有限责任公司及西安华燕航空仪表有限公司为代表的航空陀螺生产企业，以中国航天科技集团公司第九研究院第十六研究所和中国航天科技集团公司航天时代公司 7171 厂为代表的航天陀螺生产企业组成中国最全面、最强大的惯性传感器群体；飞秒光电科技（西安）有限公司的光纤传感器和西北光学仪器厂的红外传感器、西安交通大学（交大维纳）的高温压力传感器均在业内具有较强影响力。

3）物联网在推动工业转型升级方面具有巨大作用，在钢铁冶金、石油石化、机械装备制造等工业领域的应用效果较为突出。传感控制系统在工业生产中逐渐成为标准配置。工程机械行业采用的 M2M（machine to machine，数据算法模型）、GPS 和控制技术，可实现对百万台重工业设备在线状态监控、软件升级、故障诊断和后台数据分析，使传统的机械制造效率得到提升。M2M 是率先形成完整产业链和内在驱动力的应用。西安航天自动化股份有限公司是国家物联网基础标准工作组首批成员单位，参与国家物联网与相关行业规范的制定工作，其生产的基于物联网技术的大型监控设备成功应用于国内大型火电厂，其电厂辅助系统异构网络技术在全国 100 余家电厂辅机控制网络中得到成功应用。中国石油集团测井有限公司开发了具有自主知识产权的快速成像测井系统，其 120 多套设备已应用在十多个油田测井中。西安盛威电子仪器有限公司拥有全套的具有传感功能的测油设备，且已得到广泛应用。

7.4.3 互联网+工业典型企业

1. 智能化"三位一体"，助力"中国制造"向"中国智造"转型

西安陕鼓动力股份有限公司（以下简称陕鼓动力）作为陕西装备制造业龙头企业，紧跟国家重大装备智能制造及服务业的未来发展趋势，深入研究市场环境的深刻变化，认为市场经济环境下传统产能全面过剩，未来单一功能的硬件制造业可能趋于消亡，用户需要的是系统解决方案。因此，陕鼓动力提出了产品智能化、设计制造过程智能化、服务智能化"三位一体"的智能制造服务型集成理念，为重要技术装备的大型、高效、环保、智能发展创造条件，助力"中国制造"向"中国智造"转型。

智能服务是陕鼓动力"三位一体"集成理念的重要内容。2003 年以来，陕鼓动力始终致力于网络化监测技术、智能故障诊断、大数据分析应用技术、设备健康云服务平台应用需求等方面的技术研究与相应技术的推广应用。由陕鼓动力主导研发并拥有核心知识产权的 MRO（maintenance repair operation，非生产原料性质的工业用品）智能健康状态管理与服务支持平台，可以为用户提供包括智能化设备健康管理、备件需求智能预测及生产协同服务、数字化检维修支持保障等解决方案。特别是陕鼓动力的智能在线监测系统，已服务于 100 余家企业的 300 余套机组，积累核心设备数据 10TB，几乎覆盖所有核心用户与重大装备。

陕鼓动力积极学习、借鉴欧洲在"工业 4.0"方面的经验，整合包括产品数据、客户运行数据、配套厂商数据、行业技术数据等产业链中所有产生的数据，整合资源，实现客户问题感知的智能化、解决方案形成的智能化、方案推送执行的智能化，让系统解决方案和服务方案持续优化提升，不断提高我国流程工业装备全生命周期智能制造水平。

2. 陕西法士特精细化生产流程，全面提高智能化生产水平

陕西法士特集团作为商用车传动系统行业者和变速器制造的龙头企业，依靠技术进步和自主创新来密切跟踪全球尖端技术，并不断加快高端技术、产品自动化的发展和智能生产。从构建软硬件一体化智能系统、全面使用智能设备、大力

培养新型人才、潜心夯实精益管理等环节，加大投入，强化管理，快速推进智能化发展步伐，进一步提升信息化管理水平。

陕西法士特集团全面促进精益生产。精益生产是生产线优化的基础。陕西法士特集团以"一流程"的概念进行生产布局。在实施生产布局的初始阶段，该企业有 6 条生产线，包括第五车间的 12 速装配线，第三车间的中间轴、1124、滑动套筒、副箱主轴和第二条轴生产线，通过"单流生产"对这些生产线进行改造，大大减少了处理次数，使在线物流更顺畅，不仅减少了冲突，还及时发现了问题，减少了批次质量事故。通过大规模的精益改造，陕西法士特集团生产效率大大提高，节省了人力资源，节省了占地面积，并且减少了工序之间的工作量，减少了多余人工，使人员多能工化，使人均效率提高 30% 以上，节约了大量的工位器具，有效降低了工人操作的劳动强度，也为自动化生产打下了坚实的基础。

陕西法士特集团同时推行精益物流，为智能制造提供完善的配套服务，使用精益概念来整合新工厂的布局、生产线布局、生产和物流模式布局；通过设计车间新的物流方式，使流程更加顺畅，降低了劳动强度，对毛坯进行集中管理，先进先出，消除了零星的工地，提高了生产空间利用率，使现场可视化，避免因处理距离长和物流信息差而造成人力和物力的浪费。

陕西法士特集团采用快速采购和仓储信息管理系统，它比原始的 ERP（enterprise resource planning，企业资源计划）系统操作更加直观和简单，由 7 个主要模块组成：系统维护、基本数据管理、辅助材料管理、备件管理、工具管理、VMI（vendor managed inventory，供应商库存管理）和全面的统计分析。模块组成为购买和仓储提供了便利。在使用该系统的过程中，采购和存储统计报告清晰明了，添加、减少和禁用物料非常方便，在线结算具有很高的可操作性，借助 VMI，供应商可以实时了解供应物料的库存情况和在线结算情况。通过划分仓库和分区，车间人员可以方便地在附近接收所需物料。系统物料可以直接带出供应商信息，以确保所采购的物料可以追溯。仓库信息管理系统包括电子收货、电子发行、实时物资查询，在线结算等主要功能，实现了不同法人与不同用户之间物资存储信息的共享，达到了避免重复的目的，减少了采购资金的占用。

陕西法士特集团和中国科学院沈阳自动化研究所共同承担的国家智能制造设备开发专项"重型卡车传动自动悬臂装配线项目"通过验收。自动悬臂装配线结合了工业自动控制、通信、智能机器人、定扭矩拧紧、信息控制、测试等技术，实现了多工位的自动装配。该项目流水线具有自动运行、停止、翻转、举升、精确定位和安全保护的功能。该项目机器人实现了灵活的可变螺距拧紧、自动粘胶、电线转移和精确组装。在线压配消除了轴承爆震引起的质量风险。空中后勤系统连接到清洁机，并自动将零件运输到装配站，以消除零件颠簸。配备 6 个该项目机器人，可以实现在线自动检测和产品流自动控制，可以完成多种产品的混合生产线灵活组装，实现单一配送方式，使一次性包装合格率提高 3%、流水线生产能力提高 25%、占地面积节省 27%，有效减轻了工人的劳动强度，大大提高了自动化程度和产品组装的智能水平。

7.4.4　互联网+工业试点示范项目

1. 工信部智能制造试点示范项目

智能制造是一种基于新一代信息和通信技术的新型制造模式，其最大的特点是可以有效缩短产品开发周期，提高生产效率和产品质量。它基于因特网的人群创建、众包、众筹及其他新的业务形式和新模型，对传统的管理概念、生产方法和业务模型产生了革命性和颠覆性的影响。智能制造已成为制造业未来发展的主要趋势和核心内容。这也是加快发展方式转变、促进行业向中高端发展、增强制造能力的重要方式，是在新常态下创造新的国际竞争优势的必然选择。

陕西 2016 年智能制造项目国家立项总数在全国各省、自治区、直辖市中列第 3 位，仅次于北京和上海。2016 年，陕西有 8 家企业的智能制造项目被国家立项，这 8 个智能制造项目中有 1 个为智能制造综合标准化项目，有 7 个为智能制造新模式应用项目。这 8 个智能制造项目分别是：西安高压电器研究院的开关设备数字化车间运行管理标准研究与试验验证项目；中航工业西安飞行自动控制研究所的航空飞行控制伺服动作器智能制造项目；陕西飞机工业（集团）有限公司的飞机脉动式总装智能车间项目；宝钛集团有限公司的海洋工程装备及舰船用钛及钛合金关键部件智能制造新模式应用项目；西安中兴通讯终端科技有限公司的智能手机、智能工厂的新模式应用项目；西安陕鼓动力股份有限公司的大型动力装备智能制造新模式应用项目；陕西渭河工模具有限公司的机器人谐波减速器智能制造车间建设项目；秦川机床工具集团股份公司的工业机器人减速器数字化车间项目。截至 2023 年 7 月底，陕西省共有国家智能制造试点示范项目 11 家。陕西省工信厅信息显示，陕西省 4 个项目入选工信部 2023 年度智能制造系统解决方案揭榜挂帅项目。

截至 2022 年，工信部共评选 4 批智能制造试点示范项目：第一批共 46 项，陕西占 2 项；第二批共 63 项，陕西占 4 项；第三批共 97 项，陕西占 3 项；第四批共 96 项，陕西占 2 项。

陕西 4 批入选智能制造试点示范项目分别为：第一批，陕鼓动力的动力装备智能服务云平台试点示范，西安飞机工业（集团）有限责任公司的支线飞机协同开发与云制造试点示范；第二批，中航工业西安飞行自动控制研究所的微小惯性器件智能制造试点示范、陕西法士特齿轮有限责任公司的节能重卡变速器智能制造试点示范、中煤陕西榆林能源化工有限公司的煤化工智能工厂试点示范、西安中兴通讯终端科技有限公司的智能终端智能制造试点示范；第三批，西安西电开关电器有限公司的高压开关数字化车间试点示范、西安铂力特激光成形技术有限公司的金属增材制造智能工厂试点示范、特变电工西安电气科技有限公司的光伏电力系统关键设备数字化车间试点示范；第四批，西电宝鸡电器有限公司的中低压输配电装备智能制造试点示范、宝鸡吉利发动机有限公司的汽车发动机智能制造试点示范。

2. 工信部工业品牌培育示范企业

为推动工业企业增强品牌培育能力、提升品牌竞争力，工信部持续开展工业企业品牌培育试点示范工作。截至 2021 年共评选 8 批工业品牌培育示范企业，入选企业积极实现工业现代化，优化生产模式，具有很强的品牌意识，并取得了一定的品牌知名度。在 2021 年工信部工业品牌培育示范企业中，陕西共入选 10 家企业，分别是中煤航测遥感集团有限公司、陕西汉王药业股份有限公司、陕西龙门钢铁有限责任公司、陕西盘龙药业集团股份有限公司、陕西延长石油西北橡胶有限责任公司、陕西北人印刷机械有限责任公司、陕西华银科技股份有限公司、达刚控股集团股份有限公司、陕西东科制药有限责任公司和陕西雅兰寝饰用品有限公司。

3. 工信部国家新型工业化产业示范基地

为了充分贯彻落实科学发展观，加快中国特色新型工业化进程，加快经济发展方式转变，促进信息化与工业化融合，进一步调整和优化产业结构，引导产业发展、集群和集约化发展，工信部向各地工业和信息化主管部门、通信管理局通报了 2022 年国家新型工业化产业示范基地发展质量评价结果，总共评选了 10 批国家新型工业化产业示范基地，共计 458 家示范基地，陕西共有 14 家集聚区入选。这也代表了陕西的优势工业产业，如汽车、航空产业，农产品、食品加工，有色金属、新型能源化工及软件信息服务产业。

4. 工信部"两化"融合管理体系贯标试点企业

"两化"融合管理体系是我国首个覆盖"两化"融合全局、全要素、全过程的管理体系标准。作为企业构筑信息时代核心竞争能力的体系方法，经过 7 年的大范围普及推广和深入应用，"两化"融合管理体系不断丰富完善，已经形成一系列普适易用、相互配套的标准体系，成为国家和地方省区市推进信息技术和实体经济深度融合的重要抓手，其评定结果被作为评判企业综合发展潜力的重要依据。截至 2021 年，80% 的中央企业集团推动了超过 1 100 家下属企业开展贯标，国家级贯标试点企业超过 550 家。显然，推进"两化"深度融合、运用信息技术特别是新一代信息通信技术改造传统产业、发展新兴产业、加快产业转型升级，是高质量实现工业化和现代化的必然选择。"两化"融合管理体系是推动"两化"深度融合的抓手。

"两化"融合不是简单的企业管理信息化。"两化"融合管理体系借鉴了国际上的 ISO 9000 标准体系，吸收了国际、国内相关领域的大量先进研究成果，因此，从关注局部向统筹全局转变，从强调技术向规范管理转变，以管理体系的思路和方式系统推进"两化"融合，是全面规范企业管理过程、促进产业整体提升的有效方式和创新之举。

工信部"两化"融合管理体系贯标试点企业在"两化"融合方面起到了试点示范带动作用，入选贯标试点企业是对企业"两化"融合工作的肯定。2020 年，陕西省参与"两化"融合评估诊断和对标引导的企业有 2 477 户，参与国家"两化"融合管理体系贯标的企业达到 176 户，通过贯标获证的企业 89 户，位列全国第 12 位。陕西省企业生产设备数字化率达到 42.6%，数字化研发设计工具普及率达到 64.4%，关键工序数控化率为 47.7%，实现网络化协同的企业比例为 27%，智能制造就绪率为 4.7%，工业云平台应用率为 31.8%。截至 2023 年年底，陕西省累计通过"两化"融合管理体系升级版贯标企业 1 690 户。其中，AA 级企业有 59 户，AAA 级企业有 8 户，数量居全国第 3 位。这些企业通过实施"两化"融合管理体系，加速推进了数字化建设和应用，推动了产业的高质量发展。

7.5　互联网+农业

互联网技术广泛应用于农产品生产、销售、信息管理的各环节，对传统农业生产销售模式进行了颠覆性的改造升级，降低了自然气候等外在因素对农业生产的影响，实现了农产品精益化生产，提高了农业生产效率；同时，互联网改变了农产品的销售渠道和模式，有效推进了农产品的商品化、标准化、品牌化，加快了农业产业化、现代化、市场化和国际化进程。

中国社会科学院工业经济研究所的数据显示，2021 年，我国流通农产品的销售总额为 15.73 亿元，其中网上销售额不足 1%。2021 年，我国农村人口为 4.98 亿，其中在线用户为 2.97 亿，占 59.2%。随着智能电话和宽带的进一步普及，农村电子商务的巨大市场空间引起人们的关注。中国互联网络信息中心数据显示，截至 2022 年 6 月，我国农村网民占比已经达到 58.8%，规模达到 2.98 亿，较 2021 年 12 月增长 357 万，同比增长 1.2%，农村市场俨然成为各大电商重点角逐的新蓝海。

7.5.1 发展概况

1. 政府积极完善农村电子商务网络，拉动农村消费，农村电子商务发展进入引爆期

电子商务在陕西农村地区的快速发展，有效推进了农产品的商品化、标准化、品牌化，加快了农业产业化、现代化、市场化和国际化进程，成为当地经济转型的有力抓手。通过发展农村电子商务拉动农村消费已成为政府、企业各界推崇的发展模式。目前陕西农村电子商务已经进入引爆期。武功、岐山两县被确定为全省电子商务示范县。蒲城、山阳、留坝、略阳、商州、紫阳等地后来居上，各有特色。

陕西省人民政府要求各地积极发展农村电子商务，完善农产品物流配送体系，培育农产品电子商务实体产业和优质农产品品牌，强化优质农产品、动物标准体系和植物检疫系统，安全质量追溯系统，质量保证和安全监督体系建设，引导快递企业建立集仓储、配送、分销和运输于一体的综合服务平台，发展农产品冷链物流，开辟"下乡与进城"的快速通道，并支持快递企业建立合作网点。

为了促进农村工业的发展和人员的就业，陕西省人民政府办公厅发布了《陕西省人民政府办公厅关于支持农民工等人员返乡创业的实施意见》（以下简称《实施意见》），重点是实施 7 项"行动计划（2023 年）"和坚持规划引领、加强信息对接、优化行政审批、强化服务保障等 17 项具体政策措施，主要体现在"两个通道、一个环境、三大支持、三项保障"。

打造两个招引通道：及时发布各行业支持返乡创业政策，精准摸排在外人员发展情况和返乡创业意愿，建立外出人员联络机制，打造镇、村招引通道；用好驻外机构等社会资源，立足当地资源禀赋和产业特色，针对陕籍在外创业人员广泛开展形式多样的招商引资活动，打造县级招引通道。

优化创业营商环境：根据返乡创业企业、人员培训需求，依托公共实训基地开展各类创业培训，对参加返乡创业培训的农民工、脱贫劳动力、大学生和退役士兵等人员，按规定落实培训补贴；建设县域创业孵化基地和返乡创业园区，开展示范平台创建，支持引导各类创业示范基地、创业孵化基地及园区，针对入驻创业实体提供低租金或免租金的经营场地，开展政策咨询、创业培训、融资贷款等创业服务；改造提升县城综合商贸服务中心、乡镇商贸中心、新型乡村连锁便利店，推进农产品供应链体系建设，科学布局农产品冷链物流基地，建设一批面向城市消费的生鲜食品低温加工处理中心；全面实施市场准入负面清单制度，加快推进政务服务"一网通办"。

提供三大支持：在资金支持上，发挥财政衔接补助资金作用，对符合条件的

落实奖补；在金融支持上，向符合条件的返乡创业人员或企业提供 20 万元、100 万元、300 万元不等的贴息担保贷款，对符合条件返乡创业企业的农业产业予以一定保费补贴；在税费减免上，促进重点群体创业就业税收优惠政策落实，简化办税流程，压减办税时间，有效减轻纳税人办税负担。

强化三项保障：在用地保障上，将旧宅基地腾退节余指标和村庄建设用地整治复垦腾退指标、村集体存量建设用地，优先用于返乡创业生产经营；在科技保障上，推进科技特派员科技服务乡镇全覆盖，选派千名"三区"科技人员，对口帮扶县域龙头企业、农业专业合作社和家庭农场，支持科技特派团对接帮扶 11 个国家乡村振兴重点帮扶县，将 15 个省级重点帮扶县同时纳入支持范围；在公共服务保障上，深化户籍制度改革，落实非户籍常住人口均等享有教育、医疗、住房等基本公共服务。

2. 电商巨头纷纷部署陕西农村电子商务，协同优化推动产业结构调整

广阔的农村电子商务市场吸引了阿里巴巴、京东等电子商务巨头的关注，它们纷纷入驻陕西部署的农村电子商务网络平台，促进了陕西农村电子商务的发展。阿里巴巴的农村淘宝项目在陕西多个地区建立了村级服务站，为农民提供电商培训、代买代卖、金融贷款等服务。京东通过其强大的物流体系，为陕西农村地区提供快速、便捷的配送服务。拼多多则利用社交电商的优势，推动农产品上行，帮助农民增加收入。2020 年 4 月 29 日，陕西省商务厅和阿里巴巴签署"春雷计划"战略合作协议，合作建设数字时代农业"新基建"，提升农产品产销全链条数字化水平，以数字化助农兴农。

2023 年 6 月 27 日，在西部乡村振兴博览会暨东西部协作成果展会上，京东超市主办了陕西京东电商高质量发展大会，发布了五大扶持举措并分享了京东乡村振兴成果。作为一家新型实体企业，京东根植于实体经济，也始终聚焦服务于实体经济。京东通过加快其在西北地区的运营中心（西安）建设，以及在陕西省内建立多个市级物流仓储中心、社区自提柜、社区合作自提点和配送终端网点等电商物流基础设施，为陕西农村地区的电商发展提供有力的物流支持。这些物流设施的建设不仅提高了京东在陕西的配送效率，也降低了物流成本，使得更多农村地区的消费者能够享受到便捷的电商服务。京东与陕西省政府和企业合作，共同推进电子商务进农村，通过共建县级电子商务服务中心、开展电子商务进农村人才培训、开展农资电子商务试点以及金融创新产品等方式，帮助农民解决融资难的问题，并助力经济困难群众致富。这些举措有效地促进了陕西农村电商的发展，提高了农民的收入水平和生活质量。京东还将陕西作为 O2O 项目优先试点发展区域，推动电子商务在医药、生鲜冷链、商超、美食外卖等领域的深入应用。京东与当地企业合作，共同打造线上线下融合的商业模式，为消费者提供更加便捷、丰富的购物体验。

2015 年 3 月 31 日下午，共青团陕西省委和苏宁在西安签署促进青年创业与农村电子商务发展合作协议，在农村青年就业、农村电子商务服务站建设、创业青年金融贷款等方面展开深度合作。根据协议，共青团陕西省委将积极为有意愿在苏宁就业的青年提供便捷应聘通道。双方通过建立农村电子商务服务站、发展乡村电子商务代理人、开展电子商务培训等形式，共同培养陕西省青年电子商务人才。苏宁还通过平台开放自营销售农产品绿色通道、为信用良好的创业青年提供苏宁金融"任性付"贷款或"苏宁众筹"等手段，促进农村青年创业。近年来，电子商务作为一种新经济形式，发展迅猛，前景广阔，吸引大量青年参与其中。共青团陕西省委通过与苏宁的合作，为全省青年电子商务创业再添新动力，进一步拓宽了服务青年创新创业的领域与路径。

近年来，陕西省人民政府积极支持农村电商高质量发展，与相关部门密切协作，"十三五"期间争取 83 个县纳入国家电子商务进农村综合示范试点，共获得中央财政奖励资金 16.76 亿元，为全省农村电商发展注入了强大活力，促进农产品电子交易规模快速提升。2020 年，陕西农产品网络零售额实现 163.74 亿元，同比增长 41.66%；2021 年 1~7 月，陕西农村网络零售额实现 246.03 亿元，同比增长 36.35%。农村电商的快速发展，促进了农产品销售，活跃了广大城乡市场，促进了相关产业发展，为乡村振兴做出了重要贡献。

7.5.2 农业产品销售

陕西阿里平台农产品销售增速全国领先，尤其是武功县"买西北、卖全国"模式受到肯定。这种模式利用互联网的优势，汇聚西北地区的优质网货，通过电商平台将这些产品推向全国市场，从而推动电商产品的"大进大出、快进快出"，打开了县域经济发展的新局面。这种模式的成功实施，不仅促进了农民收入和农村消费的双提升，也推动了武功县从传统的农业县向现代化的电商新城转型。同时，武功县还不断完善县域商业体系建设，扩大电商规模化效应，计划建设百亿元级电商产业集群，进一步提升该县在全国乃至全球的影响力。

据统计，陕西如今已成"淘宝农民直播第一省"，当地淘宝农民主播近一年内猛增 7 倍，增速高居全国第一。在陕西，每 4 个淘宝主播就有 1 个扎根农村，为农民带货。2020 年 4 月 20 日，陕西柞水县李旭瑛的淘宝直播间迎来"史上最强带货官"。第二天，全国 2 000 多万人涌入淘宝买木耳，一夜之间柞水县卖光 24 吨木耳，带动陕西整体农产品销量剧增。乘直播卖农货的"东风"，陕西数字农业发展深入人心。

从阿里零售平台农产品卖家的地域分布来看，广东的农产品卖家数量最多，超过 10 万，其次是浙江、江苏；在各省区市中，陕西农产品卖家增幅最快，达到

25%，其次是云南、广西。

从全国农产品销售额省域分布来看，在线农产品销售主要集中在东部沿海地区，尤其是江苏、浙江两省。内陆省份中安徽、湖南和云南在线农产品销售额较高；陕西还处在新兴阶段，线上农产品销售额总体较低。

陕西武功农产品电子商务销售额从 2015 年的近 3 亿元增长到 2022 年的55.06 亿元，排在当年全国第 5 位，西部第 1 位。陕西武功"买西北、卖全国"模式，通过"招商"培育生态，促进农产品电子商务发展，建设电子商务产业园，吸引大卖家，拉动本地农产品价格上行。

7.5.3 农业信息管理

1. 全面部署农村大数据发展，实现农业产业链、价值链、供应链的联通

2024 年 5 月，中央网信办、农业农村部、国家发展改革委、工业和信息化部联合印发《2024 年数字乡村发展工作要点》（简称《工作要点》）要求以信息化驱动引领农业农村现代化，促进农业高质高效、乡村宜居宜业、农民富裕富足，为加快建设网络强国、农业强国提供坚实支撑。《工作要点》提出的工作目标包括农业生产信息化率进一步提升，培育一批既懂农业农村、又懂数字技术的实用型人才，打造一批示范性强、带动性广的数字化应用场景，抓好办成一批线上线下联动、群众可感可及的实事。《工作要点》部署了 9 个方面 28 项重点任务。其中，筑牢数字乡村发展底座方面，包括提升农村网络基础设施供给能力，加大农村基础设施改造升级力度，加快推进涉农数据资源集成共享；激发县域数字经济新活力方面，包括加快推进农村电商高质量发展，多措并举推动农文旅融合发展，释放涉农数据要素乘数效应，运用数字技术促进农民增收。

当前，我国正处于农业现代化的关键时期，农业和农村大数据作为与居民的饮食安全、生态环境保护、卫生保健和工业生产有关的原始数据，不仅对现代农业的生产、经营、管理、服务有优化过程、提高质量和提高效率的作用，还对第一、第二和第三产业的整合有耦合的催化作用。

2. "智慧陕西农业云平台"上线运营，助力智慧农业

虽然陕西不在农业部《农业农村大数据试点方案》第一批试点省份中，但陕西在农业信息管理、农业农村大数据领域取得了许多成绩，主要包括研发搭建了智慧陕西农业云平台等。

西安云度农业科技有限公司一直积极探索"基地+城市社区"农产品直配农业电子商务服务新模式，于 2015 年 9 月下旬组建技术团队，以云计算、大数据、物联网、移动互联网新一代信息技术为支撑，以现代农业、生态农业、智慧农业、

智慧农民等需求为契机，以特色农产品、有机农品、源生态产品为重点，与农村和农民特点相结合，研发搭建了线上与线下融合、覆盖全程、综合配套、安全高效、方便快捷的农业电子商务综合服务平台——智慧陕西农业云平台。

智慧陕西农业云平台首期上线的有"智慧农展"云平台、"森鲜客"商超云平台、"大数据应用"云平台和"智慧云"平台，为农业相关用户提供集中统一的大数据存储和管理服务。它具有大规模、虚拟化、可靠、通用和高度可扩展的特点，可以承载大量的数据和增值服务。会员可以通过直接、准确、快速地创建自己的云平台来实现信息发布、网上展览、网上开店、在线学习、按需服务、视频宣传等多种功能，并可通过"移动微展""移动商超"等移动应用全方位地进行宣传推广和在线营销，充分享受互联网+应用模式所带来的巨大价值体验。

3. 建成中国最大的苹果、猕猴桃大数据中心，实现"果业强、果农富、果乡美"目标

2023 年 5 月 31 日，陕西省第十四届人民代表大会常务委员会第三次会议表决通过了《陕西省乡村振兴促进条例》，共 34 条，自 2023 年 6 月 1 日起施行。该条例明确，各级人民政府应当依托区域自然资源禀赋，支持果业等区域优势特色产业发展；开展苹果、猕猴桃等优势特色农产品全产业链大数据建设。根据条例，各级人民政府应当落实粮食安全责任制，实施藏粮于地、藏粮于技战略，严格执行耕地和永久基本农田保护制度，加强高标准农田建设，推广农作物新品种和农业新技术、新装备，提高粮食和重要农产品保障能力。各级人民政府应当落实粮食最低收购价等鼓励粮食生产的政策措施，健全农民种粮收益保障机制，稳步提升粮食生产效益，提高农民和农业经营主体种粮积极性。陕西以世界苹果第一大县洛川的国家级洛川苹果批发市场、世界猕猴桃第一大县眉县的国家级（眉县）猕猴桃批发市场建设为牵引，以陕西电子商务第一大县武功的省级"陕果线上交易市场"为依托，着力推进果业市场流通服务体系建设，加大品牌培育，积极开拓市场、搞活市场流通，努力实现果业批发市场与现代流通方式的有机结合。

截至 2021 年 11 月，陕西成为全国苹果和猕猴桃生产第一大省，实现"以果为媒"助推南北交流。2021 年，陕西杨凌农业高新技术产业示范区举办了首届中国西部国际果业博览会。会上，陕西果业中心联合西北农林科技大学发布了首份西部水果产业发展研究报告。报告显示，我国水果产业西移趋势明显。从统计数据看，西部果园面积占全国的比重由 2010 年的 42.83% 增长到 2020 年的 51.84%，提高了 9.01 个百分点；西部园林水果产量占全国的比重由 2010 年的 33.31% 增长到 2020 年的 43.79%，提高了 10.48 个百分点。西部水果很有特色，以苹果、香蕉、葡萄、猕猴桃为代表的西部水果无论是面积还是产量，都在全国具有规模优势。

7.5.4　互联网+农业优势产业

1. 陕西农业产业布局清晰，优势产业集群化发展

据《2022 年陕西省国民经济和社会发展统计公报》统计，陕西 2022 年全年种植业增加值为 32 772.68 亿元，比上年增长 4.3%；林业增加值为 52.11 亿元，比上年增长 11.1%；牧业增加值为 496.61 亿元，比上年增长 4.9%；渔业增加值为 22.07 亿元，比上年增长 6.6%。抽样调查显示，陕西 2022 年全年粮食作物播种面积为 301.747 万公顷（1 公顷=10 000 平方米），比上年增长 0.4%。其中，夏粮播种面积为 110.510 万公顷，与上年持平略增；秋粮播种面积为 191.237 万公顷，比上年增长 0.7%。陕西围绕"粮食保障型、都市休闲型、畜牧园艺高效型"农业定位，全面推行"四、五、六"产业布局，编制优势特色产业布局区划，打造陕北长城沿线、渭北旱原、关中灌区、陕南川道区四大粮食功能区，建设渭北陕北苹果、陕北肉羊、关中奶畜、陕南生猪、秦巴山区茶叶五大产业带，发展西咸都市农业、秦岭北麓猕猴桃、渭南设施瓜菜、宝鸡高效果菜、渭北大樱桃、黄河沿岸红枣六大产业板块，推进产业集群化发展。

陕西农业特色产品主要有苹果、猕猴桃、肉羊、生猪、茯茶等。截至 2022 年年底，陕西苹果种植面积 924.1 万亩、产量 1 302.71 万吨；猕猴桃种植面积 99.91 万亩、产量 138.85 万吨，均居全国首位，构建起规模最大、链条齐全、业态丰富的全产业链发展格局。全省约 200 万户农民从事水果种植，产业链上有近 1 000 万人。推进陕西果业高质量发展，对于全面推进乡村振兴、加快建设农业强国具有重要意义。

2022 年年末，陕西生猪存栏达到 903.5 万头，突破 900 万关口，同比增长 2.1%，能繁母猪存栏 85.5 万头，同比增长 0.5%。全年累计生猪出栏 1 278.1 万头，同比增长 3.9%。生猪存、出栏量均创六年新高，市场供给较为充裕。陕西牛存栏 150.6 万头，同比增长 0.9%；羊存栏 878.3 万只，同比减少 0.3%。全年累计牛出栏 60.2 万头，同比减少 0.8%；羊出栏 644.9 万头，同比增长 0.9%。牛羊产业稳步发展，总体规模保持稳定。

2. 陕西作为世界苹果重要产地，借助跨境电子商务开拓海外市场

陕西是世界苹果优生区，也是世界上最大的苹果连续种植区，其苹果产量占全国的 1/4，占世界的 1/7，并出口到世界 80 多个国家。中国新闻社陕西分社数据显示，2022 年 1～11 月，陕西省农产品出口额为 37.21 亿元，主要涉及美国、日本等国家，仅苹果汁一项就达 2.77 亿美元。

作为世界最重要的苹果产区之一，陕西苹果产业正在"触网"转型，利用跨境电子商务平台开拓东盟、欧美市场，加速"出海"的步伐。在世界水果市场普遍遇冷的形势下，2022 年陕西苹果产量为 1 302.71 万吨，销售压力较大。缺乏有效的营销和市场监管，是陕西苹果销售不畅的主因。

陕西积极利用电子商务平台弥补这一劣势。在陕西安塞，立足于全国苹果销售的中国苹果产业电子商务基地已落地生根。洛川县大力支持苹果生产及深加工企业走出国门，通过跨境电子商务平台开拓市场。截至 2024 年 3 月，洛川县共有苹果及深加工出口企业 18 家，建成出口基地 30 万亩，通过认定有机基地 10 万亩、绿色基地 20 万亩。2021～2024 年，洛川县累计出口洛川苹果 3 200 多吨，产值 3 600 多万元，主要出口到澳大利亚、泰国、加拿大、阿联酋等国家。同时，洛川苹果先后获得国内外 280 多项品质大奖，品牌价值达到 829.16 亿元。为保障苹果出口，延安海关主动收集国内外最新技术性贸易措施信息，实行行政许可线上办理。电子商务是促进陕西水果产业转型升级的重要举措。未来，它将继续促进水果产业信息化建设，扩大水果出口渠道。

2022 年 5 月 25 日，天猫宣布洛川苹果三年扶持计划和聚划算新农品计划，这意味着，洛川苹果将搭上互联网快车，进入跨越发展阶段。洛川苹果 2014 年在网上的销售额仅有 400 万元，到 2021 年已增长至 12.5 亿元，品牌价值稳居全国水果之首，达到 687 亿元。从农产品溯源到品质控制，阿里巴巴联合菜鸟网络，提高了苹果抽检合格率和客户复购率。

随着"长安号"国际货运班列与中亚、欧洲各大港口、城市的合作日益密切，西安市与"一带一路"共建国家的通道逐渐畅通。这将帮助陕西苹果公司在共建国家开拓市场。此外，陕西正在积极推进中外苹果合作产业园的建设，协同线上线下发展。

3. 陕西茶产业发展迅猛，茶叶电子商务成新兴重点产业

茶产业是陕西传统优势产业，也是农业五大主导产业之一。在陕西省委、省政府的支持下，陕西茶产业发展迅猛，成为农民增收新亮点。2022 年陕西茶园发展到 298 万亩，总产量为 10.04 万吨，较"十一五"分别增长 35.9% 和 7.8%，陕西从产茶省迈向产茶大省。陕西茶叶电子商务发展也明显提速，陕西茶叶销售额从 2015 年的 5 000 万元增长到 2020 年的 182.39 亿元，增长近 360 倍。在茶叶主产区，茶叶电子商务成为青年创业的重要方式。

2021 年 4 月 26 日上午，第二届陕西网上茶博会暨第二届镇巴茶产业发展大会开幕式在镇巴县兴隆镇怡溪春生态茶园举办，来自陕西各地的从事茶叶种植和销售的农户、企业、合作社等经营主体代表和关注茶业电子商务发展的社会各界人士共 300 余人参加了此次大会。

茶产业是陕西农业优势特色主导产业之一，截至 2020 年年底，陕西省茶园面积达 293.4 万亩，干毛茶产量 11.3 万吨，一产产值达到 183.4 亿元，茶产业已经成为陕南秦巴山区繁荣农村经济和促进农民增收的支柱型绿色生态产业。作为陕西重要茶叶产区之一的镇巴，全县茶园面积达到 14.5 万亩，茶叶年产量达到 5 240余吨，产值达到 6.9 亿元。镇巴茶叶凭借香高、味醇、耐冲泡、绿色、富硒的特征受到了消费者的青睐。陕西将继续强化茶叶品牌宣传推广，做优做强"安康富硒茶"、"汉中仙毫"等区域公用品牌，打好"公用品牌+企业品牌"的组合拳，加快茶产业电子商务网络建设，利用互联网平台发展"互联网＋茶叶"，宣传销售陕茶，提高陕茶的知名度。

7.5.5　互联网+农业试点示范

截至 2022 年年底，陕西已建立省级现代农业园区 349 个，带动各级各类园区2 350 个。园区规划面积为 449.4 万亩，建筑面积为 510 万亩，约占陕西耕地总面积的 11%。

在陕西省人民政府财政资金的带动下，园区建设融入了大量社会资本，因此多元化经营主体进入园区的势头强劲。园区技术含量不断提高，组织发展模式不断创新，在大规模生产、工业化运作和市场化运作中起着重要的辐射和领导作用。截至 2022 年年底，陕西省级园区企业有 1 560 家，开发区 69 个，其中省级开发区 46 个，国家高新技术产业开发区 7 个。

园区引入、测试、演示和推广了大量新品种、新技术、新设施和新设备，水肥一体化、物联网、先进农业机械等现代农业设备和技术得到广泛使用。相关部门在生产前、生产中和生产后对农产品进行全面监督，建立了农产品质量安全追溯体系。

截至 2022 年年底，陕西省级现代农业园区总产值达 1 002 亿元，其中主导产业产值占园区总产值的 75%以上。园区辐射驱动面积达 730 万亩，带动了 200 余万农民致富，使农民人均纯收入达到 9 000 元。

陕西的农业园区建设已在杨凌农业高新技术产业示范区的带动下，实现省级园区内与农业有关的县区全部覆盖，以国家现代农业示范区为重点，在省政府的支持下，形成现代农业的新发展模式。现代农业园区已成为展示陕西农业新品种和技术的窗口、现代农业管理的典范、农产品质量和安全的基地、培育专业农民的摇篮。

1. 全国电子商务进农村示范县

在商务部公布的 2022 年全国电子商务进农村示范县名单中，全国共有 100个县入选。陕西有 4 个县被选为全国农村电子商务示范县，每个示范县获得了2 000 万元的国家财政支持，示范期为 2 年。鉴于农村电子商务物流成本的突出

"缺陷"，财政资金直接用于物流系统、县级电子商务服务中心、农村一级电子商务服务平台、品牌和质量保证体系建设和电子商务培训等，不得用于电子商务平台的建设和流量的购买。违反有关资金使用规定的县将被取消该试点计划的资格。

2022 年陕西入选的示范县包括平利县、合阳县、陇县、洛川县。

2. 国家农业产业化示范基地

国家农业产业化示范基地依托农产品加工、物流等农业园区，着力培育龙头企业集群，创新农业产业化发展模式，整合集约化要素资源，扩大产业链，发展区域主导产业，打造区域特色产业、优秀品牌，增强辐射驱动能力，提高农业经营组织水平，带动现代农业发展，促进县域经济和城镇化发展。

按照《国家农业产业化示范基地认定管理办法》中关于"每四年对国家农业产业化示范基地进行动态监测"的规定，我国共认定 3 批 204 个国家农业产业化示范基地，其中陕西 6 家。其中，铜川市周陵现代农业科技园和宝鸡市陈仓区现代农业科技示范园被认定为第三批国家农业产业化示范基地。其他 4 个国家农业产业化示范基地是：白水县苹果科技产业园区、杨凌现代农业示范园区、勉县农业产业化技术示范园区和眉县猕猴桃产业园区农业产业化示范基地。

周陵现代农业示范园区聚集了两家国家级农业产业化重点龙头企业和 17 家省市重点龙头企业。该园区拥有良好的农产品加工和物流基础，形成了以畜禽养殖，果蔬种植、加工和销售为重点的产业链。2022 年，该园区企业销售总收入为 37 亿元，其中龙头企业销售收入为 33.1 亿元。

陈仓区现代农业科技示范园具有明显的地理优势和良好的产业基础，是陕西重要的农产品生产基地和现代农业示范基地。该园区有 34 家农业产业化龙头企业，有 325 个农民专业合作社，已形成一个集蔬菜、畜牧业、优质粮食生产、农产品加工、运输和销售为一体的现代化农业园区。

3. 全国农业农村信息化示范基地

为了鼓励和引导信息技术在农业生产、经营、管理和服务中的应用和创新，带动农业和农村信息化的发展，提高农业和农村信息化的水平，促进现代农业快速健康发展，2021 年，农业农村部启动了全国农业和农村信息化示范工作。根据建设内容和功能，国家农业和农村信息化示范基地按照建设内容和所起作用分为 4 类，即生产型示范基地、经营型示范基地、管理型示范基地、服务型示范基地。

2021 年，陕西省榆林市三农养殖服务有限公司入选生产型示范单位。生产型示范基地以种植业、畜牧业、渔业、种业等农业生产过程为对象，按照质量第一、效益优先的要求，应用现代信息技术，在动态感知、监测预警、精准作业、智能控制等方面取得显著成效，探索出了典型应用场景，形成了可持续发展的运作模式，在提高土地产出率、资源利用率、劳动生产率，生态改良、环境优化等方面取得突出成效。

4. "互联网+"现代农业百佳实践案例和新农民创业创新百佳成果

2016 年，农业部办公厅公布了 107 个全国"互联网+"现代农业百佳实践案例和 103 项新农民创业创新百佳成果。

按照优中选优的原则，陕西的渭南黄河金三角物联网产业基地有限公司、西安承信网络信息技术有限公司、宝鸡眉县齐峰富硒猕猴桃专业合作社成功入选全国"互联网+"现代农业百佳实践案例；兴平市秦绿食品有限公司、武功县舞凡秀老粗布专业合作社、三原县一合恒业果蔬专业合作社、旬阳县委组织部成功入选新农民创业创新百佳成果。

5. 陕西农产品电子商务示范

农产品电子商务是促进农业现代化的一种新型生产力，在提高农业效率和农民收入、促进新农村建设中起着越来越重要的作用。

依托当地资源优势，陕西各市（区）农业行政主管部门突出区域特色，加强农产品电子商务市场主体的培育和人才培养，不断丰富农产品电子商务发展，培育优质农产品品牌集群，加强农产品质量监督，积极探索和创建适合当地农业发展的电子商务模式，开创新型农产品流通业态。农业电子商务示范县（城市、地区）、示范镇（城镇）和示范企业（合作社、园区），为推进陕西现代农业健康快速发展起到了示范带动作用。

7.6　互联网+金融

7.6.1　发展概况

1. 陕西互联网金融区域竞争力排名全国第 10 位，市场规模较小，与发达地区差距较大

2022 年 1 月 4 日，2022 中国"一带一路"互联网金融战略发展峰会在成都召开，会上发布了《2022 年中国区域互联网金融竞争力评估结果》。为了科学反映我国区域互联网金融发展水平，同时考虑评估报告的连续性，司马钱互联网金融研究中心确定选取 31 个省级行政区域及 21 个主要城市作为此次评估对象，其中

包括北京、天津、上海、重庆、青岛、大连、深圳、厦门、宁波、南京、杭州、武汉、贵阳、成都、温州、佛山、广州、福州、沈阳、苏州、无锡 21 个互联网金融发展较好、具有典型示范意义的城市。

当前互联网金融已经告别了野蛮生长期，国家、省市等职能机构相继出台了互联网金融监管措施，规范和指引互联网金融发展。科学评价互联网金融发展能够客观反映地区互联网金融发展现状，有效提升区域竞争能力。这也是落实普惠金融、打破固有格局、提升金融能力、促进机制形成的重要手段。

评估结果显示，我国东西部地区互联网金融竞争力水平差距较往年更为突出，参与评估的 31 个省级行政区域总分的平均得分率为 32.03%，平均得分率远未达到及格水平，整体仍处于行业的起步阶段。其中，陕西得分为 36.58 分，在全国排名第 10 位，未达到及格水平，且与排名第 1 位的广东（89.80 分）差距较大。

2. 东部沿海综合经济区互联网金融发展水平遥遥领先，陕西所处黄河中游综合经济区发展水平相近

从经济区划的角度分析互联网金融的发展状况，能够展示不同经济区互联网金融的发展水平。通过对八大综合经济区进行排名统计分析发现，东部沿海综合经济区的互联网金融发展水平遥遥领先，平均得分为 50.46 分；其次是北部沿海综合经济区，平均得分为 32.70 分；而西北、西南经济区，平均得分不超过 30 分，与东部沿海综合经济区相差较大。目前，我国互联网金融发展较为迅速的城市主要分布在沿海等经济发达地区，这说明经济发展水平是互联网金融产业发展的主要影响因素。陕西所处的黄河中游综合经济区互联网金融总体发展程度不高，所包括的陕西、山西、河南、内蒙古互联网金融发展水平相近。

3. 陕西互联网金融落后于实体经济，存在爆炸式增长空间

陕西互联网金融落后于实体经济，但有爆炸式增长空间。西部地区是中国经济未来发展的重要增长极，金融创新更有利于西部地区产业转型升级。西部地区需要将更多新鲜的观念、模式、技术、资源和当地相融合。2022 年，陕西 GDP 总量排名全国第 14 位。然而，2022 年的数据显示，在互联网金融方面，陕西排在全国第 16 位。这说明陕西的互联网金融发展落后于实体经济。经过两年的发展，2023 年陕西互联网金融发展区域排名有所提高，这也肯定了陕西发展互联网金融的潜力。

互联网的发展不是阶梯式的发展，可能出现爆发式的增长。西安在全国城市竞争力中排名第 32 位，这意味着互联网金融在西安有爆发式增长的空间。陕西的金融资本市场发展相对落后，但科技资源雄厚，具备发展互联网金融的良好条件。

陕西金融机构不断提升金融支持实体经济发展的能力和水平，陕西省人民政府第十四次常务会议审议通过了《关于金融支持民营经济持续健康发展的意见》，积极引导金融机构加大对民营经济发展的支持力度。

4. 金融机构纷纷推出互联网金融产品，有效盘活民间资本

微众银行是中国首家互联网银行，其推出的微粒贷是一款针对个人和小微企业的小额贷款产品，微粒贷通过互联网平台进行贷款申请和审批，大大简化了贷款流程，提高了贷款效率。这一产品为民间资本提供了便捷的融资渠道，帮助小微企业解决了融资难的问题。2021 年，微粒贷已辐射全国 31 个省、自治区、直辖市，逾 44%的客户来自三线及以下城市，逾 80%的客户为大专及以下学历和非白领从业人员。陕西民间融资发展迅速。为了促进民间融资的健康发展，陕西省政府采取了一系列措施。首先，建立了民间投资项目常态化融资对接机制，由省工商业联合会和省地方金融监管局定期梳理民间投资项目融资需求，并组织金融机构提供融资支持。此外，还鼓励各类基金加大对民营企业优质项目的投资倾斜力度，支持满足条件的民营企业发起设立私募股权投资机构，依法合规募集资金。陕西还大力支持民营企业发行基础设施公募 REITs（real estate investment trusts，不动产投资信托基金），对于被国家发展改革委推荐至中国证监会的项目给予一次性补助。对于回收资金安排的新建、改扩建项目，优先申请中央预算内投资专项补助。这些措施旨在降低民间投资项目的融资成本，提高项目的投资回报率，从而吸引更多的民间资本参与陕西的经济建设。

陕西省政府也加强了对民间融资的监管和风险防范工作。组织开展对民间融资状况的调查，摸清行政区域内民间融资活动底数，加强对其风险状况的研判及预警。同时，采取多种形式开展安全风险提示和警示教育，增强群众对非法金融活动的识别和防范能力。

5. 互联网金融研究中心、自律联盟等行业团体成立，多方促进互联网金融健康规范发展

互联网金融研究中心致力于结合陕西地方经济特色的互联网金融发展模式的研究与创新，确保陕西互联网金融产业发展思路处于国内先进水平。

除了互联网金融研究中心，陕西还成立了互联网金融行业自律联盟来规范互联网金融的发展。陕西互联网金融行业自律联盟由方元在线、"金开贷"、车来贷等 22 家陕西互联网金融企业自发成立，在促进互联网金融创新和稳定发展的同时，引导互联网金融行业规范化发展。截至 2022 年，陕西各地互联网金融行业团体有 18 个，主要分为 3 种类型：行业协会（10 个）、行业联盟（6 个）及互联网协会下辖互联网金融工作委员会（2 个）。其中，国家级权威团体仍空缺，省（直辖市）级团体有 5 个，市级团体有 4 个，其余为松散的行业内团体。

　　2021 年 9 月，《陕西省"十四五"金融业高质量发展规划》提出"十四五"时期是陕西扎实推进高质量发展、奋力谱写新时代追赶超越新篇章的关键时期，伴随"一带一路"倡议和新时代推进西部大开发形成新格局、黄河流域生态保护和高质量发展，中国（陕西）自由贸易试验区建设，关中平原城市群建设以及以国内大循环为主体、国际国内双循环相互促进的新发展格局，实施创新驱动发展战略等国家重大战略的深入实施，陕西"十四五"期间在创新驱动、制造业高质量发展、高端能源化工、现代基础设施、新型城镇化、乡村振兴、传统产业改造升级、现代服务业等方面储备 2 000 多个重大项目，总投资超过 10 万亿元，存在着旺盛的融资需求，为陕西金融业转型跨越发展提供了重大机遇。与此同时，金融科技成为金融业高质量发展的"新引擎"。"十四五"期间，数字化引领金融发展和创新方兴未艾，将对金融业转型升级提供强大动力，金融科技将在提升金融服务质效方面持续发力，以人为核心的互联网技术正在被越来越多的应用场景所接受，新技术带来的新平台和新模式改变了金融业的外部环境和内部规则。加快金融科技战略部署，强化金融科技合理应用，推动数字技术、网络技术、智能技术与金融业高度融合，加快发展数字金融，赋能经济高质量发展成为必然趋势，也为金融业高质量发展提供了强大动能。

　　互联网金融联盟等行业团体的成立对陕西省金融发展有着积极的作用，可监督会员单位是否合法合规操作，研究互联网金融行业领域的新情况、新问题，营造有利于小微企业与互联网金融行业发展的外部环境，同时为促进互联网金融行业征信体系建设保驾护航，维护公平竞争的市场环境。

　　6. 网络借贷平台数量全国排名第 8 位，与发达省份差距较大

　　陕西互联网金融市场规模较小，供给不足。截至 2019 年年底，陕西网络借贷运营平台数量仅为 14 家，在全国排名第 8 位，与广东等排名靠前省份数量差距较大，也低于四川、重庆。从网络借贷综合收益率来看，陕西处在全国平均水平之上，在全国排名第 9 位。但综合收益率高不代表网络借贷发展水平高，这恰恰反映了陕西互联网金融市场规模小、运行机制不够成熟。

　　《2022 年中国网络借贷行业年报》数据显示，2022 年，互联网贷款行业的平均贷款期限为 7.13 个月，比 2021 年的平均贷款期限增加了 0.51 个月。行业平均借款期限主要被一些成交量过 10 亿元且平均借款期限在半年以上的平台拉高。2022 年 12 个月平均借款期限的趋势基本稳定，在 6.9～7.3 个月有波动，这表明互联网借贷行业的平均借款期限趋于稳定。2023 年，互联网借贷行业的平均借贷期一直保持稳定，贷款期限约为 7 个月。

　　在平均借款期限分布中，上海、北京、陕西位居前 3 位，借款期限长于其他省份，尤其是上海的平均借款期限超过 10 个月。

7.6.2　互联网+金融政策环境

1. 互联网金融告别"无监管"时代，迈上发展快车道

党的二十大报告注重深化金融体制改革和扩大金融制度型开放，对我国金融工作开展提出了更高水平、更现代化的要求，这是对党的十九大报告中金融工作要求的深化和补充，为新征程下金融事业高质量发展提供了根本遵循和行动指南。随着互联网金融业务的爆发式增长，金融行业的"互联网+"时代全面到来。从中央到地市各级政府监管层密集颁布政策法规规范互联网金融的发展，一方面是约束，另一方面是认可。随着中国人民银行等10部委联合发布《关于促进互联网金融健康发展的指导意见》（以下简称《指导意见》），互联网金融监管政策尘埃落定。《指导意见》也被认为是互联网金融的"基本法"，从此互联网金融告别"无监管"时代，迈上了相对规范的发展快车道。互联网金融发展在一定程度上受到政策环境的影响，因此要了解国家层面和各省区市相继出台的互联网金融政策规定，政策风向在一定程度上决定了互联网金融的发展趋势。

2020年4月，《国务院办公厅关于进一步推进信息技术金融业发展的指导意见》正式出台，明确了互联网金融行业的发展目标，并出台了七项政策措施，其中包括加快发展大数据、移动互联网、物联网和智能技术等新兴技术应用等。

2024年，中国互联网金融协会工作会议在北京召开。会议以习近平新时代中国特色社会主义思想为指导，全面学习贯彻党的二十大和二十届二中全会、中央经济工作会议、中央金融工作会议精神，切实落实人民银行工作会议部署安排，系统总结2023年协会工作，深入分析行业发展形势，谋划下一阶段工作主线和重点任务。会议指出2024年重点工作包括健全数字供应链金融自律机制；抓紧推进催收风控等国家标准以及应收账款电子凭证、促进行业协同等领域的自律规范和团体标准研制发布；持续增强供应链金融数字信息服务、互联网金融信息共享等平台服务金融机构特别是中小机构数字化转型的能力等。

截至2019年12月底，网贷行业运营平台达到了343家，相比2018年年底减少了732家，总体呈现下降趋势。

按照《国务院关于积极推进"互联网+"行动的指导意见》、人民银行等10部委发布的《关于促进互联网金融健康发展的指导意见》进行部署，把握和深化金融最为核心和关键的本质是为实体经济服务这一理念，持续推进银行、证券、保险、基金等金融行业与互联网的联动融合及创新发展，这样不仅可以提升互联网金融的服务能力、加深普及程度，还可以提高金融资源的配置效率，为各省份经济的平稳发展提供有力保障。

陕西制定"十四五"金融业高质量发展规划发展目标，"十四五"时期，全省金融业高质量发展坚持稳中求进工作总基调，围绕新发展格局，巩固金融业支柱产业地位、提升地方金融机构综合实力、加强金融服务实体经济能力、服务百姓普惠金融能力和金融风险防控处置能力，基本形成整体实力雄厚、区域布局合理、组织体系健全、市场功能完善、运行秩序稳定的"大金融"格局。在提升金融风险防控和严厉打击非法金融活动方面，《陕西省"十四五"金融业高质量发展规划》提出，落实地方政府金融风险防范处置属地责任，建立完善地方金融风险应急处置机制，严厉打击各类逃废金融债务行为，营造良好区域金融生态环境，严厉打击非法证券期货活动，打击治理电信网络新型违法犯罪和跨境赌博活动。

2. 陕西紧跟国家政策方向，鼓励互联网金融创新，重视风险防范

为深入贯彻落实中央金融工作会议、中央经济工作会议精神，推动《国务院关于推进普惠金融高质量发展的实施意见》在陕西落地执行，进一步提升各小微市场主体金融服务效率和水平，国家金融监督管理总局陕西监管局办公室印发《关于2024年陕西银行业保险业服务小微企业高质量发展的通知》，明确指出：2024年，辖内各级监管部门、各银行保险机构要主动融入和服务构建新发展格局，持续深化金融供给侧结构性改革，积极满足小微企业多样化金融需求，支持市场主体可持续发展；各银行机构要聚焦小微企业经营性资金需求，持续保持信贷支持力度，稳定信贷服务价格，优化信贷供给结构；各保险公司要丰富普惠保险产品和服务，持续提升小微企业风险保障水平，推动实现小微企业金融服务高质量发展；各银行机构要始终坚持金融工作的政治性人民性，持续提高普惠金融服务意识，单列普惠型小微企业信贷计划并合理把握全年信贷投放节奏，保持普惠型小微企业贷款投放合理增长；城市商业银行法人机构、农村中小银行全年力争实现小微企业贷款余额持续增长、普惠型小微企业贷款增速不低于各项贷款增速目标；大型商业银行、股份制银行一级分行及城市商业银行异地分行要落实好总行下达的普惠型小微企业信贷投放任务，确保小微业务有序推动；要合理满足单户授信1 000万元以上小微企业融资需求，支持企业做大做强。

为扛牢服务实体主责，推动重点支持主体可持续发展，各银行机构要加大对消费领域小微经营主体的支持力度，强化与批发零售、住宿餐饮、文化旅游、交通物流等行业主管部门、商会协会的沟通联系，加强对经营流水、交易数据等信息的分析运用，改进信用评价，优化授信流程，设计创新产品，便利金融服务直达市场主体。认真落实《促进个体工商户发展条例》，做好个体工商户分型分类精准支持，持续推动重点商圈（楼宇）党建+金融顾问服务个体工商户发展试点工作，探索提升个体工商户金融服务获得感、满足感的方式方法，助力消费复苏和经济持续回暖。

为发挥特色服务优势，打造小微全金融服务体系，各保险公司要将小微企业

保险服务融入公司整体发展战略，加大对小微企业保险业务发展的统筹规划和资源配置，按照商业可持续、保费合理原则，加强对不同领域、不同类型小微企业、个体工商户风险特征的分析研究，设计专属保险方案。积极探索开发符合科技产业上下游小微企业保险需求的综合保险方案。支持保险公司为小微企业科研人员提供职业责任保险，为企业高级管理人员及其家属提供人身意外以及健康养老等保险保障服务。

为强化工作协同联动，营造小微金融发展良好环境，各银行保险机构要增强数字化经营能力，在确保数据安全的前提下加强内外部数据综合运用，积极从金融服务供给端出发，推动完善信用信息共享。加大省发展改革委"秦信融"平台推广力度，有条件的机构要积极参与联合建模工作，持续提高平台使用效率和应用水平。各银行机构要不断创新设计"银税互动"信用类贷款产品，提升产品匹配性，持续提高"银税互动"服务普惠效能。

7.6.3　互联网+金融相关案例

1. 陕西金融平台

随着产业竞争日益激烈，陕西更为重视金融业。2022 年 12 月末，陕西金融机构人民币贷款余额为 44 679.16 亿元，同比增长 12.2%，比 2022 年 1 月初始金额增加 5 406.17 亿元；金融机构人民币各项存款余额为 55 040.30 亿元，同比增长 10.21%，比 2022 年 1 月初始金额增加 5 504.03 亿元。1980 年，陕西省地方金融迎来迅速发展阶段，以陕西省信托公司为首的一批信托公司应运而生。之后 10 年，陕西期货、保险、证券、城市商行的发展蒸蒸日上。随着时间的推移，陕西省金融进一步发展，成立了省属金融控股集团和首家国有独资 P2P 金融服务平台，创设了 11 家村镇银行、29 家私募股权投资基金、159 家融资担保公司、109 家创业投资基金、213 家小贷公司。在互联网背景下，陕西的新兴金融业态成长迅速，拉动全省经济增长，使产业结构趋于升级。

互联网金融平台为陕西发展带来可观的影响，主要表现在使中小企业融资更为便捷迅速，使无效融资得到了有效遏制。具体表现在以下几个方面。第一，拓宽了融资路径。在传统金融形势下，银行具有绝对话语权，但是互联网金融的随时性，使陕西中小企业和金融机构间的鸿沟隔阂逐渐消除，使企业融资相较之前更为容易。第二，消除了融资壁垒。银行在信贷过程中有不少风险，而互联网金融的出现很好地控制了这种风险，同时，企业的融资信息平台被加固、丰富。第三，压缩了融资成本。互联网融资的特点是信息公开透明。企业可通过即时信息流通，把握企业风险，并且消除了不必要的信息，使项目沟通不必进行多方尝试，因此削减了企业的额外支出，降低了运营成本，提升了经济效益。

2. 陕西互联网金融电子账户系统建设

近年来，互联网企业不断与理财、融资领域接壤贯通。传统商业银行也陆续布局互联网金融，推出了电子商务平台、直销银行、微信银行等互联网金融平台。支付结算业务在国民经济的方方面面都有一席之地。多种支付系统的投入使用，使商业银行迫切需要一个统一的支付清算产品来整合现存的支付渠道，为用户提供跨业务系统、跨交易产品和多渠道接入的统一支付处理和清算服务，同时提供统一的支付业务管理（如支付信息管理、业务监控等），以实现业务管理的一体化和控制的便捷化。

陕西至荣至通数据技术有限公司针对商业银行提供支付机构备付金存管、综合电子账户、综合收单、互联网核心、直销银行、统一网络支付、交易银行、网络融资、综合账户托管等互联网金融产品解决方案。互联网金融电子账户系统以强大、灵活、安全、稳定的体系框架全面支持 P2P 平台、金服企业、交易所等各种行业资金账户存管业务，为业务平台及基于业务平台的会员用户提供包括支付、融资、理财、营销在内的个性定制化账户体系，并可针对不同行业或不同平台设定专户管理，背靠商行电子账户或虚拟账户体系，在满足监管机构风险控制要求的同时，还能有效适配业务平台对银行存管账户能力的各种需求。

在总结各地同城清算、人行现代化支付系统及以银银平台为例的其他支付结算系统前提下，融合多个大型综合金融客户的需求，打造一套专用于金服体系的安全、便利、迅速、功能完备的互联网金融电子账户系统。该系统采用组件化设计模式，具备海量数据、高性能运作、并发数大、响应时间短、稳定性及可扩充性强等特点，在账户底层以银行或者支付机构账户能力为实心地基，使监管问题得到妥善解决。结合互联网金融及金服企业金融脱媒和信息中介的特性，该系统可以灵活支撑支付结算，采用全新的互联网分布式架构设计，支持商业银行 B2C、B2B、快捷、银企、代收付、备付金管控等网络支付相关业务功能，并整合互联网营销属性，一站式解决商业银行网络支付需求，达到金融互联网的普及发展。互联网金融电子账户系统在众多高性能、大并发的互联网业务场景中进行了充分的实践，带动陕西产业发展和经济飞升。

7.7　互联网+物流

如今，电子商务的普及速度加快，快递包裹数量每日剧增。成本低廉、性价比高等特点使我国现阶段物流的规模位列世界第一。2022 年 12 月 15 日《国务院办公厅关于印发"十四五"现代物流发展规划的通知》指出，"十三五"期间，社会物流总额保持稳定增长，2020 年超过 300 万亿元，年均增速达 5.6%。公路、铁路、内河、民航、管道运营里程及货运量、货物周转量、快递业务量均居世界前列，规模以上物流园区达到 2 000 个左右。社会物流成本水平稳步下降，2020 年社会物流总费用与国内生产总值的比率降至 14.7%，较 2015 年下降 1.3 个百分点。

国家物流枢纽、国家骨干冷链物流基地、示范物流园区等重大物流基础设施建设稳步推进。物流要素与服务资源整合步伐加快，市场集中度提升，中国物流企业 50 强 2020 年业务收入较 2015 年增长超过 30%。

现阶段我国物流行业规模虽然位列世界第一，但存在一些弊端。其中，弊端表现显著的是物流活动中的运输部分。我国物流运输具有企业多、车辆多的特点，但配送空载率高达 40%。我国共有 34 个省级行政区、333 个地级行政区，划分极为细致。为了尽可能多地普及快递物流点，满足人们追求便捷生活的需要，物流行业有复杂的运营环节和分散的运营主体。物流运输初期发展旨在扩大规模、建设基础物流设施和建立完整的运营体系；后期发展应更注重细化经营模式，提高信息化、标准化、智能化程度，更有效地发挥线路与节点之间的整体效能，提升物流运营创新性，降低物流运行成本，发展智慧物流。

智慧物流的理念以信息化技术为核心，以降低物流成本、提高企业利润为目的。国内领先企业通过发展智慧物流提高了物流网络的整体效能，用高质量的服务使业务量迅速增加。海尔作为我国大型家电领军企业，日销售量巨大，因此物流配送成为其中最为重要且复杂的环节。为了优化销售渠道、发展线上渠道，海尔和阿里巴巴基于海尔在供应链与物流领域的优势及阿里巴巴在电子商务生态系统的优势进行合作，建立物流系统。该系统划分出资源平台，即物流服务的产品平台，消灭用户之间空间与时间的距离，为用户提供即需即供、即需即送、在零距离下虚实融合的一站式服务，形成一个完整的智慧物流生态。相关统计显示，相较于 2021 年单量数据，2022 年海尔日日顺的单量增长高达 83%，破损率降低至 2%，一体化安装用户增长 133%。

2022 年，在我国所有电商物流快递中，菜鸟网络所占业务量比例达到 75%。菜鸟网络通过智能分单系统及信息化技术、自动化手段对包裹进行智能分拣，取代原始人工辨识、分拣包裹，大大减少了物流过程中浪费的时间，效率提升 70%～80%。有数据证明，菜鸟网络 2022 年"双十一"当天完成 12.92 亿订单的发货用了 2 天时间，而 2023 年完成同样数量的订单发货只用了 1 天半的时间。

7.7.1　发展概况

1. 陕西物流业成为经济发展重要增长点，快递业呈现"多进少出"的特点

陕西已进入经济发展的重要转型升级时期，形成以中央企业为中心支撑，地

方企业、民营企业、外资企业三方环绕的发展框架，协同参与，良性竞争局面，未来的发展趋势更偏重于产业形态改革创新和服务模式优化完善。陕西物流业发展状况调查统计显示，2023 年全省物流业从业人员超过 100 万人，在市场监督管理部门登记注册的物流企业数量为 15 000 多家，注册资金 1 亿元以上的企业有 38 户，登记注册的公路货物运输车辆有 2.5 万余辆。全省已有国家 A 级物流企业 206 个，其中 5A 级物流企业有 16 个，4A 级物流企业有 51 个，3A 级物流企业有 128 个，2A 级物流企业有 9 个，1A 级物流企业有 2 个。在全省 206 个 A 级物流企业中，运输型企业有 47 个，仓储配送型企业有 40 个，综合服务型企业有 119 个。全省物流业发展规模、质量效益显著提升。其中，西安 2023 年物流业对全省 GDP 的贡献率为 5.3%，成为全省经济发展的重要增长点。

根据陕西省邮政管理局提供的数据，陕西 2023 年快递业务快速增长，全省快递业务量为 15.23 亿件，人均快递使用量约为 39 件。陕西快递行业呈现"多进少出"的特点，增加了相关企业在非业务高峰期的负担。统计数据显示，2023 年，陕西快递企业业务量为 2.67 亿件，比上年同期增长 7.69%；业务收入为 159.06 亿元，比上年同期增长 27.13%。快递业务量和业务收入增长存在季节性波动趋势，集中促销带动当月快递业务量和业务收入增速加快。

2. 物流网络体系进一步完善，物流业与制造、商贸等产业联动发展，信息化水平全面提高

在经过高速发展阶段后，陕西物流业已基本实现平稳发展，在需求增长方面按下了"慢速键"，发展方向从运单数量增加转为运行质量提升。为建立通达的物流网络，陕西着重建设四大物流体系、6 个物流节点城市。西安为国家级物流节点城市，榆林、宝鸡、渭南、商洛、汉中、安康为省级物流节点城市。各物流节点形成以西安为中心的连通南北、直贯东西的全省物流网络体系，起到完善城市物流建设、带动周边地区物流业发展的作用。作为国家综合交通运输枢纽，西安的立体综合交通基础设施网络已基本形成，枢纽功能和物流阶段承载能力显著增强。西安区域铁路组成大型环形铁路枢纽，加速推进米字型高铁网络。咸阳国际机场作为中国民用航空局规划建设的八大枢纽机场，其旅客吞吐量居全国第 8 位。随着西咸一体化进程不断加快，西安加快推进物流网络大格局建设。西安作为古丝绸之路的起点城市和"一带一路"的重要节点城市，着力推动经济体系重建和产业转型升级，促进全省现代物流园区聚集发展，承担起引领经济发展的重要使命。

物流业发展带动制造、商贸等相关产业联动升级，形成一体化、专业化的产业供应链。西安、咸阳具有便利的支干线交通运输条件，主要发展产品批发市场，建立产品生产、存储、配送的供应链；宝鸡依托大型厂矿、制造业基地、农业主

产区等，为工农业生产提供原材料供应，提供产品储运、分销等一体化的现代化供应链服务；汉中、渭南进行商贸企业资源整合，优化产业布局，并加强与金融机构的交流融合，形成专业的一体化产业链；榆林凭借当地独特的地质条件，依托石油、煤炭资源建立集开采、运输、分销于一体的产业供应链。在这些地区中，进入制造企业的物流企业有 88 家，与商贸企业或金融机构联动发展的物流企业有 73 家。

通过以上数据分析得知，物流业已渗透深入企业的未来发展中。专业化、一体化的产业供应链在陕西的应用推广已初见成效。

当物流业基础设施建设形成较为完善的体系后，进一步的发展目标是提高互联网技术在仓储、运输、财务、客户、行政办公管理等方面的应用。截至 2023 年年底，在陕西 105 个重点物流园区里，有 95%以上建立了内部局域网，使用了物流仓储管理系统；全省有超过 90%的公路物流运输企业使用了供应链管理（supply chain management，SCM）系统，同时建立了企业内部管理系统与客户对接系统。行业营运中的网上交易、检测、配送等集成化电子商务服务平台，以及物流信息服务平台、仓储和运输管理平台、电子报关平台等，在提升物流业现代化水平方面发挥了重要作用。

截至 2023 年年底，在全省 105 个重点物流园区里，企业机械化作业率为 77.3%，有超过 80 个重点园区拥有机械化作业生产设备，如堆垛机、拣选机、自动输送线、RFID 标签、AGV（automated guided vehicle，自动引导运输车）机器人和其他自动化设备。机械化、自动化设备的自有率大幅提升，为城市实现共同配送和标准化商贸物流提供了无限可能。现阶段，只有实现机械化作业、标准流程化生产水准高的企业才能拥有共同竞争市场实力。陕西有多家具备"资质"的企业，如招商局物流西安分公司、陕西黄马甲物流配送公司、陕西商储物流市场、西安爱菊集团生产基地、华润万家、利安集团等。

陕西的发展重点集中在第三方物流企业。已经有超过 80%的制造产业和 95%的商贸企业与第三方物流企业合作，实现企业生产过程的流程再造。制造产业与商贸企业负责生产优质产品，实行业务、物流剥离；第三方企业则承担包装、存储、运输、分销等多个后续环节。双方发挥各自优势，联合共进，提高企业运作效率，增加企业效益和价值，降低物流成本。比亚迪、陕西煤业化工集团有限责任公司是联合第三方物流企业的典型企业。实行联合发展后，有明确数据显示企业增值部分增加，物流成本大幅度降低。

3. 陕西物流业务信息化程度逐步提高，存在资源闲置效能不高问题，须整合资源拓展产业链

目前，我国物流信息化建设已实现物流采购、运输、仓储、配送等物流各环

节的信息化运作,实现物流供应链从上游供应商到下游销售商的全流程信息共享。尤其是物联网在智慧物流中的应用,大力推动了物流业的革命性发展。我国智慧物流发展主要集中在以下几个方面。

(1)产品的智能可追溯系统

通过运用 ERP 大数据平台,对供应商条码管理系统、智能仓储管理系统、SMT 防错料与追溯管理系统、PCB(process control block,进程管理块)板上二维码标识进行管理,实现产品智能追溯,使每个产品都对应有不同的追溯二维码,提高了产品追溯的精确性和效率。智能可追溯系统的整体目标是以保障消费安全为宗旨,以追溯到责任主体为要求,以标识为载体,以信息化为技术手段,将尽可能多的产品种类纳入追溯管理范围,以达到"生产有记录、过程可监管、信息可查询、流向可追踪、责任可追溯"的目标。目前,智能可追溯系统已经在全国范围内广泛应用。例如,粤港合作供港蔬菜智能追溯系统向消费者展示从种植、用药、采摘、检验、运输、加工到出口申报等环节的所有过程,保障了蔬菜的来源和可信度,提高了蔬菜过港的效率。

(2)物流过程的可视化智能管理网络系统

运用现代信息和传感等技术,利用物联网进行信息交换与通信,实现对货物仓储、配送等流程的有效控制,从而降低成本、提高效益、优化服务,通过应用物联网技术和完善配送网络,构建面向生产企业、流通企业和消费者的社会化共同配送体系,将自动化、可视化、可控化、智能化、系统化、网络化、电子化的发展成果运用到物流系统。

(3)智能化的企业物流配送中心

综合运用立体仓储、自动化搬运与分拣、条码或 RFID、自动码垛与装货等自动化技术,配合强大的物流信息系统,实现物流配送中心的机械化作业与信息化管理,为第三方物流企业或生产制造企业的配送中心摆脱传统模式的发展瓶颈、向着现代物流企业转型提供有力支撑。企业智能化物流配送中心能大幅提高分拣与配送效率,减少人工作业量,降低人工成本和管理成本,提高作业准确率,减少库存积压和货物清点工作量,通过先进的信息系统提升物流服务水平和客户满意度。

(4)智慧供应链

以数据助力精准决策,应用大数据实现智能连接并助力中国制造业发展,构建共享供应链闭环生态圈。企业利用信息技术、传感技术、EDI(electronic data interchange,电子数据变换)技术、RFID 技术、无线网络传输技术、物联网技术等现代信息技术,从物流网络、智慧物流到智能仓储、金融服务,实现业务场景全覆盖,对智慧物流形成闭环供应链,实现物流企业的信息化运作,实现整体供应链的信息共享,打造智慧供应链体系。

陕西规模以上的物流企业已经不同程度地将物品信息条形码、RFID、EDI 等技术应用到物流业务的全过程。仓库管理系统（warehouse management system，WMS）、运输管理系统（transportation management system，TMS）、联合管理库存（jointly managed inventory，JMI）、协同式供应链库存管理（collaborative planning forecasting and replenishment，CPFR）等物流信息管理技术被物流园区和企业逐步应用。先进的物流管理和信息技术，促进了全省物流业的转型升级。2014 年，陕西交通物流信息公共服务平台完成初步设计评审。建成后的交通物流信息公共服务平台提升了陕西物流业整体运营水平。陕西省内物流企业联合电子商务企业建立网络化分拨中心和海外存储集散中心，有利于促进电子商务发展。2014 年，陕西省电子商务发展促进大会、首届农村电子商务大会和陕西省电子商务大会先后召开。随后根据会议内容和提出的建议细则，陕西省人民政府发布《进一步加快电子商务发展的若干意见》，其内容简要概述为弃用传统物流行业服务模式，应用新时代信息化技术，打破产业之间的边界壁垒，打造一个资源池，充分融合物流业与制造、商贸等相关产业，最终建立各级电子商务物流示范园区。

陕西物流企业总体议价能力低、盈利水平不高，因此物流企业"进多出少"现象明显。截至 2023 年，陕西物流业投递与寄发比率为 3∶1，即每投递 3 件快件才有 1 件寄发快件，这容易使物流企业添置的车辆与扩建的厂房在非业务高峰期成为闲置资源，给物流企业带来压力。

陕西物流业要大力推进转型升级，大力发展新模式新业态，大力推动物流业降本增效，进一步发挥物流信息平台在优化整合物流资源、促进信息互联互通方面的重要作用。目前，智慧物流的时代已经到来。智慧物流应以信息化、供应链技术为支撑，向下往售后延伸，向上往供应链和产业链上游延伸，通过网络数据的布局，服务整个零售链条。

7.7.2　互联网+物流政策环境

陕西省人民政府高度重视物流业的发展，进一步转变政府部门职能，提升公共服务水平，完善营商环境，推进物流业健康发展。陕西省发展改革委和陕西省商务厅就国务院发布的文件公告形成更贴合陕西发展优势，结合突出重点产业、重点领域和薄弱环节的具体政策细则，明确指导思想和发展目标，提出培育壮大市场主体、抓好五大平台建设、完善物流服务网络发展方向，从政策背景上加大对物流产业的支持力度，切实有效地解决陕西物流产业中存在的具体问题。陕西省商务厅积极落实《国务院办公厅关于促进内贸流通健康发展的若干意见》的精神，坚持绿色发展理念，推动现代化物流园区与生态环境和谐发展，强化物流产业示范基地建设，构建绿色物流长效可持续发展机制，大力推广绿色物流技术应用，优化运输结构，合理配置各类运输方式，实现绿色仓储、绿色运输，引导企业建立绿色物流体系，促进资源的可循环利用，助推本地企业做优做强，打造国家级物流企业集团。

为认真贯彻落实《国务院关于促进快递业发展的若干意见》，陕西发布了《陕西省人民政府关于促进快递业发展的实施意见》，明确了陕西物流产业未来的发展方向，打造现代服务业新亮点，壮大市场主体，通过引入国内龙头企业，落实与知名企业战略合作，实现优质资源引入，为培育本土龙头企业奠定坚实基础。陕西省人民政府希望通过直营延伸、股份制改造等途径，改良本土优势企业，实现专业化、一体化发展。

为建成"一带一路"服务便捷的物流服务中心，陕西优化政策环境和快递业空间布局。截至 2020 年，陕西物流业务实现飞跃式进步。在规模发展方面，收入突破 120 亿元，业务量突破 10 亿件，带动当地就业人数增长量突破 3 万人，有效带动省内经济提升；在效率增长方面，省内县级以上城市的快递投递揽收时效缩短至 24 小时内，与国内先进城市效率几乎持平，使陕西成为"一带一路"沿线上最便捷的国内先进省份。

1.　加快物流网络和基础设施建设，提高物流效率和整体效能

对于物流网络和基础设施的建设，陕西省人民政府出台了多项政策，并发布了《陕西省人民政府关于促进快递业发展的实施意见》。具体内容如下。①健全农村物流服务网络。整合邮政、商贸、供销等公共资源，支持"交邮合作"，实现客货运输站点、农资配送点、村邮站和快递服务点"多点合一"，提高农村物流配送网络覆盖率和使用率。在有条件的市（区）规划建设具备集中仓储、快件集散、冷链物流等功能的物流园区，引导物流企业入区聚集发展。②优化城市物流服务网络。支持物流企业或第三方企业在政府机关、高校、住宅小区、地铁站设置智能快件箱或"快递墙"。鼓励建筑面积在 5 万平方米以上的住宅小区或服务对象、超过 1 万人的机关事业单位、高等学校应配套建设适当的物流用房。发展体验经济、社区经济、逆向物流等便民利商新业态，支持物流企业开展代收货款业务。③解决"最后一公里"问题。落实物流车辆便利通行政策，实行快递车辆统一标示、指定类型，并在限行路段、区域优先安排物流通行时间、路线。各市（区）结合实际情况制定快递专用电动三轮车用于城市收投服务的管理办法，放宽对物流企业购买节能与新能源汽车的数量限制。

为了提高物流效率，陕西推行多项政策，推动物流"上车"。具体如下：推广定时、定点、定线的农村物流"货运班线"模式，鼓励市到县和县到乡的客运班车代运快件；鼓励在高速公路服务区建设电子商务物流 O2O 平台；开展高铁快件运输，在高铁枢纽配套建设快件运输通道和接驳场所；开通西安市与主要城市间的跨局直达快运列车；推动物流"上机"，支持物流企业增开快件直达航路，

鼓励快递企业包机、包舱运递快件；鼓励快递企业组建自营航空货运公司，在航线、航班时刻、货机及设备购置、地面服务等方面给予政策支持；在空港新城规划建设航空快件分拨中心，在西安咸阳机场建设国际快件监管中心并整合国际邮件监管中心功能；在西安国际港务区、航空港建设跨境电子商务快件分拨中心；在西安、安康、陕北地区开展无人机寄递包裹试点。

2. 完善营商环境，陕西省人民政府针对物流企业提出土地、财税多项优惠政策

针对物流企业，陕西省人民政府提出多项优惠政策。具体内容包括：对将总部机构设在陕西的龙头物流企业给予用地优先保障；物流用地享受物流仓储用地政策；物流企业用电、用气、用热价格按照不高于一般工业标准执行；对于总部设在陕西的龙头物流企业，可按申请实行全省汇总缴纳增值税、企业所得税；在"营改增"试点期间，对税负上升的物流企业按照有关规定对税负增加部分给予财政补贴；给予外销出省的农特产品一定额度的财政补贴。

陕西省人民政府已将快递员列入《职业培训专业（工种）和补贴标准目录》，为快递员工作环境和工作待遇提供合理保障。具体内容包括：为符合文件列式标准的快递员提供专业培训，保证通过培训测试者获得职业相关资质证明；对符合标准的快递员发放一定补助，其中优秀者还可获得部分资金鼓励。陕西现阶段物流产业发展急需高级人才。未来物流行业发展的重点也将集中在引进外来专业人才、培育本地从业人员技能方面。截至2023年，陕西有12所本科院校、14所职业学校开设了物流管理和相关专业，有相关专业在校生近3万名。报考物流专业的学生呈现增加的态势。各院校积极推进高校教学改革，提高人才培养质量，在物流和相关专业课程设置上改革创新，与物流企业合作建立教学实训基地，开展案例式、体验式、访谈式等教学活动，提高了学生运用理论知识解决实际问题的能力。陕西物流师职业资格认证培训工作正在向规模化和专业化方向发展。一些大专院校在开设物流专业的基础上，为学生提供物流师职业资格认证培训。越来越多的企业聘请各类院校和企业管理咨询公司，对企业员工进行职业和岗位技能培训，并使其常态化。

陕西积极推广"互联网+物流"模式，鼓励传统物流企业通过公共网络扩大商品销售，支持新建网络交易平台，力争实现全省年网络销售额的显著增长。2021年，陕西省发展改革委印发《陕西省"十四五"物流业高质量发展规划》（以下简称《发展规划》），全面加强陕西现代物流供应链体系建设，推动物流业高质量发展。《发展规划》部署提升国际物流服务能级、系统推进物流行业降本增效、培育壮大物流市场运营主体、健全逆向物流服务体系、健全应急物流保障服务体系5个方面的重点任务，规划实施完善冷链物流基地、园区和设施，推动传统商贸物流

提档升级等四大重点工程，进一步优化省内物流节点布局，完善"通道+枢纽+网络"运行体系，夯实物流业高质量发展的基础支撑。《发展规划》提出要全面优化物流营商环境，提高物流数字化、标准化水平和供应链组织管理能力等，基本形成内外联通、安全高效、方便快捷、智能绿色、融合联动的现代物流体系。

7.7.3　互联网+物流示范企业

1. 陕西煤业化工物资集团有限公司

陕西煤业化工物资集团有限公司是陕西煤业化工集团有限责任公司的全资子公司，是立足于陕西煤炭及煤化工产业链，面向社会，集供应链综合服务、第三方物流、物流增值服务、电子商务、保税仓储、货运代理、工程咨询业务于一身的陕西首家 5A 级综合服务型物流企业。

该公司按照"专业化采供固本提效，社会物流拓展增收，相互促进，一体化发展"的企业定位，围绕金融社会物流与供应链物流两条主线融合发展的思路，形成了"5+5+3+1"战略发展格局。

社会贸易形成五大中心，即：以华清国际（香港）公司为运营主体，融合国际贸易供应链，打通境内外贸易物流通道，建设形成"香港中心"；以上海秦淞国际贸易公司，陕西煤业化工国际物流上海分公司、上海青浦分公司为运营主体，打造"贸易+金融"模式，辐射长三角，建设形成"上海中心"；以天津秦海国际贸易公司、青岛秦鲁海联国际贸易公司、陕西煤业化工国际物流天津分公司、河北肥乡分公司为运营主体，打造"贸易+产业链"模式，辐射华北，建设形成"天津中心"；以陕西煤业化工国际物流西安浐灞分公司、陕西煤业化工物资储运有限公司为运营主体，打造"贸易+物流园区"模式，辐射西北，向西对接"丝绸之路"经济带，建设形成"西安中心"；以陕西煤业化工国际物流重庆分公司为运营主体，寻求新的战略发展机遇，辐射西南，建设形成"重庆中心"。

供应链物流形成五大中心，即：以西安采购中心、彬长分公司、神南分公司、黄陵分公司、榆林分公司为运营主体，借助区位优势及自身优势，打造专业化物流及增值服务，建设区域社会物流中心。

两条主线融合发展形成三大服务平台，即：以"香港中心"为依托，搭建境外融资与融资租赁平台，打通进出口贸易通道，扩大大宗商品贸易，建设境外低成本融资渠道，开展境内融资租赁业务，并为海外发债及海外兼并搭建平台；以采购中心为运营主体，搭建集采服务平台，运用供应链思维整合社会市场资源，不断扩大平台容纳度，形成"大集采、大平台"；以陕西煤业化工物资集团进出口公司为运营主体，搭建进出口贸易综合服务平台，打造陕西煤业化工集团在"一带一路"方面的新亮点。

2023 年，陕西煤业化工物资集团有限公司实现营业收入 1 708.72 亿元，完成了陕北地区首家公用型保税库、"煤炭行业示范工程"物资采供信息化系统等重点项目的建设，先后被评为"全国物流行业先进集体""西部物流百强企业""陕西省物流与采购行业先进单位""质量、信用、服务 3A 企业"。

2. 陕西鸿盛实业集团有限公司

陕西鸿盛实业集团有限公司由陕西省煤炭运销（集团）有限责任公司、西安泛想汽车发展有限公司等企业入股组成。该公司注册资本为 2 000 万元，主要从事普通货物公路运输、运输服务及运输信息。

陕西鸿盛实业集团有限公司作为从事煤炭运输的企业，具有现代化的管理手段和专业化的管理经验。该公司结合煤炭公路运输实际，自行研制开发了"广通公司煤炭公路运输业务综合管理系统"，在煤炭运输计划编制、运煤车辆调度、煤炭发运开票、停车装煤排序、车辆排序和运行情况查询、客户收煤信息反馈、运价变化维护、运费结算、收发煤对账等方面实现了计算机处理和网上操作，极大地提高了管理水平和工作效率，同时也为广大运输户提供了良好的运输环境。

为加强运输途中车辆及货物的安全和质量管理，陕西鸿盛实业集团有限公司建立了可以覆盖全国的煤炭公路运输车辆 GPS 卫星监控中心。该监控中心可以通过电子围栏、红外扫描、远程拍摄等手段，对在公司注册的所有运煤车辆进行实时监控，对违规车辆随时进行处理。同时，该监控中心还可以为驾驶员提供导航服务。

第8章　数据资产视角下促进我国数字
经济发展的对策与建议

通过对国内外数字经济发展状况的研究分析发现，当前各国政府已经将注意力集中到数字经济发展上，将数字经济的发展视为实现本国和世界经济复苏的重要途径。各国都在试图通过发展数字经济发展相关产业，提升经济发展的水平和质量，增强本国的国际竞争力，抢占世界经济发展新的制高点，获得未来发展的先机和优势。

世界经济与社会的数字化转型如火如荼。发达国家数字经济的飞速发展和对世界经济的整体影响已对我国经济发展和社会生活构成严峻挑战。我国政府立足于本国国情和发展阶段，实施"网络强国"战略，推进"数字中国"建设，将发展数字经济作为国家的战略选择。与此同时，我国即将步入后工业化阶段，各区域都期望抓住数字经济兴起的契机，但是数字经济的虚拟性与抽象性使诸多经济理论的解释能力受到挑战。如何驾驭、适应数字经济，如何从中获益，是摆在我们面前的一大课题，基于此提出如下对策建议。

8.1　制定国家层面的宽带网络发展战略，
提高宽带基础设施水平

8.1.1　建立国家层面的宽带基础设施发展计划

互联网进入中国以来，信息化和数字化成为中国经济社会转型发展的突出特征，而宽带是支撑信息化社会的重要信息基础设施，其对经济发展的影响既有重要的学术研究价值，又有指导制定信息化政策的现实意义。中国进入互联网普及时代后，人们生活的方方面面都被信息技术渗透，获取个人信息更快速、更便捷。对于企业而言，互联网使企业经营模式升级转型，创造更多利润，使信息披露机制更完善、市场环境更良性。

宽带网络被称为信息时代的高速公路，是提升国家数字竞争力的必要条件。宽带基础设施建设不仅能为国家短期经济增长提供基础，还能带来更多发展机遇和提高企业国际竞争力。随着宽带普及、网速提升，上网成本将大幅降低，这将进一步促进宽带应用模式的创新，加快电子商务、现代物流、网络金融等现代化服务业的发展。

我国宽带网络市场存在以下特点：起步晚、发展快、规模大、质量有待提高。在网络宽带数量快速增加的同时，应保证网络宽带质量。具体如下：第一，2023年8月，中国互联网信息中心发布的第52次《中国互联网络发展状况统计报告》显示，截至2023年6月，中国网民数达10.79亿人，较2022年12月增长1 109万人，互联网普及率达76.4%；但是中国宽带网速的增长速度远远落后于中国网民的增长速度。尽管中国目前的宽带网速相对较慢，但正迎头赶上其他国家。第二，我国宽带接入速率费用远远高于世界平均水平。2022年信息化蓝皮书《中国信息化形势分析与预测（2022）》中的数据显示，我国平均每秒接入速率费用是发达国家平均水平的3～4倍。尽管2017年工信部联合国资委实施开展"深入推进提速降费，促进实体经济发展2017年专项行动"，但截至2022年年末我国的宽带接入费用仍排名世界前列。第三，我国宽带网络使用速度较慢。2022年发布的《中国宽带速率状况报告》显示，我国移动宽带用户使用5G网络访问互联网的平均下载速率为146.34Mbit/s，是使用4G网络访问互联网平均速率的4.03倍。由于我国宽带用户数量庞大、导致光纤接入速度较慢，用户使用效率较低。

因此，通信网络由"数"向"质"的转变成为现阶段我国宽带网络发展的重中之重。我国应积极建立国家层面宽带基础设施发展计划，为网络通信营造宽松的发展环境，建立快速、普遍的网络覆盖体系，为下阶段进一步实现国家数字经济化奠定坚实的基础。

8.1.2　加快实施国家层面的宽带基础设施技术创新策略

进一步加强移动宽带、互联网建设，加快技术创新步伐。传统的通信网络传输速度和效率过缓，不足以支持信息数字化建设。因此，应进一步扩大宽带数量及输出口径，促进传统网络向新型智能化网络平台转型发展，提升移动网络覆盖率。

引导企业和融资单位对我国基础宽带建设加大投资力度，提升网络供给能力和支撑水平，促进偏远地区或经济欠发达地区通信网络基础设施的发展。

8.1.3　集中建立国家层面的数据平台，提高数字经济的安全性

通信网络的普及及全国各省区市光纤宽带覆盖率的提高，为数字经济发展提供了便利条件，也提供了改革创新的条件，这使很多部门在未清晰认识宽带通信运作机制的情况下盲目扩建系统，产生效果不尽如人意、运行效率低、运营平台成本高昂、维持时间短等问题。为正确应用通信网络技术、最大化服务于各部门

单位，未来应统一认识，整合现有的平台与数据库资源，建立云计算等公共平台。政府和事业单位购买服务即可使用该平台的数字资源。"智能工厂—智能产品—智能数据"的闭环将驱动生产系统智能化，实现生产制造与市场需求的动态匹配，进而推进供给侧结构性改革。数字经济发展的基础是数据资产，而确保数据资产的时效性、安全性需要保证网络安全。保障网络安全，需要最大限度地保护网络、信息技术基础设施、公共管理服务，控制传播信息过程中可能出现的数字风险。现在网络安全已经成为各国关注的焦点，与网络安全相关的措施也频繁出现在各国数字经济策略中。例如，美国率先开始培训网络信息安全相关人才，实施"国家信息安全教育培训计划"，在国内 20 多所院校设立信息安全保障教育和学术交流中心，开设职业培训、本科到博士的系统课程；日本九州大学于 2014 年与美国马里兰大学签订协议，引进了网络安全对策教育项目与人才培养方面的经验技术，并于 2014 年 12 月设立了推进网络安全技术研究及专家培养等工作的研究机构——网络安全中心，于 2017 年 4 月将有关网络安全科目设为所有入学者的必修科目。

8.2　制定加快区域数字化技术协同发展战略，实现区域战略产业数字化、技术一体化发展

8.2.1　数字经济加快与区域协同发展相融合，提高数字信息产业增速

根据系统协同理论，任何系统都存在协同现象。对系统内部各子程序进行重新整合及再分工、再协调，可以形成一个最优排序，即功能最大化的有序组合，该有序组合将大大超越原有系统的效率和功能，实现系统级别由低到高的有效演化。协同理论在区域数字化技术的应用与发展中也同样适用。为规划区域产业数字化技术发展布局、提高数字经济指数，我国应设计最贴合我国国情和市场发展程度的区域数字化协同技术体系。2017 年 10 月，财新智库发布了中国数字经济指数》报告，数据显示，我国数字经济呈持续上升状态，月平均增长达到 4.9%。数字经济的推进为我国经济提升带来正向影响。

数字经济是现阶段我国政府大力支持的新兴产业。我国信息产业指数显示，各省区市、区域之间的数字经济增速差异不断缩小，全国各地发展较为均衡。财新智库发布的中国数字经济指数报告显示，2024 年 3 月，全国各省数字经济产业指数前五名为广东、北京、湖南、江苏、浙江，产业指数分别为 4.21、3.79、3.72、3.67、3.16。而甘肃、海南、宁夏、青海、西藏等地区指数仅为 0.74、0.50、0.50、0.25、0.15，具备极大的发展潜力。

8.2.2　数字经济与信息产业、其他产业、区域经济形成良性互动

数字信息产业对我国整体经济增值有非常大的影响，继而辐射到其他产业，产生利好效应。在互联网时代，数字信息化对多领域产生直接或间接的影响，其中，影响程度最深的是科学研究和技术、高端装备制造产业、金融和法律服务业这3类与数字信息有直接关联的产业。相关研究显示，数字经济同年环比增幅较大的是高端装备制造产业、文化体育和娱乐业、生物医药产业。以上分析显示，与数字信息技术关联性越强的产业，其增值部分越多。归集后发现，这些产业集中在新技术、新模式主导产业和服务业等。

这一现象并非偶然。实际上，数字信息产业的应用需要有技术基础，同时也要求对新事物的接受程度高，因此一些市场化程度较高且自身属于新兴行业的领域与数字经济融合得更快、更深。这一融合本身是对"互联网+"的切实应用，是对区域经济结构的一种优化，也是对经济增长质量和效率的提升，对区域经济发展具有较强的推动作用。通过对滴滴出行乘用车数据、电子商务交易量、互联网参与度、智能手机渗透率等进行数据构建发现，广东、山东、广西、江西、甘肃、贵州和西藏等地区依靠数字经济发展提升了当地的社会运转效率。

通过分析我国各省区市数字经济指数，发现数字经济指数和信息产业劳动力平均工资收入有关系。如果二者关系呈现正相关，即数字经济指数与信息产业劳动力平均工资收入同时保持增加态势，则说明当地的数字经济产业处在稳定增长的成熟阶段，高端技术技能工作人员占比较大，数字化的加深和迅速发展提高了信息使用效率。但如果二者关系呈现负相关，即数字经济增长使信息产业劳动力平均工资收入降低，则说明当地数字经济处在扩大规模的发展阶段，信息产业劳动力信息技术掌握能力弱，因此数字经济发展会淘汰一部分低技能劳动力。实际分析显示，北京、上海、广东、天津、浙江和山东等地区属于数字经济成熟阶段的区域；云南、贵州、西藏等地区属于数字经济规模扩大阶段区域。以上分析对于我国数字经济产业未来发展有一定指导意义。我们不能盲目地扩大数字经济规模，只关注数量上的增长，而应该在保障数量的同时，真正地、稳步地推进数字经济发展，优化社会运转效率，便捷百姓生活。这离不开国家政策的大力支持，只有引进高端知识储备人才，拓宽视野，转变传统的思想理念，营造良好的市场环境，才能让信息产业与其他产业、区域经济形成良性互动。

8.2.3　数字经济推动全新技术革命，全面带动多产业升级

人类社会已经经历了3次工业革命：第一次为蒸汽技术革命，第二次为电力技术革命，第三次为信息技术革命。现阶段人类正处于以互联网产业化、工业智

能化、工业一体化为代表，以人工智能、清洁能源、无人控制技术、量子信息技术、虚拟现实技术及生物技术为主的全新技术革命阶段，可以将其称为第四次工业革命。这次全新技术革命最为重要的部分是数字经济。我国发展势头强劲的城市借助数字技术实现经济翻倍，带动经济发展缓慢地区实现产业转型升级。与此同时，欠发达地区也希望凭借此次技术革命实现"弯道超车"，获得跨越式发展，缩小地区之间的经济差距，实现区域经济平衡发展。但是，经济增长的方式不能局限于追求单一产业发展或盲目扩大产业规模，应推动深化改革，推动多领域齐头并进，只有这样才能让数字经济成为带动我国产业提升的有利条件。

　　当前，我国数字经济需要从多方面带动多产业升级，实现区域战略产业数字化一体化协同发展。首先，制订详细方案。针对重点领域、重点产业、重点数字化技术，制订每一阶段具体发展实施计划。其次，深入研究体制、机制。推进区域协同数字化技术需要国家政策扶持、市场支持，深入研究体制和机制可以更准确地解决实际出现的问题。最后，形成区域联动的数字化产业带。落实区域内数字化战略转型的规划、制定及实施，整合各要素协调发展，突破发展壁垒，激发深度潜能，进而实现区域发展新格局。

8.3　制定企业和市场数字化创新发展战略，提高企业数字化建设的深层次应用与创新

　　根据美国等数字经济发展迅猛国家的实践经验，数字化发展一般经历数字化基础设施建设及普及、深层次应用与创新、对社会经济产生影响 3 个阶段。发达国家数字化发展已经完成数字化基础设施建设与普及，正在跨入或已经处在深层次应用与创新阶段。我国由于技术创新程度不足、市场环境不够健全完善，所以数字化发展程度仍然处于数字化基础设施建设及普及阶段。

　　首先，我国数字化发展程度有待进一步提高，应尽快打牢基础，稳步进入下一阶段。我国在市场监督管理部门登记的企业中有 99%是中小企业，其中虽然有80%的中小企业具有接入互联网的能力，但真正应用于实际业务的较少。大部分企业没有实现数字化服务、生产、管理全方位发展，只建立了门户网站，没有实际意义。其次，我国市场环境成熟度与市场现阶段呈现的快速发展趋势并不匹配。互联网实验室发布的《中国互联网行业垄断状况调查及对策研究报告》指出，我国互联网行业已经由自由竞争步入寡头竞争时代。先入企业很容易占有市场大部分份额，虽然新入企业进入市场后会分走一部分市场份额，从而导致利润分散，但由于新入企业没有前期用户和数据积累，没有技术研发革新，所以先入企业很

容易建立壁垒形成市场垄断。寡头竞争市场形成后，大部分市场份额掌握在几个大企业手中，定价容易虚高，从而损害消费者的利益和阻碍互联网行业技术创新。最后，我国互联网发展存在不正当竞争行为甚至恶意竞争事件。网络环境的虚拟性和公开性使防范此类恶意竞争更加困难。这类恶意竞争极易对互联网行业发展造成不利影响，破坏我国数字化市场发展环境，减缓我国数字化升级进程。

因此，在数字基础设施、应用水平和数字市场环境方面，我国与发达国家仍存在较大的差距。随着世界数字化浪潮的到来，鼓励企业增加对数字化的投资，积极执行数字经济立法，建立数据资产注册系统，建设服务型数字政府，不断优化市场环境，规范市场竞争，是加速中国企业和市场数字化创新步伐的必然要求。

8.3.1　推进数字经济立法，切实保护数字知识产权

随着传统产业数字化转型不断加快，互联网企业的高速发展带动数字经济的兴起。为了更好地发展数字经济，要保护互联网产业的技术研发、专利和知识产权，在核心领域与关键领域形成专利体系，强调完善的知识产权保护制度对促进生物技术、数字技术、互联网及先进制造业发展的推动作用。保护创新创业者的知识产权，要从根本上杜绝网络侵权等问题，因此国家应该推进立法，从法律层面切实保护数字知识产权，加大数字信息的安全保护力度，使知识产权对权利人权利保护的及时性、便利性、有效性得到增强，进而鼓励知识创新。例如，英国政府为加强网络安全保障，减少网络侵权等问题的出现，保护创新创业者的知识产权，颁布了《数字经济法案》，从法律层面切实保护数字知识产权。

8.3.2　建立数据资产登记制度，推动数据资产交易快速发展

注册数据资产是将数据资源转换为数据资产的有效方法。只有有了数据资产，才有可能以有效、全面、系统和标准化的方式激活、开发、利用和管理信息资源。数据资产注册大致分为资产分类、资产评估、资产确认、资产清单、资产集成和资产审核6个阶段。资产分类由部门资产分类人员根据部门政府信息资源目录标记适合交易的数据，并将此类数据的元数据导入资产评估中心（资产注册平台）。资产评估是指资产评估中心使用资产评估模型评估导入的数据资源并确定其价值。资产确认是指资产评估中心确定导入资产注册平台的数据资源的权利所有者。资产清单是指定期或临时组织的用于检查和统计数据资产的属性，以确定已注册的数据资产是否符合其实际条件。资产集成是指资产评估中心使用特定技术和方法处理数据资源，以形成新的数据资产的过程。资产审核是指资产审核部门对数据资产管理过程的审查，以确定数据资产处理过程中的每个链接是否符合相关规

定。有效做好数据资产注册流程的各方面，如加强数据资产注册流程的审核工作，建立相应的资产注册和资产审核体系，加强组织、资金和人才的保障，为统一提供数据资产的管理和发布、查询、定位等服务奠定基础，最终促进数据资产交易的快速发展。

2017 年，贵州省大数据发展领导小组办公室印发了《贵州省政府数据资产管理登记暂行办法》（以下简称《办法》），这标志着贵州成为全国首个出台政府数据资产管理登记办法的省份，在政府数据资产管理登记方面实现了走前列、树标杆。印发实施《办法》，可以加强贵州对政务服务实施机构数据资产的管理，真实反映贵州政府数据资产状况，保证政府数据资产的信息完整、全面、准确。《办法》指出，政府数据资产登记是指政务服务实施机构将各自建设、管理、使用的政府数据资产进行登记，并统一汇集到贵州政府数据资产登记信息管理基础平台。

数字经济的特点是多向、动态。数据权利设计不能只反映初始数据单边的财产权配置问题，更应同时反映数据动态结构和目的。数据产业作为国家新经济的关键组成部分，产生了许多基于数据的创新商业模式，但法学界与产业界在数据产业出发点和观念上还存在一定的差异。因此，通过完善相关立法促进数据产业的良性健康发展是数字经济发展的先决条件。

8.3.3　建设服务型数字政府，弥补与商业部门之间的效率"鸿沟"

随着世界经济数字化趋势的不断加强，传统政府运营模式与新兴商业运营模式之间的效率"差距"也在扩大。传统政府无法满足商业部门需求的缺点越来越明显。数字政府的建立不仅可以提高政府工作效率，弥合与商业部门之间的效率"差距"，还可以提高网络的价值，从而进一步加快政府转型的步伐。20 世纪 90年代后期，由于网络技术的飞速发展和信息基础设施的不断完善，我国政府的信息化项目进入数字化发展的快车道。但是，数字政府的建设仍然只停留在计算机之类的硬性要素的输入上，而忽略了业务流程和服务质量之类的软性要素的建构。因此，我国政府在数字化进程中，应注重技术硬件设施和政府业务流程软件设施的整合，将传统的政府工具与数字网络服务有机地结合起来，提供全方位的服务。数字政府是数字经济的"催化剂"。开放公共数据和建立电子档案是建立数字政府的两项关键任务。政府应大力推广"互联网+政府服务"，实现部门间数据共享；积极推进政府法律顾问制度建设，进一步促进政府政务公开。政府应带头提供公共产品和公共服务，通过为全体公民建立数字身份和电子文件验证系统（包括电子计费系统），增加各方对数字经济的信任，并促进电子保健和电子商务应用平台对新产品和新形式的开发。我国 80%的数据掌握在政府手中，因此有必要促进政府信息系统和公共数据的互联和共享，消除信息孤岛，加速各种政府信息平台的整合，避免重复建设和信息互相冲突，增强政府公信力，促进政府信息系统的建立。应优先促进政府在交通、医疗、就业和社会保障领域的数据公开化，并在城市建设、社会救助、质量和安全及社区服务等方面开展大数据应用示范，以改善社会治理的水平。

参 考 文 献

安宇宏，2016. 数字经济[J]. 宏观经济管理（12）：76-77.

陈晓龙，2011. 数字经济对中国经济的影响浅析[J]. 现代商业（11）：190.

陈宇航，2013-11-13. "掘金"大数据，国外运营商如何做？[N]. 人民邮电报（6）.

陈璋，阚凤云，胡国良，2017. OECD 国家数字经济战略的经验和启示[J]. 现代管理科学（3）：12-14.

陈宗智，常欣，2016. 大数据资产走进大数据企业会计报表的研究[J]. 经济师（9）：112-113.

崔晓静，赵洲，2016. 数字经济背景下税收常设机构原则的适用问题[J]. 法学（11）：15-27.

党瑞华，2017. 电信行业大数据浅析[J]. 智富时代（2）：132-133.

邓国臣，李洁茹，熊苹，2014. 智慧城市建设若干问题及思考[J]. 测绘科学，39（10）：64-67，80.

丁声一，谢思淼，刘晓光，2016. 英国《数字经济战略（2015—2018）》述评及启示[J]. 电子政务（4）：91-97.

董勤峰，2015. 汽车运输企业中信息技术的应用[J]. 技术与市场，22（9）：111-112.

董晓晓，2016. 论高科技在养老空间中情感方面的作用[D]. 大连：大连工业大学.

董袁泉，2014. 智慧城市中信息安全的分析以及应对措施[J]. 微型机与应用，33（23）：16-18.

窦勇，2017. 大数据企业融资及估值实战技巧[J]. 软件和集成电路（1）：56-58.

杜庆昊，2018. 关于建设数字经济强国的思考[J]. 行政管理改革（5）：51-56.

樊福宝，2013. 基于大数据的电力企业数据中心数据模型的研究与分析[D]. 北京：华北电力大学.

封逸怡，2015. 数字经济对场所型常设机构认定的挑战[D]. 上海：华东政法大学.

甘华，2018. GD 联通大数据产品市场营销策略研究[D]. 广州：广东财经大学.

高晓雨，牛玮璐，王一鹤，等，2018. 关于推进新时代数字经济健康发展的几点思考[J]. 互联网天地（1）：34-40.

宫廷，2015. 数字经济涉税法律冲突及其解决方案探讨[J]. 市场论坛（2）：11-13.

贵州省人民政府，2015. 省人民政府印发《关于加快大数据产业发展应用若干政策的意见》《贵州省大数据产业发展应用规划纲要（2014—2020 年）》的通知（黔府发〔2014〕5 号）[EB/OL].（2014-03-06）[2021-11-11]. https://www.guizhou.gov.cn/zwgk/zcfg/szfwj/qff/201709/t20170925_70477119.html.

贵州省人民政府，2017. 贵州省数字经济发展规划（2017—2020）中期实施取得阶段性成效[EB/OL].（2019-01-08）[2021-11-11]. https://www.guizhou.gov.cn/home/gzyw/202109/t20210913_70362917.html.

郭心洁，张博，高立群，2015. 数字经济时代国际税收面临的挑战与对策[J]. 国际税收（3）：6-11.

国务院，2017. 中华人民共和国国民经济和社会发展第十三个五年纲要[EB/OL].（2016-03-07）[2021-11-11]. http://www.gov.cn/xinwen/2016-03/17/content_5054992.htm.

国务院办公厅，2015. 国务院办公厅关于促进内贸流通健康发展的若干意见[J]. 陕西省人民政府公报（2）：23-25.

韩智宇，李应林，2018. 通过贵州大数据三大运营商探寻大数据发展之路[J]. 通信世界（10）：22-23.

何霞，2014. 新一代信息技术推动传统制造业的产业链重构[J]. 江苏通信，30（2）：10-11.

何枭吟，2013. 数字经济发展趋势及我国的战略抉择[J]. 现代经济探讨（3）：39-43.

霍顿，2013. 信息资源管理：概念和案例[M]. 安小米，等译. 南京：南京大学出版社.

姜赫，2017. 基于层次分析法的融资租赁项目信用风险评估[J]. 中国商论（28）：24-26.

孔令夷，楼旭明，贾卫峰，2014. 我国通信电子设备制造业转型升级路径与模式[J]. 科技管理研究，34（19）：71-77，87.

孔令夷，楼旭明，苏锦旗，等，2014. 价值链视角下中国通信制造业转型升级研究[J]. 西安邮电大学学报，19（1）：94-102.

郎咸平，2016. 新经济颠覆了什么[M]. 北京：东方出版社.

李长江，2017. 关于数字经济内涵的初步探讨[J]. 电子政务（9）：84-92.

李金珠，2016. 信息技术与高等数学教学有效融合的实践研究[J]. 考试周刊（18）：49-50.

李俊江，何枭吟，2005. 美国数字经济探析[J]. 经济与管理研究（7）：13-18.

李永红，黄瑞，2019. 我国数字产业化与产业数字化模式的研究[J]. 科技管理研究，39（16）：129-134.

李永红，张淑雯，2018. 数据资产价值评估模型构建[J]. 财会月刊（9）：30-35.

李忠民，周维颖，田仲他，2014. 数字贸易：发展态势、影响及对策[J]. 国际经济评论（6）：131-145.

廖益新，2015. 应对数字经济对国际税收法律秩序的挑战[J]. 国际税收（3）：20-25.

林贵城，2013. 网络信息技术在我国建筑工程管理中的应用探究[J]. 科技创新与应用（7）：53.

刘畅，2014. 移动互联网背景下企业新型价值评估理论研究[D]. 济南：山东大学.

刘济群，2016. 数字鸿沟与社会不平等的再生产：读《渐深的鸿沟：信息社会中的不平等》[J]. 图书馆论坛（1）：127-132.

刘婧瑜，2016. 一墨艺术工作室营销策略研究[D]. 北京：北京理工大学.

鲁春丛，2017. 发展数字经济的思考[J]. 现代电信科技，47（4）：1-6.

鲁春丛，孙克，2017. 繁荣数字经济的思考[J]. 中国信息界（2）：32-35.

吕本富，李家琳，曾鹏志，2017. 分享经济规模的测度指标研究[J]. 管理现代化，37（5）：92-94.

吕普生，2020. 数字乡村与信息赋能[J]. 中国高校社会科学（2）：69-79.

马费成，赖茂生，2006. 信息资源管理[M]. 北京：高等教育出版社.

马梅若，2017-10-14. 数字经济或将助力区域经济再平衡[N]. 金融时报（4）.

马晓曦，2015. 互联网金融告别"野蛮生长"：人民银行等十部委发布《关于促进互联网金融健康发展的指导意见》[J]. 中国金融家（8）：84-86.

逄健，朱欣民，2013. 国外数字经济发展趋势与数字经济国家发展战略[J]. 科技进步与对策，30（8）：124-128.

逄健，朱欣民，2014. 面向战略转型的公司创业商机管理探析：基于数字经济的视角[J]. 四川大学学报（哲学社会科学版）（2）：85-90.

裴雷，孙建军，肖璐，2015. 大数据时代科技情报服务的挑战与思考[J]. 图书与情报（6）：26-32.

秦可欣，2018. 大数据时代下企业实现财务共享的影响因素研究[J]. 金融经济（20）：164-166.

任志峰，沙志友，林雪淋，等，2015. 智慧城市中地理平台的价值研究[J]. 测绘通报（12）：108-113.

阮晓东，2013. 大数据：智慧城市引擎[J]. 新经济导刊（7）：44-47.

陕西省人民政府，2016. 陕西省人民政府办公厅关于促进互联网金融产业健康发展的意见[J]. 陕西省人民政府公报（4）：42-45.

陕西省人民政府，2016. 陕西省人民政府关于促进快递业发展的实施意见[J]. 陕西省人民政府公报（5）：22-24.

沈娅莉，Beixin Lin，廖伟民，2015. 数字经济下跨国企业在中国逃避税现状、途径及防治策略研究[J]. 云南财经大学学报，31（6）：135-142.

苏毅，张鸿，2011. 基于层次分析法的商业银行信贷业务风险研究[J]. 新西部（下半月·理论）（13）：46-47.

孙川，2013. 中国省际信息通信技术资本存量估算[J]. 统计研究，30（3）：35-42.

孙德林，王晓玲，2004. 数字经济的本质与后发优势[J]. 当代财经（12）：22-23.

孙德林，王晓玲，彭洁，2005. 缩小数字鸿沟的规制分析与经济学思考[J]. 企业经济（9）：18-19.

孙克，2016. 信息经济：全新"技术-经济范式"浮现[J]. 世界电信（3）：19-28.

孙克，2017. 促进数字经济加快成长促进数字经济加快成长：变革、问题与建议[J]. 世界电信（3）：31-36.

孙亚晶，2012. 特殊博物馆概念浅析[G]//吉林省博物院. 耕耘录：吉林省博物院学术文集 2010—2011. 长春：吉林省博物院.

孙毅，2012. 资源型区域绿色转型的理论与实践研究[D]. 长春：东北师范大学.

索传军，王涛，付光宇，2008. 国内外信息生命周期管理研究综述[J]. 图书馆杂志（7）：14-20.

唐莎，2020. 面向智慧城市的测绘地理信息服务模式[J]. 智能城市，6（16）：38-39.

王传东，2018. 中国联通大数据业务竞争战略研究[D]. 兰州：兰州大学.

王春晖，2017. 实体经济与数字经济融合 构建现代化经济体系的基石[J]. 通信世界（33）：9.

王春晖，2017-11-14. 促进数字经济与实体经济深度融合[N]. 人民邮电报（2）.

王春晖，2018. 繁荣数字经济的基本方略[J]. 中国信息安全（3）：31-34.

王春晓，2012. 以需求为导向的用户信息行为研究[D]. 长春：东北师范大学.

王灏晨，2017. 国外数字经济发展的特点[J]. 瞭望（6）：80-81.

王继祥，2010. 物联网发展推动中国智慧物流变革[J]. 物流技术与应用，15（2）：30-35.

王继祥，2018-05-23. 物联网技术在物流业应用现状与发展前景调研报告[N]. 现代物流报（6）.

王建伯，2016. 数据资产价值评价方法研究[J]. 时代金融（12）：292-293.

王莉丽，2014. 建设中国特色新型智库需"两手抓"[J]. 红旗文稿（15）：30-32.

王钦，张雀，2015. "中国制造 2025"实施的切入点与架构[J]. 中州学刊（10）：32-37.

王庆光，2017. 智慧城市及其关键技术研究[J]. 科技资讯，15（20）：25-27，31.

王岩，2006. 我国企业网络营销模式及绩效评价研究[D]. 哈尔滨：哈尔滨工程大学.

魏丽华，2009. 金融危机视域下珠三角产业升级研究[J]. 商业研究（7）：78-81.

魏丽华，2009. 以危机为契机，积极推动珠三角制造业产业升级的分析[J]. 广州城市职业学院学报，3（2）：90-95.

邬贺铨，2016. 坚持走中国特色信息化发展道路：发展数字经济 建设网络强国[J]. 求是（16）：31-32.

吴海川，2008. 大力推动青岛信息产业应用和发展[J]. 微型机与应用，27（7）：34-35.

吴信训，王敏，2018. 数据新闻在智慧城市建设中的应用现状、局限及优化研究[J]. 新闻与写作（8）：38-42.

西安市人民政府办公厅，2016. 西安市人民政府办公厅关于推进"互联网+内贸流通"行动计划的实施意见[J]. 西安市人民政府公报（10）：26-30.

习近平，2017-10-19. 决胜全面建成小康社会 夺取新时代中国特色社会主义伟大胜利[N]. 人民日报（2）.

谢传中，徐俊，易珊，2017. 电信运营商存量经营探讨[J]. 江西通信科技（1）：43-45.

辛金国，姬小燕，张诚跃，2019. 浙江省数字经济发展综合评价研究[J]. 统计科学与实践（7）：10-14.

辛金国，张亮亮，2017. 大数据背景下统计数据质量影响因素分析[J]. 统计与决策（19）：64-67.

熊伟，2014. 面向智慧城市的测绘地理信息服务模式[J]. 测绘科学，39（8）：39-43.

许亮，2017. 智慧城市背景下档案信息服务探究[J]. 兰台世界（10）：54-57.

薛伟贤，刘骏，2008. 数字鸿沟主要影响因素的关系结构分析[J]. 系统工程理论与实践（5）：85-91.

延安市人民政府，2018. 延安市人民政府关于促进快递业发展的实施意见[J]. 延安市人民政府政报（8）：27-29.

闫柏睿，2017. 新常态下西安市中小物流企业创新环境变化研究[J]. 物流科技，40（11）：93-96.

杨宁芳，颜家兵，2011. 珠三角制造业转型升级的挑战及策略研究[J]. 特区经济（9）：28-29.

杨杨，杨晓倩，2015. 法国数字经济税收相关问题探析：基于全球 BEPS 行动计划[J]. 税收经济研究，20（4）：7-12.

《依法行政考核评价指标体系》课题组，2009. 北京市依法行政考核评价指标体系研究报告[J]. 行政法学研究（1）：124-134.

余翠玲，2008，毕新华. 企业信息系统成长的动力学机理模型研究[J]. 情报杂志（7）：6-8.

余义勇，段云龙，2016. 大数据时代下企业管理模式创新研究[J]. 技术与创新管理，37（3）：302-307.

苑文博，2019. 电信运营商大数据项目质量管理研究[D]. 北京：北京邮电大学.

臧国全，孔繁清，2010. 数字保存的经济属性解析[J]. 图书情报工作，54（17）：32-35.

张鸿，2018. 数字中国智慧陕西[J]. 西部大开发（12）：79-81.

张晖，2011. 产业升级面临的困境与路径依赖锁定效应：基于新制度经济学视角的分析[J]. 现代财经（天津财经大学学报），31（10）：116-122.

张建超，2017. 我国智慧物流产业发展水平评估及经济价值分析[D]. 太原：山西财经大学.

张进京，2011. 数字经济与绿色经济[J]. 中国信息界（5）：75-80.

张淑雯，2018. 大数据视角下智慧城市内部运行模式研究[J]. 经济研究导刊（36）：101-102.

张巍，郭晓霏，2016. 数字经济下常设机构规则面临的挑战及应对[J]. 税务研究（7）：85-88.

张新红，2016. 数字经济与中国发展[J]. 电子政务（11）：2-11.

张雪玲，焦月霞，2017. 中国数字经济发展指数及其应用初探[J]. 浙江社会科学（4）：32-40，157.

张泽平，2015. 数字经济背景下的国际税收管辖权划分原则[J]. 学术月刊，47（2）：84-92.

张志刚，杨栋枢，吴红侠，2015. 数据资产价值评估模型研究与应用[J]. 现代电子技术，38（20）：44-47，51.

赵芮，林德萍，2016. 借力数字经济 打造数字成都[J]. 成都行政学院学报（3）：92-96.

赵星，2016. 数字经济发展现状与发展趋势分析[J]. 四川行政学院学报（4）：85-88.

甄妮，2015. 电商企业大数据营销的应用研究[D]. 广州：广东外语外贸大学.

郑安琪，2016. 英国数字经济战略与产业转型[J]. 世界电信（3）：40-44，49.

钟春平，刘诚，李勇坚，2017. 中美比较视角下我国数字经济发展的对策建议[J]. 经济纵横（4）：35-40.

周霞霞，张悟移，2007. 我国企业售后服务绩效评价指标体系研究：以汽车行业为例[J]. 经济论坛（22）：44-47.

篠崎彰彦，1996. 米国における情報関連投資の要因・経済効果分析と日本の動向[J]. 日本開発銀行，調査（208）：2-55.

篠崎彰彦，1998. 日本における情報関連投資の実証分析[J]. 国民経済研究協会，国民経済（161）：1-25.

篠崎彰彦，2003. 情報技術革新の経済効果-日米経済の明暗と逆転[M]. 東京：日本評論社.

BEOMSOO K ANITESH B, ANDREW B W, 2002.Virtual field experiments for a digital economy: A new research methodology for exploring an information economy[J]. Decision support systems, 32: 215-231.

DAVIS F D, 1993. User acceptance of information technology: System characteristics, user perceptions and behavioral impacts [J]. International journal of man-machine studies, 38(3): 475-487.

GUNKEL D J, 2003. Second thoughts: Toward a critique of the digital divide[J]. New media & society, 5(4): 499-522.

HSIEH J J, RAI A, KEIL M, 2008. Understanding digital inequality: Comparing continued use behavioral models of the socio-economically advantaged and disadvantaged [J]. MIS quarterly, 32(1): 97-126.

ONO H, ZAVODNY M, 2007. Digital inequality: A five country comparison using microdata[J]. Social science research, 36(3): 1135-1155.

SEHREYER P, 2004. Capital stocks, capital services and multi-factor prouctivity measures[J].OECD economic stuies, 2: 163-184.

WARSCHAUER M, 2003. Demystifying the digital divide[J]. Scientific american, 289(2): 42.

后　记

　　如今，数字化的浪潮席卷全球，"互联网+流量驱动""大数据+数据驱动""人工智能+算法驱动""5G+效率驱动"等数字技术飞速发展，而数字技术的发展促进了数字经济的发展。十九届五中全会指出，应发展数字经济，推进数字产业化和产业数字化，建立数据资源的产权、交易流通、跨境传输和安全保护等基础制度和标准规范，推动数据资源开发利用。如何推动数据资源开发利用，如何确认、计量数据资产，都是值得深入探讨的问题。国内对于数字经济的探讨并不少见，但大多是着眼于数字经济本身，从模式和路径角度研究数字经济的发展，从大数据及数据资产角度进行数字经济内部传导机制的研究较少。因此，项目组基于大数据的资产维度，对我国数字经济的内部传导机制和模式进行系统研究，提出了3种具体路径和两种模式，但是在数字经济时代，各行业发展更新速度快，各项数据资产的标准化、统一化及产权明晰化较为困难，因此对于本书提出的各项机制与模式，还须综合考虑各企业具体情况而定。